中等职业教育通用基础教材系列

管理学基础

主　编　徐洪灿
副主编　胥　亮
参　编　邵建祥　张　会
宋　薇　沈安琪
赵文欢　范君杰
方大胜

中国人民大学出版社
·北京·

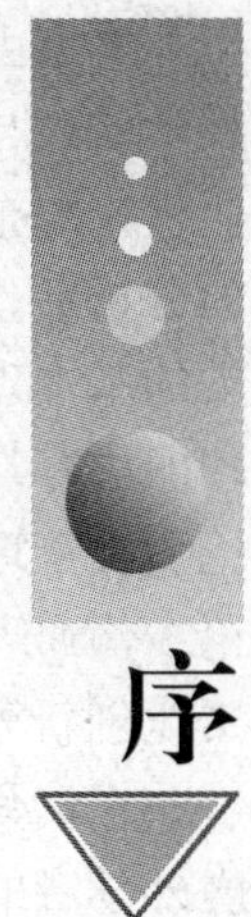

序

正如现代管理之父——彼得·德鲁克（Peter F. Drucker）所说："在人类历史上，还很少有什么事情比管理学的出现和发展更为迅猛，对人类具有更大和更为激烈的影响。"的确，管理学的研究对当今世界的所有领域和层面的影响都变得更加突出，推进管理学以及管理学教育的发展也因此变得非常重要。

将管理学作为一门学科进行系统的研究，只是最近一两百年的事。但是，管理实践却和人类的历史一样悠久，至少可以追溯到几千年以前。生活在幼发拉底河流域的闪米尔人，早在公元前5000年就开始了最原始的管理记录活动，这也是有据可考的人类历史上最早的管理活动。

世界上所有的文明古国如古巴比伦、古罗马等都早在几千年前就对自己的国家进行了有效的管理，并建立了庞大、严密的组织，完成了许多今天看来仍是十分巨大的建筑工程。中国的万里长城和秦始皇兵马俑、埃及的金字塔都可证明：在2 000年前人类已能组织、指挥、协调、控制数万乃至数十万的劳动力，历时许多年去完成经过周密计划的宏大工程，其管理才能令人折服。

而在科学技术突飞猛进、知识经济已见端倪、企业竞争日趋激烈的今天，市场经济和知识经济不仅要求现代企业的管理者必须是顺应潮流、把握瞬息万变市场的复合人才，还要求管理者具备丰富的专业知识，必须有能力运用领导、组织、决策、沟通、协调、激励等管理手段，才能成功地运营一个企业，为社会创造财富。管理活动是人类社会实践最基本的活动之一，与科学技术的进步、经济的繁荣、社会的发展有着密切的关系。现代企业的管理活动又具有层次多、内容复杂、形式多样等特性。因此，以资源优化配置和合理利用为出发点，运用系统化、科学化、人本化方法对企业管理活动的多元性、复杂性、动态性和权变性进行深入研究，具有十分重要的理论和实践意义。

本书由徐洪灿老师担任主编，是各位编写老师在结合自己多年从事管理学理论的教学实践与研究的基础上编写而成的，反映了当代管理学发展的最新成就。本书将企业理论与企业组织理论结合起来，努力将经济学和管理学的最新成果运用于管理问题的分析上。本书共13章，按照决策、计划、组织、领导、控制、创新等职能对管理学的基本理论、基本思想和基本方法进行了系统的阐述，内容涉及了组织与管理、管理的内容与特征、管理原则与方法、中国古代管理思想、古典管理理论、行为管理理论、决策理论、计划的编制与执行、组织设计、人力资源管理、领导与权力、激励理论、沟通理论与技巧、控制活动、控制方法与手段、创新职能、企业技术创新、企业文化创新等诸多问题。

在编写本书的过程中，编者参阅了许多管理学教材，吸收、借鉴与引用了大量国内外学者的理论成果，引用了有关资料、案例等，在此向这些图书和论文的作者表示最诚挚的谢意。

由于知识和经验的不足，本书的错误和遗漏在所难免，恳切希望使用教材的师生提出批评和建议，使本书不断充实、完善。

胥　亮

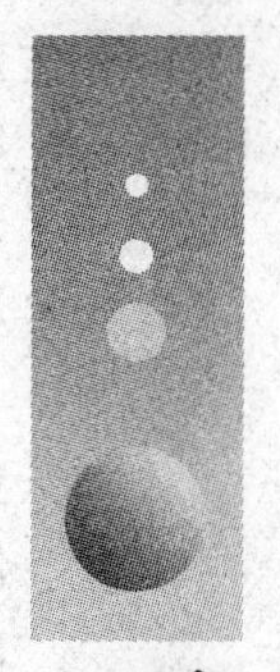

目　录

第一章　管理概述

第一节　管理的内涵

一、管理的定义

管理的定义有多种。美国管理学家福莱特（Mary Parker Follett）曾给管理下了一个经典的定义，她将管理描述为："通过其他人来完成工作的艺术。"这一定义把管理视作艺术，强调了人的因素在管理中的重要性，但要对管理有较全面的了解，这一定义显然是不够的。

下面我们援引具有代表性的学者对管理所下的定义，并据此给出本书对管理的定义。

古典管理理论的代表人物之一、法国著名的矿业工程师亨利·法约尔（Henri Fayol）认为，管理是一种具有特殊职能的活动。他以大企业的整体为研究对象，指出管理是企业经营的六种活动（技术活动、商业活动、财务活动、安全活动、会计活动和管理活动）之一，包括计划、组织、指挥、协调和控制五个主要职能。

行为科学理论则把管理理解为协调人际关系，激发人的积极性以求达成共同目标的一种活动。行为科学理论认为人的行为是由动机决定的，动机是由需要引起的，管理就是要解决人的行为、动机和需要三者之间的关系。

经验主义学派的代表人物之一、"现代管理之父"彼得·德鲁克对管理作了较为全面的论述。他认为，管理是一种工作，因此它有其技能、有其工具、有其技术；管理是一门学术，是一门到处可运用的系统化知识；管理也是一种文化，它包含在价值、风格、信仰与传统之中；管理还是一种任务，它主要不在于“知”，而在于“行”。

美国管理学者罗宾斯（Robbins）和库尔塔（Coultar）认为，“管理这一术语是指和其他人一起并通过其他人来有效地完成工作的过程”。这一定义把管理视作过程，既强调了人的因素，又强调了管理的双重目标，即完成工作和讲求效率。

综合上述定义，本书对管理的定义是：管理是指通过信息获取、决策、计划、组织、领导、控制、创新等职能活动，来分配、协调人力、物力、财力资源，以期更好地达到组织目标的过程。

二、管理的内涵

对管理的内涵可作如下进一步解释：

（1）管理的载体是组织。组织包括国家机关、政治党派、社会团体、各类企事业单位以及宗教组织等。

（2）管理的本质是活动与过程。所谓活动是指管理的各个职能活动；所谓过程是指通过协调多种资源来实现目标的过程。

（3）管理的对象是资源。即传统的三大资源：人力资源、物力资源、财力资源。在这三大资源中，人力资源发挥着极大的作用。在任何类型的组织中，都同时存在人与人、人与物的关系。但人与物的关系最终仍表现为人与人的关系，任何资源的分配、协调实际上都是以人为中心的，所以管理要以人为中心。

（4）管理的职能活动包括信息获取、决策、计划、组织、领导、控制、创新。之所以将“信息获取”列为管理的职能之一，是因为信息在现代管理活动中占有特殊的地位。

（5）管理是为了实现既定目标。该目标仅凭个人的力量是无法实现的，这也是建立组织的原因。任何组织都有其存在的目的，组织可以小到几个人，大到几万、几十万、几千万、几亿人。

三、管理各职能的关系及表现形式

（一）管理各职能之间的关系

管理各职能之间的关系可以通过图1—1表现出来。

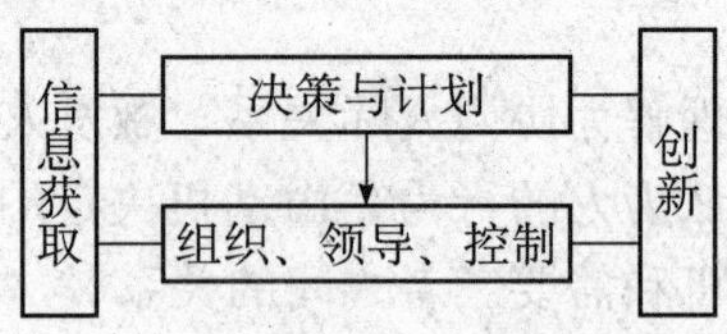

图1—1 管理各职能之间的关系

（二）管理各职能的表现形式

（1）管理者在决策过程中需要适时、适地地获取适量的信息，以提高决策的质量。

（2）决策职能通过方案的产生与抉择表现出来，计划职能通过计划的制定表现出来，决策与计划职能是其他管理职能的前提与依据。

（3）组织职能通过组织结构的设计和人员的配备表现出来。

（4）领导职能通过领导者和被领导者在组织中的关系表现出来。

（5）控制职能通过对偏差的识别和纠正表现出来；组织、领导、控制职能旨在保证决策与计划的顺利实施。

（6）创新职能是通过组织提供的服务或产品的更新和完善以及其他管理职能的变革和改进表现出来的，是管理职能的灵魂和生命，贯穿各种管理职能和各个组织层次之中。

四、管理是科学性与艺术性的统一

管理是一门科学，因为它与其他学科一样，具有客观性、实践性、理论系统性和真实性。管理的客体是人、财、物等基本要素，管理就是通过有效地利用这些要素以实现组织的目标。作为管理行为主体的管理者，他不仅要熟悉管理的对象及其运动规律，还必须掌握管理理论、方法和手段，并运用这些去进行管理的实践活动。管理首先是对人的管理，要选好人、用好人、培养好人，这就有赖于社会学、心理学、教育学、法学的理论和方法；其次是对财和物的管理，这就需要用到经济学和数学；管理是通过信息的传递来实现的，计算机是信息处理的现代化手段，因而信息学、计算机科学在管理中都发挥着重要的作用。管理学实际上就是在上述学科的基础上综合发展而成的。不仅如此，为了使管理有效，对一些专业化的管理，管理者还必须熟悉相应的专业技术知识，如产品知识、生产工艺、经营战略等，通过决策与计划、组织、领导、控制等使各种要素和各项专业技术更好地发挥作用，提高工作效率和经济效益。

但是，管理科学又与其他学科不同，它同时具有很强的艺术性。管理的许多内容不能以逻辑的一般形式表达出来，更不能用定量的数学模型来表示，只能以形象思维的形式来实现，这就是艺术的基本特征。人们从事管理活动需要熟练地运用知识并通过巧妙的技能来达到某种效果，这种技能包括经验、才识、思维力和创造力，这些就是艺术。管理的重心在于“人”，而人是靠思想、感情支配的，因此，管理工作必然带有浓厚的艺术色彩。现代管理艺术主要表现在以下四个方面：一是统筹艺术。即善于从全局考虑问题，能综合运用主客观条件和各种内外部的关系去实现总体目标。二是决断艺术。即善辨是非曲直、权衡利弊得失、区别轻重缓急，且能果断决策。三是用人艺术。即要知人善任、任人唯贤，讲究为人正道，做到得其心而致其力。四是应变艺术。即处变不惊、因势利导，能积极、主动地处理问题，变不利为有利。

管理的科学性与艺术性刻画出了管理的本质。科学性是指分析问题的方法论，其中包括大量的专家、实业家在实践中形成的规律和原则，但管理又是一门不精确的科学，只有“更好”，没有“最好”，在决策过程中，追求的是合理解、满意解，而不是最优解。

我们认为，管理的科学性与艺术性不是互相排斥而是互相补充的，忽视管理的科学性，只强调管理的艺术性，将会使艺术性变为随意性；反之，忽视艺术性，管理学则会变为僵死的教条。总之，二者均来自实践，并在实践中得到统一。

第二节 管理者

以前，在组织中，很容易将管理者、操作者区分开来，管理者是组织中这样的成员，他告诉别人该做什么以及怎样去做。后者是指组织中的这样的成员，他们直接从事一项工作和任务，并且没有人向他们报告。但是今天再这样简单地区分管理者和操作者就不行了。组织以及工作正在变化的性质模糊了管理者与操作者之间的界限，许多传统的职位现在都包括了管理性的活动，特别是在团队中。例如，团队成员通常需要制定计划、制定决策以及控制他们自己的绩效。正是由于这些非管理的雇员承担着过去管理者的一部分职责，所以我们不能够再用过去的定义来描述今天的各种管理情境。

一、管理者的定义

对管理者（Manager）的理解也如同对管理的理解一样，对其定义的表述在管理学界一直有争议。在管理实践的早期，管理者被定义为是“对其他人的工作负有责任的人”。彼得·德鲁克认为：管理者并不是由他的权力和职位所决定的，管理者真正成为其管理者的理由，在于他对组织贡献的责任。

本书采用罗宾斯和库尔塔对管理者的定义：管理者应该是通过协调其他人的活动达到与别人一起或者通过别人实现组织目标的人。

二、管理者的类型

按照管理者在组织中所处的地位划分，管理者可以分为高层管理者、中层管理者和基层管理者（或一线管理者），见图 1—2。

高层管理者处于组织的最上层。他们的主要任务是制定组织的总体目标和发展战略，把握组织的大政方针，对整个组织的管理负有全面责任。在西方，主要有总裁、董事长、CEO（首席执行官）、COO（首席运营官）、CFO（首席财务执行官）等；在我国，主要有工商企业中的经理、厂长，学校的校长，医院的院长等。

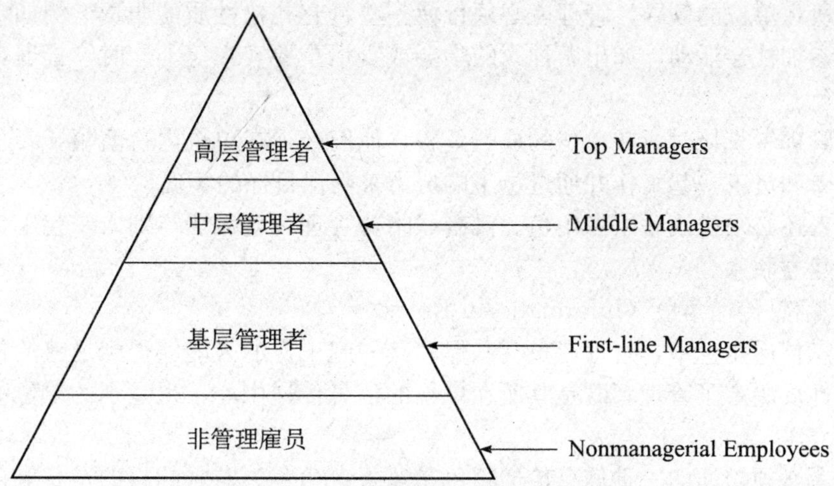

图 1—2　管理者在组织中的层次示意图

中层管理者处在组织的中间层次上。他们的职责是贯彻高层管理者作出的决策，监督和协调基层管理者的管理工作，起到承上启下的作用。如大公司的地区经理、分部（事业部）负责人、生产主管、车间主任等。

基层管理者又称为一线管理者，是组织的最底层管理人员。基层管理者的主要职责是直接指挥非管理雇员的现场作业活动，如工厂里的班组长、小组长、主管等。

三、管理者的角色

20 世纪 60 年代末期，亨利·明茨伯格（Henry Mintzberg）经过大量的观察和研究，在其 1973 年出版的《管理工作的实质》一书中，将管理者的角色归纳为三大类：人际关系角色、信息传递角色、决策制定角色，如图 1—3 所示。

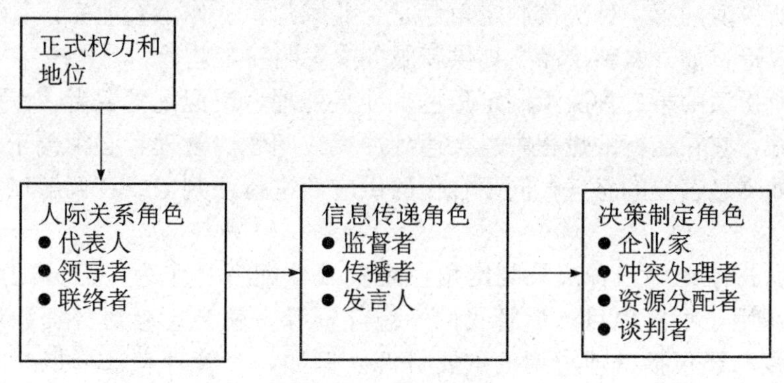

图 1—3　管理者角色

（一）人际关系角色（Interpersonal Roles）

人际关系角色归因于管理者的正式权力。管理者所扮演的三种人际关系角色分别是代表人角色、领导者角色、联络者角色。

作为所在单位的领导，管理者必须行使一些具有礼仪性质的职责。例如，管理者有时必须参加社会活动，如出席社区的集会或宴请重要客户等。这时，管理者扮演着代表人角色。

由于管理者直接对所在单位的成败负责，他们必须在单位内扮演领导者角色。这时，管理者和员工一起工作并通过员工的努力来确保目标的实现。

管理者还必须扮演联络者角色。没有联络，管理者就无法与别人一起工作，也无法与外界建立联系。

（二）信息传递角色（Informational Roles）

在信息传递角色中，管理者负责确保和其一起工作的人能够得到足够的信息。管理职责的性质决定了管理者既是其所在单位的信息传递中心，也是别的单位的信息传递中心。

管理者必须扮演的一种信息传递角色是监督者角色。监督的目的是获取信息。管理者可通过各种方式获取一些有用的信息，如通过密切关注组织自身状况以及外部环境的变化，通过接触下属、利用个人关系网等方式来获取信息。这些信息有助于管理者识别潜在的机会和威胁。

作为信息传播者，管理者把监督获取的大量信息分配出去，传递给有关员工。管理者有时也会因特殊目的而隐藏特定的信息。

管理者的最后一种信息传递角色是发言人角色。管理者必须把信息传递给外界，例如，必须向董事和股东说明组织的财务状况和战略方向，必须向消费者保证组织在切实履行社会责任，以及必须让政府官员对组织遵守法律的良好表现感到满意。

（三）决策制定角色（Decisional Roles）

在决策制定角色中，管理者处理信息并得出结论。管理者负责作出决策，并分配资源以保证决策方案的实施。

管理者所扮演的第一种决策制定角色是企业家角色。作为企业家，管理者对发现的机会进行投资，如开发新产品、提供新服务或发明新工艺等。

管理者所扮演的第二种决策制定角色是冲突处理者或混乱驾驭者。一个组织不管被管理得多好，它在运行的过程中总会遇到冲突或问题。管理者必须善于处理冲突和解决问题，如平息客户的怒气，同不合作的供应商进行谈判，或者调解员工之间的矛盾等。

管理者所扮演的第三种决策制定角色是资源分配者。作为资源分配者，管理者决定组织资源用于哪些项目。尽管我们一想起资源，就会想起财务资源或设备，但这里的组织资源还包括其他类型的重要资源。例如，当管理者选择把时间花在这个项目而不是那个项目上时，他实际上是在分配时间资源。除时间资源外，信息也是一种重要的资源。管理者是否在信息获取上为他人提供便利通常决定着项目的成败。

管理者所扮演的最后一种决策的制定角色是谈判者角色。管理者把大量的时间花在谈判上，谈判对象包括员工、供应商、客户和其他组织。无论是何种类型的组织，其管理者为确保组织目标的实现都必然要进行谈判工作。

四、管理者的技能

尽管管理者的种类很多，工作也各不相同，但他们发挥作用的大小，以及能否进行有效的管理工作，在很大程度上取决于他们所具备的管理技能。技能是来源于知识、信息、实践和资质等的一种特殊的能力。根据罗伯特·卡茨（Robert L. Katz）的研究，管理者通常需具备三类技能：

（一）技术技能

技术技能是指管理者掌握并熟悉特定专业领域中的过程、惯例、技术和工具的能力。如监督建筑人员的管理者必须懂建筑业务。

技术技能对于各种管理层次的重要性可以用图 1—4 来表示。技术技能对于基层管理者最重要，对于中层管理者较重要，对于高层管理者较不重要。

（二）人际技能

人际技能是指成功地与别人打交道并与别人沟通的能力。管理者的人际技能包括对下属的领导能力和处理各种关系的能力。

人际技能对于各种管理层次的管理的重要性可以用图 1—4 来表示。人际技能对于所有层次的管理的重要性大体相同。

（三）概念技能

概念技能是指产生新想法并加以处理，以及将关系抽象化的思维能力。具有概念技能的管理者往往把组织看作一个整体，并且了解组织各个部分的相互关系。

概念技能对于各种层次的管理的重要性可以用图 1—4 来表示。概念技能对于高层管理最重要，对于中层管理较重要，对于基层管理较不重要。

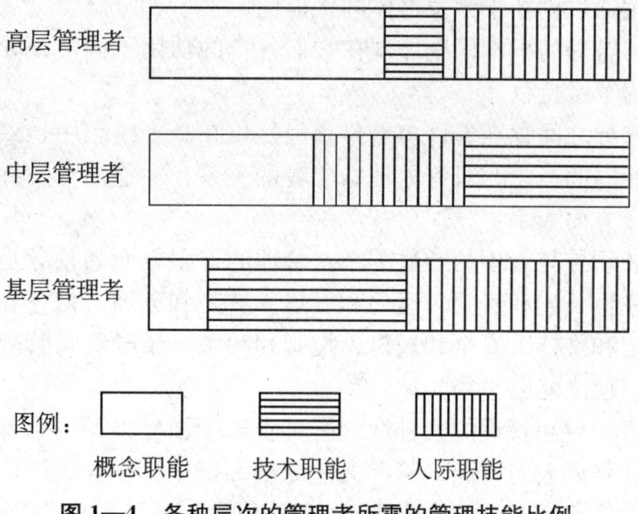

图 1—4　各种层次的管理者所需的管理技能比例

五、管理者与领导者的区别

约翰·科特（John P. Kotter）是世界领导与变革领域的权威，哈佛大学商学院终身教授。科特最重要的思想有下列两项：

其一，他认为企业文化与长期经营绩效有巨大的正相关性。文化变革是耗时且极端复杂的。中国企业少有长久的企业文化，当强人退休后，企业随之走向败亡之路，即“富不过三代”。科特用大量的数据支持企业文化与经营绩效之间的关系，值得深思。大多数职业经理人对变革的认识仅仅停留在“谁动了我的奶酪”的程度，远远不足以真正推动变革。

其二，他认为管理与领导是两个截然不同的概念。管理者的工作是计划与预算、组织及配置人员、控制并解决问题，其目的是建立秩序；领导者的工作是确定方向、整合相关者、激励和鼓舞员工，其目的是产生变革。中国企业管理者一向对“管理”和“领导”区分不清，大家经常说的“我的领导”或“本公司领导”，其实指的都是管理者，对于名词认识不清，自然扮演不好相应的角色。

管理和领导的相似之处在于两者都涉及对要做的事情作出决定，建立一个能完成某项计划的人际关系网络，并尽力保证任务得以完成。然而，两者之间仍然存在差异性。主要体现在以下几个方面：

首先，管理趋向于注重一个相对短的时间范围，强调微观方面；而领导注重更长的时间范围，注重宏观方面。

其次，在组织中，管理注重人员专业化，通过挑选或培训，让合适的人担任各项工作，要求服从安排；而领导则注重于整体性，使整个群体朝着正确方向前进，实现预期所确定的目标。

再次，管理常通过控制和约束解决问题；而领导则多采用激励和鼓舞，侧重于授权、扩展，并不时通过创新来激发群体的积极性。

最后，领导与管理的根本区别体现在它们各自的功用不同，领导能带来有用的变革，而管理则是为了维持秩序。

虽然管理与领导之间存在着许多差异，但是，在一个组织中，二者都是不可或缺的。二者是一个相对的概念，只有处理好二者的关系，才能充分发挥它们的功能。为此，需要从以下三方面入手：

其一，要兼顾领导与管理的矛盾关系。管理的许多方面和领导是有强烈对比乃至矛盾的，如领导注重长远和宏观、运动和发展、冒险和创新、信任和鼓舞，管理注重近期和微观、稳定和维持、安全和规矩、控制和约束。领导者与管理者需要注意这两方面的辩证关系，使之能够平衡。

其二，要注意领导和管理的互补性。有时管理和领导强调的内容不同，如管理强调组织结构，领导强调人力资源；管理关注原则和纪律，领导关注原因和革新；管理关注结果，领导关注希望。这时，领导和管理又是互补的，两方面均不可忽视。彼得·德鲁克认为，有效的管理者和优秀的领导者基本上相同。现代社会要求管理者和领导者不仅要善于管理，而且要善于领导。

其三，领导和管理虽然是各自独立，自成系统，但是成功而且有效的行为方式要求二者在具体运行过程中相结合。只有同时实现"强管理"和"强领导"的组织才能在激烈的竞争中获得生存和发展，二者缺一不可，"领导过度，管理不足"和"管理过度，领导不足"对组织来讲都是有害的。

思考题

1. 管理的定义和内涵分别是什么？
2. 管理包括哪些职能，各职能之间有什么样的关系？
3. 管理各职能的表现形式如何？
4. 管理者的角色包括哪些？
5. 管理者的技能在组织管理层级中的情况如何？
6. 领导与管理的区别和联系分别是怎样的？

案例分析题

为何要学习管理学

一、管理普遍需要

我们生活中的每一天都在与不同的组织打交道。你有过这样的经历吗？当你为了更新驾驶执照，在车管所花费了 3 个小时，你不感到沮丧吗？当你 3 次打电话给航空公司订票，它的销售代表对于同样的航线 3 次向你报出不同的价格，你不感到烦恼吗？当百货公司没有哪个营业员愿意为你提供帮助，你不感到气愤吗？这些都是由于不良的管理所导致的问题。良好管理的组织——它们会有忠诚的顾客基础，它们不断成长和繁荣。管理不善的组织，它们的顾客基础在萎缩，相应的营业收入也在下降。通过学习管理，我们能够认识到不良的管理，并且采取措施纠正它。此外，你也能够认识到哪些是优秀的管理方法并且学会运用它。

二、工作的现实

学习管理的另一个原因是我们所处的现实环境。一旦你从学校毕业，开始你的职业生涯，你将要么是管理者要么是被管理者。对于那些计划进入管理行列的人来说，了解管理过程将构成自己的管理技能基础；对于那些不想成为管理者的人来说，仍然要和管理者打交道。经验表明，通过学习管理学，你能够对你的上司的行为有更多的认识，对你的组织的工作有更深入的洞察。本文的观点是，你可以不必渴望成为管理者，但你仍然可以从管理的课程中获取许多有价值的知识。

问题：

你准备如何学习管理学？

第二章　管理思想与理论的发展

把管理作为一门学科进行系统的研究，只是最近一两百年的事。但是，管理实践却和人类的历史一样悠久，至少可以追溯到几千年以前。生活在幼发拉底河流域的闪米尔人，早在公元前5000年就开始了最原始的管理记录活动。这也是有据可考的人类历史上最早的管理活动。

在3 000多年前（公元前17世纪）中国的商代，国王已经统辖、指挥几十万军队作战，管理上百万分工不同的奴隶进行生产劳动。朝廷中的管理机构已相当复杂，设有百官辅佐国王进行统治，百官大体分为政务官、宗教官、事务官三类。到了公元前11世纪的周朝，中央设有“三公”、“六卿”、“五官”。“三公”即太师、太傅、太保，是国家的总管。“六卿”即太宰、太宗、太史、太祝、太士、太卜，分管朝廷中的政务、宗族谱系、起草文书、编写史书、策命大夫、祭祀等职务。“五官”即司徒、司马、司空、司士、司寇，分别掌管土地、军赋、工程、群臣爵禄、刑罚等。周朝还制定了许多管理国家的典章制度，提出了“明德慎罚”的管理思想。为了适应诸侯王国之间政治、军事活动的需要，设立了驿站制度，在中央到全国主要都城的大道上每隔30里设一驿站，备良马固车，专门负责传递官府文书、接待往来官吏和运送货物等，形成全国性的信息网络。信息传递的速度可以达到平均每天250公里，这可称为世界上最早的管理信息系统。在土地资源的管理方面实行了著名的“井田制”。

世界上所有的文明古国如巴比伦、罗马等早在几千年前就对自己的国家进行了有效的管理，并且建立了庞大严密的组织，完成了许多今天看来仍是十分巨大的建筑工程。中国的长城、秦始皇兵马俑及古埃及的金字塔都可以证明，在2 000年前人类已能组织、指挥、协调数万乃至数十万人的劳动，历经许多年去完成经过周密计划的宏大工程，其管理才能不能不令人折服。

第一节　早期管理思想

一、古代的管理思想

（一）外国古代的管理思想

管理思想来源于人类社会的管理实践，它是随生产力的发展而发展起来的。原始社会的生产力水平极其低下，管理水平也是与之相适应的。随着人类社会的进步，管理思想也有很大程度的发展，世界上一些文明古国都对早期的管理思想作出了巨大的贡献。

古埃及人建造了世界八大奇迹之一的金字塔。一座大金字塔要耗用 230 多万块的大石块，动用 10 万多人力，费时 20 年才能建成。完成这样巨大的工程，不仅需要技术方面的知识，更需要大量的组织管理技能。在公元前 1792 到前 1750 年之间，古巴比伦国王汉谟拉比颁布的《汉谟拉比法典》，全文 280 条，其中对人的活动做了许多规定，如：百姓应遵守一定的规范，货物贸易应该如何进行，臣民之间的隶属关系等，都涉及了许多管理思想。

古希腊也留下了许多宝贵的管理思想，公元前 370 年，希腊学者色诺芬对制鞋过程中分工的描述与后来泰罗（Frederick W. Taylor）的“科学管理原理”非常接近，尽管他们所处的时代相差 2 200 多年。古希腊人在发展工商业中认识到提高劳动生产效率的问题。他们主张在劳动中推行标准动作，并采用音乐伴奏的方法，将速度引入劳动中去，以提高劳动的效率。古希腊著名学者对管理问题的研究至今对管理理论的发展存在着重要影响。苏格拉底和亚里士多德等有识之士提出了管理活动的普遍意义，并将管理活动与技术知识及经验区别开来，承认管理是一种独立存在的活动。

罗马天主教会的组织和管理也独具特色。他们采用了职能式的组织形式，并建立了分级管理的等级制度，现代管理理论中所推崇的“参谋式管理”也在教会中得到了普遍运用。教会的各项事务，设有专门的咨询机构，并在此基础上推行了一种强迫性的咨询制度。正是采取了先进的组织方式，使罗马天主教会从一个地域性组织扩张成为一个全球化组织。

欧洲文艺复兴时期，管理实践活动的日益频繁，给管理思想提供了坚实的基础。意大利思想家尼科罗·马基雅维利（Niccolo Machiavelli）在他的著作《君主论》和《谈话录》中最早提出了关于领导的理论和思想。他在这些著作中指出，领导应依赖群众的支持，领导应使组织产生高度凝聚力，而且他认识到提高领导效能和提高领导者的素质问题。15 世纪意大利威尼斯的兵工厂是当时世界上最大的工厂，在现代联合加工厂和汽车装配线之前就已采用了流水生产线的方式进行生产，并使用标准化配件，全厂设有若干职能部门，每一部门都有专人负责，所有职工按业绩决定晋升。当时这些管理实践体现了职能制和分权管理的思想。

（二）中国古代的管理思想

中国作为四大文明古国之一，自古以来就有着丰富的管理思想。

西周时期的《周礼》对封建国家的管理体制进行了理想化的设计，内容涉及政治、经济、财政、教育、军事、司法和工程等方面。该书对封建国家的经济管理的论述和设计都达到了相当高的水平。

早在2 000多年前的春秋时代，杰出的军事家孙武著有《孙子兵法》一书。该书共13篇，篇篇闪烁着智慧的光芒。“知彼知己，百战不殆”这句名言就是一例。这种辩证的策略思想在书中比比皆是。孙武的策略思想不仅在军事上，而且在管理上也具有相当的指导意义和参考价值。日本和美国的一些大公司甚至把《孙子兵法》作为培训的必备图书。

战国时代的军事家孙膑运用运筹学和对策论的思想，帮助田忌在赛马中胜了齐王。齐王和田忌赛马，各出三匹马，每匹马只出场一次，共赛三场，胜数多者获胜。齐王具有优势，因为两人的三匹马以速度快慢排序后，齐王的三匹马都分别比田忌的三匹马快一些，如果这样比赛，齐王肯定以3∶0获胜。田忌请孙膑帮忙，孙膑为田忌出主意，以己方最慢的马对齐王最快的马，以己方最快的马对齐王第二快的马，以己方第二快的马对齐王最慢的马，结果田忌以2∶1的比分获胜。

中国古代管理思想在古代许多著作中都有体现，如《周礼》、《孙子兵法》、《墨子》、《老子》、《管子》、《齐民要术》、《天工开物》等。

二、近代的管理思想

（一）外国近代的管理思想

18世纪英国及其他一些资本主义国家出现了产业革命之后，工厂成为资本主义生产的主要方式，近代的管理思想伴随着工厂制度的出现而形成。1769年机械师瓦特发明的蒸汽机得到了广泛的运用，手工生产转变为机械生产，工厂这一新的组织形式代替了以家庭为单位的手工作坊。工厂的出现，要求机械大工业管理必须采用新的科学方法，那种依靠个人的主观经验和臆断行事的方法，显然不适合工业革命后工厂制度所代表的生产力发展的要求，因此，一些先行者开始了对工厂管理的探究。英国理查德·阿克莱特于1769年和1771年设立的毛纺织厂是世界上最早的工厂之一。他们在连续生产、厂址选择、工厂纪律、劳动分工、机器、材料、人员和资本之间如何协调等方面都有创造。1800年英国的索霍制造厂开始有了工作设计，按充分利用机器的要求进行劳动分工和专业化，进行完善的工资支付办法，完善的记录和成本的核算等管理工作。这一时期，尽管管理思想不够系统、全面，也没有形成系统的管理理论和学派，但由于工厂管理实践的结果，管理思想已得到了相应的发展，在西方特别是欧洲出现了一些早期的管理思想家。

1. 亚当·斯密

英国著名古典政治经济学家亚当·斯密（Adam Smith）在1776年发表的《国

富论》一书中，以制针为例说明劳动分工的好处：(1) 分工可以使劳动者专门从事一种单纯的操作，从而提高熟练程度、增进技能；(2) 分工可以减少劳动者的工作转换，节约通常由一种工作转到另一种工作所损失的时间；(3) 分工可以使劳动简化，使劳动者的注意力集中在一种特定的对象上，有利于发现比较方便的工作方法，促进工具的改良和机器的发明。亚当·斯密的分工观点适应了当时社会对迅速扩大劳动分工以促进工业革命发展的要求，成为资本主义管理的一条基本原理。

2. 小瓦特和博尔顿

蒸汽机发明者瓦特的儿子小瓦特（James Watt Jr.）和其合作者马修·博尔顿（Mattew R. Boulton）在1800年接管了一家铸造厂后，小瓦特就着手改革该厂的组织和管理，博尔顿则特别关注营销活动。他们采取了不少有效的管理方法，建立起许多管理制度，如：(1) 在生产管理和销售方面根据生产流程的要求，配置机器设备，编制生产计划，制定生产作业标准，实行零部件生产标准化，研究市场动态，进行预测；(2) 在成本管理方面，建立起详细的记录和先进的监督制度；(3) 在人事管理方面，制定工人和管理人员的培训和发展规划；(4) 进行工作研究，并按工作研究结果确定工资的支付办法；(5) 实行由职工选举的委员会来管理医疗费制度等福利制度。

3. 马萨诸塞州议会推动企业所有权和管理权分离

1841年10月5日，在美国马萨诸塞至纽约的西部铁路上两列火车迎头相撞，造成近20人伤亡。事件发生后，舆论哗然，对铁路公司老板低劣的管理工作进行了严厉的抨击。为了平息公众的怒气，在马萨诸塞州议会的推动下，这个铁路公司不得不进行管理改革。老板交出了企业的管理权，只拿红利，企业另聘具有管理才能的人员担任企业领导。这是历史上第一次在企业管理中实行所有权和管理权分离。这种分离对管理有重要的意义：(1) 独立的管理职能和专业的管理人员正式得到承认，管理不仅是一种活动，还成为一种职业；(2) 随着所有权和管理权的分离，横向的管理分工开始出现，不仅提高了管理效率，也为企业组织形式的进一步发展奠定了基础；(3) 具有管理才能的雇佣人员掌握了管理权，直接为科学管理理论的产生创造了条件。

4. 罗伯特·欧文

19世纪初，英国著名的空想社会主义家罗伯特·欧文（Robert Owen）曾在其经营的一家大纺织厂中做过试验。试验主要是针对当时在工厂制度下工人劳动条件和生活水平都相当低下这一情况而进行的。试验主要包括改善工作条件、缩短工作日、提高工资、改善生活条件、发放抚恤金等。试验的目的是探索对工人和工厂所有者双方都有利的方法和制度。罗伯特·欧文开创了在企业中重视人的地位和作用的先河，有人因此尊称他为"人事管理之父"。

5. 亨利·汤

美国耶鲁—汤尼制造公司的总经理亨利·汤（Henry R. Towne），在1889年发表的《收益分享》一文中，提出采取收益分享制度才能克服由利润分享制度带来的不公平。收益分享，实质上是按某一部门的业绩来支付该部门职工的报酬。这样就可避免某一部门业绩好而另一部门业绩差时，实行利润分享制度使前者利益受损这一不合理现象。他提出的具体办法是：(1) 每个职工享有一种“保证工资”；(2) 每个部门按科学方法制定工作标准，并确定生产成本，该部门超过定额时，由该部门职工和管理阶层各得一半；(3) 定额应在3～5年内维持不变，以免降低工资。

6. 弗雷德里克·哈尔西

弗雷德里克·哈尔西（Frederick A. Halsey）对管理的贡献也体现在工资制度方面。1891年，他向美国机械工程学会提交了一篇《劳动报酬的奖金方案》的论文。论文指出了当时普遍使用的三种报酬制度的弊端：计时制对员工积极性的发挥无激励作用；计件制常因雇主降低工资率而扼杀工人提高产量的积极性；利润分享导致部门间良莠不分，有失公允。他认为，亨利·汤的收益分享虽有改进，但在同一部门中不公平问题依然存在。因而，他提出了自己的奖金方案。该方案是按每个工人来设计的：(1) 给予每个工人每天的“保证工资”；(2) 以该工人过去的业绩为基准，超额者发给约为正常工资率1/3的奖金。哈尔西认为他所提出的制度，与当时其他所见的工资制度相比有许多优点：比如不管工人业绩如何，均可获得一定数额的计日工资。工人增加产量，就可得到奖金，从而消除了因刺激工资而引起的常见的劳资纠纷。工人奖金仅为超出部分的1/3，即使工人增产1倍也不致太高，雇主从中获益2/3，因而就不会总想削减工资率。以工人过去的业绩为基准，旨在鼓励工人比过去进步。工人所要超越的是他本人过去的业绩，而不是根据动作和时间研究制定出来的标准。

7. 卡尔·冯·克劳塞维茨

德国军事战略理论家卡尔·冯·克劳塞维茨（Carl von Clausewitz）以军队为对象，论述了管理决策等问题。他认为企业是类似于打仗的人类竞争的一种形式，明确提出以科学而不是以预感为依据来做决策，以分析而不是以直觉为依据进行管理的思想。

（二）中国近代的管理思想

中国近代的管理思想的主要代表是民族资本主义经济中体现的经济管理思想。1840年鸦片战争爆发后，随着帝国主义列强势力的侵入，旧中国的自然经济逐渐瓦解，在殖民主义势力比较强大、生产力比较发达的沿海地区的一些大中城市，逐步建立起资本主义生产关系，在中国民族资本主义工业发展的过程中，形成了一系列经营管理思想，主要表现在以下几个方面。

1. 重视生产管理和产品质量

例如，汉阳的周恒顺机器厂因积极倡导“精工明料”，在生产上建立了一套严格的质量管理制度而闻名于世。

2. 尽力降低成本，增强商品的竞争力

例如，章华毛纺厂厂长刘鸿生在他经营的企业中，首先推行了一套完整的成本会计制度，作为加强管理的措施，当时几家商业银行在对企业做了调查之后说，“厉行成本会计”是“最有价值”的事，主张“此种严密之算法，各厂急宜仿行”。

3. 实施严格的规章制度

当时民族资本企业中的种种规章制度，归纳起来，主要包括：要求职工听从指挥，服从调遣；要求职工不得玩忽职守；要求职工提高工作效率和端正工作态度。由于有了这些较成功的经营管理思想，所以出现了一批经营有方、产品质量过硬、知名度很高的企业和产品。例如，上海大隆机器厂制造的棉纺机器，五洲肥皂厂生产的“固本”牌肥皂，亚浦尔灯泡厂生产的灯泡等，均因质量优良，在国内外市场上赢得了广泛的消费者。

4. 加强人才培养，合理使用人才

采取的主要措施是：自办职业学校和专科学院，培养技术人才；举办脱产、半脱产的训练班、补习班、夜班等培训职工；选派有发展前途的技术人员、管理人员、资本家子女到国外深造学习；建立研究机构，出版专业刊物，研究并宣传企业管理等。管理者本人应该是内行专家而且必须知人善任。例如，范旭东坚持“事业的真正基础是人才”，他用重金延聘有成就的工程师作为企业管理的骨干，使永利制碱厂取得了震惊世界的成就。

5. 注重资金积累并灵活有效地运用资金

采取的主要措施是：少发股息，少分红利，增加企业资金；投资联号企业或创办企业，在资金上相互支持。

6. 服务热情周到

民生航运公司的卢作孚提出了“服务高于一切”的口号，深受客户和货主的欢迎，影响很大。

7. 注重人和

近代成功的企业家多注重人和，创办申新纱厂的大企业家荣德生治厂以《大学》之“明德”、《中庸》之“明诚”对待下属，“管人不严，以德服人”，“使其对工作不生心，存意外”，“自治有效”。他说用人“必先真心诚意，实事求是，庶几有成。若一味唯利是图，小热在位……不自勤俭，奢侈无度，用人不当，则有业等于无业也”。

以上所介绍的这些有代表性的管理实践、管理思想，虽然都主要反映在某个人、某个企业的单一管理实践和个别论述中，但它对于促进生产，加强早期企业管理和对以后的管理理论及学派的形成，都起着积极的影响和作用。

第二节　古典管理理论

古典管理理论形成于19世纪末和20世纪初的欧美，它主要分为科学管理理论和组织管理理论。尽管其表现形式不同，但其实质都是采用当时所掌握的科学方法和科学手段对管理过程、管理职能和管理方法进行探讨和试验，形成的一些以科学方法为依据的理论、原则和方法。

一、科学管理理论

科学管理理论着重研究如何提高单个工人的生产率，其代表人物主要有：泰罗、吉尔布雷斯夫妇（Frank B. Gilbreth，Lillian M. Gilbreth）以及甘特（Henry L. Gantt）等。

（一）泰罗的贡献

泰罗 1911 年写了一本书叫《科学管理原理》，这本书是其一生管理思想和经验的总结，同时也奠定了其在管理学界的地位，被后人尊称为“科学管理之父”。他出生于美国费城一个富有的律师家庭，中学毕业后考上哈佛大学法律系，但不幸因眼疾而被迫辍学。1875 年，泰罗进入费城的一家机械厂当学徒工，1878 年转入费城的米德维尔钢铁公司当技工，1884 年升任总工程师。1898—1901 年泰罗受雇于宾夕法尼亚的伯利恒钢铁公司。1901 年以后他把大部分时间用在写作和演讲上。1906 年担任美国机械工程师学会会长。

泰罗的科学管理理论主要包括以下几方面：

1. 工作定额

要制定出有科学依据的、合理的日工作量就必须进行时间和动作研究。方法是把工人的操作分解为基本动作，再对尽可能多的工人测定完成这些基本动作所需的时间。同时选择最适用的工具、机器确定最适当的操作程序，消除错误的和不必要的动作，将最后得出的最有效的操作方法作为标准。最后，将完成这些基本动作的时间汇总，加上必要的休息时间和其他延误时间，就可以得到完成这些操作的标准时间，据此制定一个工人的“合理的日工作量”，这就是所谓的工作定额原理。

泰罗在伯利恒钢铁公司进行了著名的“搬运生铁块”试验。该公司有 75 名工人负责把 92 磅重的生铁块搬运到 30 米远的铁路货车上，他们每人每天平均搬运 12.5 吨，日工资 1.15 美元。泰罗找了一名工人进行试验，试验搬运的姿势、行走的速度、持握的位置以及休息时间的长短对其搬运量的影响。结果表明，存在一个合理的搬运生铁块的方法，在这种方法下，工人 57%的时间用于休息。按照这样的方法搬运，每个工人的日搬运量将达到 47～48 吨，工人的日工资将提升至 1.85 美元。

2. 标准化原理

要使工人掌握标准化的操作方法，使用标准化的工具、机器和材料，并使作业环境标准化，这就是所谓的标准化原理。

泰罗在伯利恒钢铁公司做过著名的“铁锹”试验。当时公司的铲运工人拿着自家的铁锹上班，这些铁锹各式各样、大小不等。堆料场中的物料有铁矿石、煤粉、焦炭等，每个工人的日工作量为 16 吨。泰罗经过观察发现，由于物料的比重不一样，一铁锹的负载大不一样。如果是铁矿石，一铁锹有 38 磅；如果是煤粉，一铁锹只有 3.5 磅。那么一铁锹到底负载多少才合适呢？经过试验，最后确定一铁锹 21 磅对于工人是最适合的。根据试验的结果，泰罗针对不同的物料设计不同形状和规格的铁锹。以后工人上班时都不用自带铁锹，而是根据物料情况从公司领取特制的标准铁锹，工作效率得到了大大提高。堆料场中的工人从 400～600 名降为 140 名，平均每人每天的操作量提高到 59 吨，工人的日工资从 1.15 美元提高到 1.88 美元。这是工具标准化的典型事例。

3. 能力与工作相适应

为了提高劳动生产率，必须为工作挑选“第一流”的工人。“第一流”的工人是指：最适合做这种工作，而且也愿意去做这种工作的人。要根据人的能力把他们分配到相应的工作岗位上，鼓励他们努力工作并进行培训，教会他们科学的工作方法，使他们成为“第一流”的工人。

4. 差别计件工资制

泰罗认为，工人磨洋工的一个重要原因是报酬制度不合理。计时工资不能体现劳动的数量。计件工资虽能体现劳动的数量，但工人担心劳动效率提高后雇主会降低工资率，这样等同于劳动强度的加大。针对这些情况，泰罗提出了一种新的报酬制度——差别计件工资制，其内容包括：(1) 通过时间和动作研究来制定有科学依据的工作定额。(2) 实行差别计件工资制来鼓励工人完成或超额完成工作定额。所谓“差别计件工资制”，是指计件工资率随完成定额的程度而上下浮动。如果工人完成或超额完成定额，则定额内的部分连同超额部分都按比正常单价高25%计酬；如果工人完不成定额，则按比正常单价低20%计酬。(3) 工资支付的对象是工人而不是职位，即根据工人的实际工作表现而不是根据工作类别来支付工资。

5. 计划职能与执行职能相分离

泰罗认为应该用科学的工作方法取代经验工作方法。经验工作方法是指每个工人采用什么操作方法、使用什么工具等，都根据个人经验来决定。科学工作方法是指每个工人采用什么操作方法、使用什么工具等，都根据试验和研究的结果来决定。为了采用科学的工作方法，泰罗主张把计划职能同执行职能分开，由专门的计划部门承担计划职能，由所有的工人和部分工长承担执行职能。计划部门的具体工作包括：(1) 进行时间和动作研究；(2) 制定科学的工作定额和标准化的操作方法，选用标准化的工具；(3) 拟定计划，发布指示和命令；(4) 对照标准，对实际的执行情况进行控制等。

（二）其他人的贡献

与泰罗同时代的人，如吉尔布雷斯夫妇和甘特等也为科学管理作出了贡献。

美国工程师弗兰克·吉尔布雷斯及其夫人莉莲·吉尔布雷斯在动作研究和工作简化方面作出了突出贡献。起初弗兰克·吉尔布雷斯在建筑行业中研究用哪种姿势砌砖省力、舒适、有效率，他们通过试验得出一套标准的砌砖方法，这套方法使砌砖的效率提高200%以上。后来吉尔布雷斯夫妇又在其他行业中进行动作研究，并把工人操作时手的动作分解为17种基本动作。他们的研究步骤是：首先，通过拍摄相片来记录工人的操作动作；其次，分析哪些动作是合理的、应该保留的，哪些动作是多余的、可以省掉的，哪些动作需要加快速度，哪些动作应该改变次序；最后，制定标准的操作程序。与泰罗相比，吉尔布雷斯夫妇的动作研究更加细致、广泛。

美国管理学家、机械工程师甘特是泰罗在米德维尔钢铁公司和伯利恒钢铁公司的重要合作者。他最重要的贡献是创造的“甘特图”，这是一种用线条表示的计划图。这种图现在常被用来编制进度计划。甘特的另一贡献是提出了“计件奖励工资资制”，即对于超额完成定额的工人，除了支付给他日工资，超额部分以计件方式发给他奖金；对于完不成定额的工人，工厂只支付他日工资。这种制度优于泰罗的“差别计件工资制”，因为这种工资制可使工人感到收入有保证，劳动积极性因而提高。这说明，工人工资收入有保证也是一种工作动力。

二、组织管理理论

组织管理理论着重研究管理职能和整个组织结构。其代表人物主要有：亨利·法约尔（Henri Fayol）、马克斯·韦伯（Max Webber）和切斯特·巴纳德（Chester I. Barnard）等。

（一）法约尔的贡献

亨利·法约尔，法国人，1860 年从圣艾帝安国立矿业学院毕业后进入康门塔里—福尔香堡采矿冶金公司，成为一名采矿工程师。不久他被提升为该公司一个矿井的经理。1888 年他出任该公司总经理。1916 年法国矿业协会的年报公开发表了他的著作《工业管理与一般管理》。这本著作是他一生管理经验和管理思想的总结。法约尔认为，他的管理理论虽以大企业为研究对象，但除了可应用于工商企业外，还可应用于政府、教会、慈善机构和军事组织等。所以，法约尔被公认为是第一位概括和阐述一般管理理论的管理学家。他的理论贡献主要体现在对管理职能的划分和管理原则的归纳上。

1. 企业的基本活动和管理的五种职能

法约尔指出，任何企业都存在着六种基本活动，管理只是其中的一种。这六种基本活动是：

（1）技术活动，指生产、制造和加工；

（2）商业活动，指采购、销售和交换；

（3）财务活动，指资金的筹措、运用和控制；

（4）安全活动，指设备的维护和人员的保护；

（5）会计活动，指货物盘点、成本统计和核算；

（6）管理活动，指计划、组织、指挥、协调和控制五项职能活动。其中计划是指预测未来并制定行动方案；组织是指建立企业的物质结构和社会结构；指挥是指使企业人员发挥作用；协调是指让企业人员团结一致，使企业中的所有活动和努力统一和谐，控制是指保证企业中进行的一切活动符合制定的计划和所下达的命令。

亨利·法约尔对管理的上述定义明确了管理与经营的关系。法约尔写道：“所谓经营，就是努力确保六种基本活动的顺利运转，从而把组织拥有的资源变成最大的成果，从而导致组织目标的实现。”而管理只是六种活动中的一种。

2. 一般管理的 14 条原则

法约尔提出了一般管理的 14 条原则：

（1）分工。在技术工作和管理工作中进行专业化分工可以提高效率。

(2) 权力与责任。权力是指“指挥他人的权以及促使他人服从的力”。在行使权力的同时，必须承担相应的责任，不能出现有权无责和有责无权的状况。更为重要的是，法约尔区分了管理者的职位权力和个人权力，前者来自个人的职位高低，后者是由个人的品德、智慧和能力等个人特性所形成的。一个优秀的领导人必须两者兼备。

(3) 纪律。纪律是企业领导人同下属之间在服从、勤勉、积极、举止和尊敬等方面所达成的一种协议。组织内所有成员都要根据各方达成的协议对自己在组织内的行为进行控制。

(4) 统一指挥。组织内每一个人只能服从一个上级并接受他的命令。

(5) 统一领导。凡目标相同的活动，只能有一个领导、一个计划。

(6) 个人利益服从集体利益。集体的目标必须包含员工个人的目标，但个人和小集体的利益不能超越组织的利益。当两者矛盾时，领导人要以身作则，使其一致。

(7) 报酬合理。报酬制度应当公平，对工作成绩和工作效率优良者给予奖励，但奖励应有一个限度。法约尔认为，任何优良的报酬制度都无法取代优良的管理。

(8) 集权与分权。提高下属重要性的做法是分权，降低这种重要性的做法是集权。两者正好相反。要根据企业的性质、条件和环境、人员的素质来恰当地决定集权和分权的程度。当企业的实际情况发生变化时，要适时改变集权和分权的程度。

(9) 等级链与跳板。等级链是指“从最高的权威者到最低层管理人员的等级系列”。它表明权力等级的顺序和信息传递的途径。为了保证命令的统一，不能轻易违背等级链，请示要逐级进行，指令也要逐级下达。有时这样做会延误信息，鉴于此，法约尔设计了一种“跳板”，便于同级之间的横向沟通。但在横向沟通前要征求各自上级的意见，并且事后要立即向各自上级汇报，从而维护统一指挥的原则。

(10) 秩序。秩序是指“有地方放置每件东西，且每件东西都放在该放置的地方；有职位安排每个人，且每个人都安排在应安排的职位上”。

(11) 公平。在待人上，管理者必须做到“善意与公道相结合”。

(12) 人员稳定。培养一个人胜任目前的工作需要花费时间和金钱。所以，人员特别是管理人员的经常变动对企业很不利。

(13) 首创精神。首创精神是创立和推行一项计划的动力。领导者不仅本人要有首创精神，还要鼓励全体成员发挥他们的首创精神。

(14) 集体精神。在组织内部要形成团结、和谐和协作的气氛。

(二) 韦伯的贡献

韦伯是德国著名的社会学家。他对管理理论的主要贡献是提出了“理想的行政组织体系”理论。韦伯认为等级、权威和行政制是一切社会组织的基础。对于权威，他认为有三种类型：个人崇拜式权威、传统式权威和理性—合法的权威。其中，个人崇拜式权威的基础是“对个人的明确而特殊的尊严、英雄主义或典范的品格的信仰……”；传统式权威的基础是先例和惯例；理性—合法的权威的基础是“法律”或“处于掌权地位的那些人……发布命令的权力”。韦伯认为，在三种权威中只有理性—合法的权威才是理想组织形式的基础。

韦伯的理想的行政组织体系或理想组织形式具有以下一些特点：

(1) 存在明确的分工。把组织内的工作分解，按职业专业化对成员进行分工，明文规定每个成员的权力和责任。

(2) 按等级原则对各种公职或职位进行法定安排，形成一个自上而下的指挥链或等级体系。每个下级都处在一个上级的控制和监督下。每个管理者不仅要对自己的决定和行动负责，而且要对下级的决定和行动负责。

(3) 根据经过正式考试或教育培训而获得的技术资格来选拔员工，并完全根据职务的要求来任用。

(4) 除个别需要通过选举产生的公职（例如，选举产生的公共关系负责人，或在某种情况下选举产生的整个单位负责人等）以外，所有担任公职的人都是任命的。

(5) 行政管理人员是“专职的”管理人员，领取固定的“薪金”，有明文规定的升迁制度。

(6) 行政管理人员不是其管辖的企业的所有者，只是其中的工作人员。

(7) 行政管理人员必须严格遵守组织中的规则、纪律和办事程序。

(8) 组织中成员之间的关系以理性准则为指导，不受个人情感的影响。组织与外界的关系也是这样。

韦伯认为这种高度结构化的、正式的、非人格化的理想行政组织体系是强制控制的合理手段，是达到目标、提高效率的最有效形式。这种组织形式在精确性、稳定性、纪律性和可靠性等方面都优于其他组织形式，适用于当时日益增多的各种大型组织，如教会、国家机构、军队、政党、经济组织和社会团体。韦伯的这一理论，是对泰罗、法约尔理论的补充，对后来的管理学家，特别是组织理论家产生了很大影响。

(三) 巴纳德的贡献

巴纳德长期担任美国新泽西州贝尔电话公司总经理一职。他对组织管理理论的贡献主要体现在《经理人员的职能》一书中。巴纳德认为，组织是两人或更多人经过有意识的协调而形成的系统。他认为在组织中，经理人员是最为重要的因素，经理人员的职能主要有：建立并维护一个信息系统；使组织中每个人都能作出贡献；明确组织的目标。

巴纳德把组织分为正式组织和非正式组织。对正式组织来说，不论级别高低和规模大小，其存在和发展都必须具备三个条件：明确的目标、协作的意愿和良好的沟通。在正式组织中还存在着一种因为工作上的联系而形成的有一定看法、习惯和准则的无形组织，即非正式组织。

巴纳德的这一理论为后来的“社会系统学派”奠定了理论基础。

第三节 行为管理理论

泰罗的科学管理理论和方法在20世纪初对提高企业的生产率起了很大的作用，但是，资本家为了追求最大的利润，不会放弃对工人的剥削；而工人也不是纯粹的经济人，除了经济需求外，还有社会需求，使得金钱刺激和严格控制失去了原有的作用。许多管理学家对如何调动工人的积极性展开了研究，考虑如何利用有关的各种科学知识来研究人的行为。

一、人际关系学说

行为管理理论形成于 20 世纪 20 年代，早期被称为人际关系学说，以后发展为行为科学，即组织行为理论。

梅奥（George E. Mayo）原籍澳大利亚，后移居美国。作为一位心理学家和管理学家，他领导了 1924—1932 年在芝加哥西方电气公司霍桑工厂进行的一系列试验（即霍桑试验）中后期的重要工作。该试验分四个阶段。

（一）第一阶段：工作场所照明试验（1924 年 11 月到 1927 年 4 月）

研究人员选择一批工人，并把他们分成两组：一组是试验组，变换工作场所的照明强度，使工人在不同照明强度下工作；另一组是对照组，工人在照明强度保持不变的条件下工作。研究人员希望通过试验得出照明强度对生产率的影响，但试验结果却发现照明强度的变化对生产率几乎没有影响。这说明：第一，工作场所的照明只是影响工人生产率的微不足道的因素；第二，由于牵涉因素较多难以控制，且其中任何一个因素都可能影响试验的结果，所以照明对产量的影响无法准确衡量。

（二）第二阶段：继电器装配室试验（1927 年 4 月到 1929 年 6 月）

从这一阶段起，梅奥参加了试验。研究人员选择了 5 名女装配工和 1 名女画线工在单独的一间工作室内工作，1 名观察员被指派加入这个小组，记录室内发生的一切，以便对影响工作效果的因素进行控制。这些女工在工作时间可以自由交谈，观察员对她们的态度也很和蔼。在试验中分期改善工作条件，如改进材料供应方式、增加工间休息、供应午餐和茶点、缩短工作时间、实行集体计件工资制等，这些条件的变化使女工们的产量上升。但过了一年半，在取消工间休息和供应的午餐和茶点并恢复每周工作六天后，她们的产量仍维持在高水平上。看来其他因素对产量无多大影响，而监督和指导方式的改善能促使工人改变工作态度并增加产量，于是决定进一步研究工人的工作态度和可能影响工人工作态度的其他因素成为霍桑试验的一个转折点。

（三）第三阶段：大规模访谈（1928 年 9 月到 1930 年 5 月）

研究人员在上述试验的基础上进一步在全公司范围内进行访问和调查，参与此次访问和调查的员工达 2 万多人次。结果发现，影响生产力的最重要因素是工作中发展起来的人际关系，而不是待遇和工作环境。每个工人的工作效率不仅取决于他们自身的情况，还与其所在小组中的同事有关。任何一个人的工作效率都要受同事影响。

（四）第四阶段：接线板接线工作室试验（1931 年到 1932 年）

该工作室有 9 名接线工、3 名焊接工和 2 名检查员。在这一阶段有许多重要发现：

（1）大部分成员都自行限制产量。公司规定的工作定额为每天焊接 7 312 个接点，但工人们只完成 6 000～6 600 个接点，原因是怕公司再提高工作定额，也怕因此造成一部分人失业，他们这样做保护了工作速度较慢的同事。

（2）工人对不同级别的上级持不同态度。他们把小组长看作小组的成员。对于小组长以上的上级，级别越高，工人对他越尊敬，但同时工人对他的顾忌心理也越强。

（3）成员中存在小派系。工作室里存在派系，每个派系都有自己的行为规范。谁要加入这个派系，就必须遵守这些规范。派系中的成员如果违反这些规范，就要受到惩罚。

梅奥对其领导的霍桑试验进行了总结，在1933年写成了《工业文明中人的问题》一书。在书中，梅奥阐述了与古典管理理论不同的观点——人际关系学说，该学说主要有以下一些内容：

（1）工人是社会人，而不是经济人。科学管理学派认为金钱是刺激人们工作积极性的唯一动力，把人看作经济人。梅奥认为，工人是社会人，除了物质需求外，还有社会、心理等方面的需求，因此不能忽视社会和心理因素对工人工作积极性的影响。

（2）企业中存在着非正式组织。企业成员在共同工作的过程中，相互间必然产生共同的感情、态度和倾向，形成共同的行为准则和惯例。这就构成一个体系，称为“非正式组织”。非正式组织以它独特的感情、规范和倾向，左右着其成员的行为。古典管理理论仅注重正式组织的作用是有欠缺的。非正式组织不仅存在，而且与正式组织相互依存，对生产率有重大影响。

（3）生产率主要取决于工人的工作态度以及他和周围人的关系。梅奥认为，提高生产率的主要途径是提高工人的满足度，即工人对社会因素，特别是人际关系的满足程度。如果满足度高，工作的积极性、主动性和协作精神就高，生产率就高。

二、行为科学

“行为科学”名称是1949年一批哲学家、社会学家、心理学家、生物学家、精神病学家在美国芝加哥大学讨论、研究有关组织中人类行为的理论中正式提出的。行为科学是研究人的行为的一门综合性学科。它研究人的行为产生的原因和影响行为的因素，目的在于激发人的积极性、创造性，以实现组织目标。它的研究对象是探讨人的行为表现和发展的规律，以提高对人的行为预测以及激发、引导和控制能力。

行为学派的发展是从人群关系论开始的，但在管理实践中对人的行为认识以及以人为主体的管理思想的产生却由来已久。在西方，继罗伯特·欧文以后，雨果·孟斯特伯格（Hugo Munsterberg）、玛丽·福莱特（Mary P. Follet）等人为“行为科学理论”的形成作出了重要贡献。雨果·孟斯特伯格是工业心理学的创始人。1892年在哈佛大学建立了他的心理学实验室，1913年出版了颇具影响的奠基性著作《心理学与工业效率》。玛丽·福莱特是最早从个人和群体角度考察组织的学者之一。

思考题

1. 简述中外早期管理学思想，并对之进行简要评价。

2. 西方管理理论出现哪些分支？每个理论分支的内容与特征各是什么？
3. 泰罗科学管理理论的主要内容包括哪些？
4. 亨利·法约尔的 14 条管理原则是什么？
5. 霍桑试验的四个阶段和人际关系学说的主要内容分别是什么？

案例分析题

从古罗马军威到现代管理

古罗马的士兵在第一次服役时，要在庄严的仪式中宣誓，保证不背离规范，服从上级指挥，为皇帝和帝国的安全而牺牲自己的生命。宗教信仰和荣誉感的双重影响使罗马军队遵守规范，所有罗马士兵都把金光闪闪的金鹰徽视作他们最愿意为之献身的目标，在危险时刻抛弃神圣的金鹰徽被认为是最可鄙的行为。

同时，罗马士兵也深知他们行为的后果。一方面，他们可以在指定的服役期满之后享有固定的军饷，可以获得不定期的赏赐以及一定的报酬，这些都在很大程度上减轻了军队生活的困苦程度；另一方面，由于怯懦或不服从命令而企图逃避严厉的处罚，那也是办不到的。军团百人队队长有权用拳打士兵以作惩罚，司令官则有权判处士兵死刑。古罗马军队的一句最固定的格言是：好的士兵害怕长官的程度应该远远超过害怕敌人的程度。这种做法使古罗马军队作战勇猛顽强、纪律严明。显然，单凭一时的冲动是做不到这一点的。

在西方，这种管理方法被总结为一句格言："胡萝卜加大棒。"拿破仑说得更形象："我有时像狮子，有时像绵羊。我的全部成功秘诀在于：我知道什么时候应当是前者，什么时候是后者。"

在东方，则有"滴水之恩，涌泉相报"、"视卒如爱子，故可与之俱死"等说法。又说："将使士卒赴汤蹈火而不违者，是威使然也。""爱设于先，威严在后，不可反是也。"《孙子兵法》总结说："故令之以文，齐之以武，是为必取。"总之一句话："软硬兼施，恩威并济。"

问题：

东西方在管理思想上有何差异？

第三章　全球化管理

第一节　国际化经营的内涵

在经济全球化、知识经济、网络经济以及我国已加入 WTO 的大环境下，经济全球化趋势已成为不可阻挡的潮流。我国企业必须参与全球化的竞争，因此，企业实施国际化创业及经营已经不仅仅是一种战略选择，而是决定企业未来长期生存和发展的关键。

一、国际化经营的概念

国际化经营是指企业为寻找更大的市场，寻找更好的资源，寻求更多的利润而突破国界向国外发展经营业务，从事生产、销售、服务等活动。

二、国际化经营的发展

在世界经济中，国际化经营由来已久，例如，西门子公司、雷明顿公司，在 19 世纪就将其产品销往国外，随着时间的推移，20 世纪 20 年代，一些公司包括福特汽车公司、英荷皇家壳牌石油公司都已经实现多国化经营。

所谓多国公司，是指同时在两个或两个以上国家从事重要的经营活动，但以本国为基地，对国外经营进行集中管理的公司，这些公司带动了国际贸易的快速增长。多国公司在全世界许多国家都设有子公司或制造厂。

全球环境延伸了多国公司的范围和目标，从而产生一种更为普遍的组织——跨国公司。跨国公司是指同时在两个以上的国家从事重要经营，并在从事经营的所在国分散制定决策的公司。跨国公司并不是复制本国的成功经验来集中管理国外经营，而是在每个国家中，主要雇用当地人员来经营，而且每个国家的产品和市场战略完全根据该国的文化特色制定。例如，麦当劳在诸如菜单、口味和室内设计等方面根据各地需要有所调整，因此，各地表现略有差异。

多国公司和跨国公司管理者的眼光已变得日趋全球化。跨国公司的发展促进了区域性贸易联盟的出现。20 世纪 90 年代，全球竞争由于区域性合作协议的产生而被重构，诞生了诸如美国—墨西哥边贸区域、美国—墨西哥自由贸易协议等。

20 世纪 90 年代以来，全球经济一体化突飞猛进，国际化经营的发展呈现出以下特点：

(1) 跨国公司投资相对集中。绝大多数跨国公司投资集中在少数发达国家之间，使这些国家的经济快速一体化，其结果是，诸如汽车等国际化程度较高的产业，形成难分你我的竞争态势。

(2) 劳动和资源密集型产业转移。发达国家将劳动和资源密集型产业向发展中国家转移。

(3) 经济向科技和资金密集型产业升级。发达国家经济向科技和资本密集型产业升级，特别是具有关键意义的信息技术产业和密集应用信息技术成果的服务性产业，如电信、媒体、商业、金融等。

(4) 少数大企业向全球扩张。无论产业转移还是升级，少数发达国家大企业都开始向全球扩张。今天，跨国公司已成为大企业生存的一般形式。其扩张通常是通过跨国合并、收购和合资来进行的。经济全球化下新经济秩序的规范仍然受发达国家主导，其他国家面临的挑战非常严峻。

第二节 国际经营的动因分析

在当今经济全球化的大背景下，从宏观层面上看，企业走出国门，开展国际创业、国际经营可以提升本国的国际竞争力，国内市场供过于求的现状是企业国际经营的外部动因。从企业层面上看，企业国际经营的动因在某种程度上是企业国际创业战略动机的具体化，由于企业的行业、规模、产品、技术水平、管理水平等的差异，不同企业进入目标国家的动因有很大的不同。一般来说，这些动因大致可以归纳为以下几类。

一、寻求国外市场的扩张

这些企业以占据和扩大其他国家产品市场为目的，寻求和占有更广阔的国外市场，确立企业竞争地位，实现盈利和其他经营目标。

经济一体化给企业带来了发展的机遇。商品、服务和技术在世界性的生产、消费和投资领域中的扩散，有利于带动企业产品结构调整，有利于服务业与技术创新迈上新台阶，为吸引、消化人才和人力资源开辟新渠道，提供新的增长点。消费者人数的增加，购买力的增强，销售额自然会增长，尤其是那些总部所在国的国内市场较为狭小或日趋饱和的企业一般都有强烈的寻求国外市场的扩张要求。如诺基亚公司、三星公司的国际化明显具有这样的特征。

对于我国企业，积极开展国际化经营是必然选择，也是企业提升国际竞争力的必然途径。我国企业在国内市场相对饱和后，纷纷出国投资办厂。如海尔集团、康佳集团等，而格兰仕集团将其微波炉产品做到全球第一，产品在世界占有率近50%。

二、扩大国际资源渠道

国内资源的相对不足往往限制企业的进一步发展，由于资源在国家间分布是不均衡的，随着经济规模的扩大，资源供需矛盾日益突出。该动机旨在获得稳定而相对便宜的原料来源。这些企业利用国际化经营，在拥有丰富自然资源的国家和地区搞合资或独资生产，就可以为本国提供原材料，或加工出口，或就地销售。例如，我国在澳大利亚投资矿产开采，这对于补充国内资源不足起到明显作用。因此，突破经营资源的约束，成为不少企业发展跨国投资经营的最直接的动机。

三、寻求经济效益和高效率

有些企业突破国家界限，充分利用其经营能力，谋求总体经营综合效率最优化。

例如，不少信托投资公司和制造业公司有较多的资金和利润积累，在国内进行投资扩展，受到体制、政策以及项目环境等因素的制约，于是便把国外投资作为补充或替代国内投资的重要途径。

高额关税、低进口配额、进口管制等通常是贸易保护的主要手段。贸易壁垒将使得企业原有的外销市场受到威胁，为了保护产品的出口市场，企业通常通过在东道国直接投资将生产基地转移到原料进口国，以绕过贸易壁垒，就地生产，就地销售。如果这些生产要素的输出与东道国经济发展战略目标一致，这样投资者不仅保护和维护了原有的外销市场，而且会受到东道主国政府的保护和支持。

四、输出成熟技术和引进先进技术

企业利用自身的优势，通过国际经营投资于相对欠发达、经济发展水平尚低，需要成熟技术的发展中国家，这是一部分企业参与国际化经营的动机之一，这样可以输出成熟技术，占领部分国际市场，又可以获得丰厚的回报。

一些人、财、技术实力雄厚的企业，通过国际经营，在工业发达技术先进的国家、地区开厂设店，搞合资、合营企业，这样可以以各种方式吸收当地领先于世界的先进技术、先进管理模式。

五、利用外资和资本外投

企业国际经营利用其处在国外的有利条件，利用各种融资时段，筹集资金，如利用在国外的子公司与东道主国的公司搞合资企业。由于国际市场金融机构众多，融资渠道畅通便利，企业资信高、管理好，获得贷款的机会很多。国际经营企业可以利用当地的企业、财团、银行的关系，介绍并邀请外国企业家来国内投资。

六、战略发展的客观要求

大型国际经营的企业，资金雄厚、技术先进、管理水平高，建立在这些优势基础上的全球战略与多样化经营，决定了其国际化经营活动具有多样性、总体优化和战略性等特征。

第三节　全球化管理模式

跨国经营和全球化管理是对管理者的真正挑战，由于对跨国业务实施管理很难而且成本很高，因此最简单的解决办法就是根据各国特点按国家分别组织经营活动，让每个国家的经营部门都拥有充分的经营自主权，只有当跨国协同运作的收益大得足以弥补远距离和异质性所带来的损失时，国际化策略才有意义。成功的管理者需要适应不同的文化、不同的制度和不同的技术，需要学习和运用全球管理战略的技巧。

一、竞争力管理

竞争力管理是一种在全球范围内采集各种信息的能力，包括获取资本、技术、供应商、设备、市场机会、人力资源等信息，并利用信息，增强企业组织竞争优势，提高获利水平的能力。

世界市场日益增加的动态性，意味着管理者必须扩展他们关注的范围，以便获取可能影响其组织的全球性力量的关键信息。例如，日本三菱公司在世界范围内雇用6万多名市场分析人员，收集市场信息并反馈给总公司。

管理者需将视野和信息来源定位于世界范围。不断收集信息，不断拓展视野，不仅是为了获取竞争对手信息，也为了寻找机遇，可以采用以下方式开展工作。

（一）广泛收集、过滤信息

列出增加企业或团队全球竞争力的竞争成功要素，以此为主要线索，仔细过滤大量信息，从中抓住发展的主要趋势。然后，确定自己的主要工作任务，确保自己的部门在跨部门和跨国界的背景下得到很好的管理。

（二）建立信息管理系统

建立信息管理系统，把适当的信息在适当的时间传递给适当的人，在全球范围内实现最有效、最及时的决策。与能从中受益的其他成员共享那些提高生产力和效率的信息。

（三）竞争力分析

不断进行竞争力分析和再分析。注意全球的主要竞争对手在做些什么，即便他们有些举措看起来与你目前的利益和重点不相干，也须留意。

（四）关注影响竞争力的因素

注视国际贸易、关税、经济、社会及政治变化对地方、地区或全球竞争力的影响。广泛阅读业内资料、专业出版物及广为流传的文献资料。

二、复杂性管理

经济全球化给全球性组织带来的复杂性与矛盾冲突无处不在。在国际环境下，变化无常的政治、经济因素及不确定的竞争和顾客消费模式增加了管理的复杂性。

（一）解决复杂性的方法

管理的复杂性体现在必须对多种目标进行同步管理，国际化经营企业必须把握好效率、敏捷反应和不断学习三项内容。针对管理的复杂性，各国跨国公司的解决方法各有特色，常用的有标准程式化、国际合作、集中决策。

标准程式化方法，就是在跨国协同运作中，在每个国家做相同的事。通过建立组织架构和公正的体制和程序，来确定互不协调的目标的优先顺序，这为多目标、复杂条件下的决策管理提供了十分明确的准则。美国人常采用这种方法。

国际化经营的公司还可以通过国际合作、跨国联盟，在不同的国家中同时开展多种经营活动，国际化合作在应对竞争者的竞争或者打击竞争者时非常有效。欧洲人更多地采用国际化合作，依赖社交式的方式，通过培养其经理人全球性思维，最终使其成为企业组织的黏合剂。

公司的经营还可以采用集中决策的方法。日本人主要采用集中决策的方法解决管理复杂性。

（二）国际化经营的组织结构

良好的组织结构能够更好地解决复杂性。由于地理分布广泛造成国际经营的高度复杂性，文化、法律和时差不同，要求提供强有力的组织结构，促进远距离的不同语种之间的沟通，并促成对市场需求作出快速反应。

国际化公司普遍采用分散联盟、合作联盟、中心集散、一体化网络四种组织结构模式，分别应对不同的复杂性问题。

国际化经营的组织结构如图 3—1 所示。

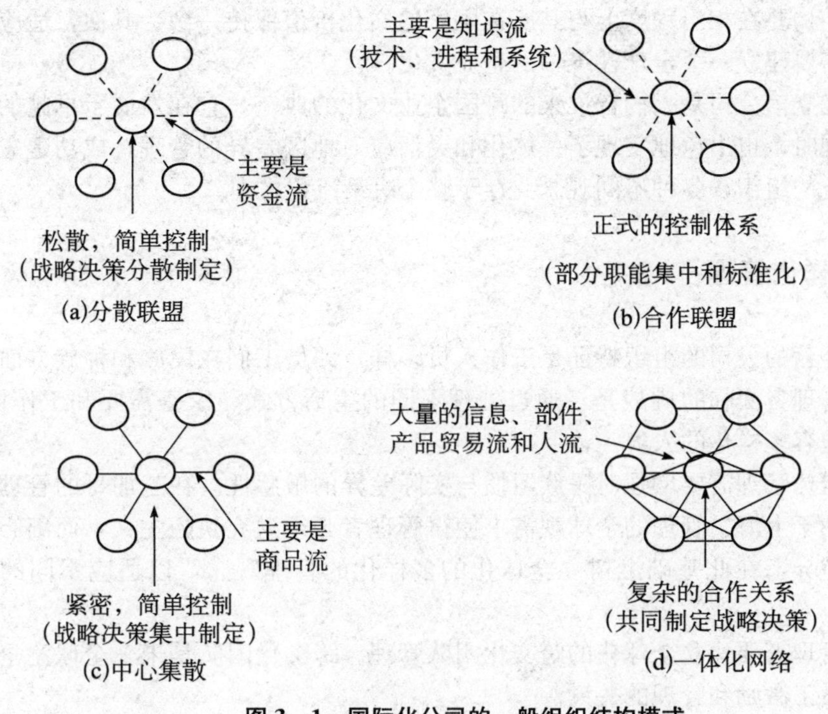

图 3—1 国际化公司的一般组织结构模式

三、适应性管理

全球经济要求管理者具有较强的适应性和灵活性。管理者应对复杂性和适应性的技巧是企业组织在全球竞争中求生存的关键，为此，必须学会让管理能适应不断变化的全球性组织的企业文化。这就要求管理者做到以下几点。

（一）调整领导风格

有效的管理者并不只采用某一种领导风格，而是需要根据情况调整自己的风格。民族文化是确定何种领导风格的重要因素，通常是通过下属子公司所在区域的文化影响领导风格。比如，操纵或专制的风格适合于高权力文化，如阿拉伯、远东和拉丁美洲国家。在低权力文化中，如挪威、芬兰、丹麦和瑞典等国，参与式管理可能更为有效。

（二）调整决策风格

决策风格以及决策者愿意承担的风险程度，是反映该国文化环境下决策差异的两个方面。例如，日本人比美国人更倾向于群体决定，这可以从日本的民族文化特征得到解释：日本人崇尚遵奉与合作。管理者需要改变他们的决策风格，以反映他们所在国家的民族文化。

（三）调整组织结构

一个组织的结构必须与它的环境相适应，环境应该包括组织所在国家的民族文化内涵，组织结构要在相当程度上与其所在国家的文化价值保持一致。其次，适应性管理也意味着需要建立一个全球性统一的企业文化。

著名的爱立信公司是人们皆推崇的跨国企业文化的典范，它在发展了卓越的战略协同机制的同时，也出色地实现了一体化和灵活应对地区差异的管理，成功建立了一个多元化文化的组织，各种不同观念共存于整个决策流程之中。

四、多样化管理

国际化经营的公司的组织特征是工作人员多样，即员工们在民族和种族方面都具有差异性。管理者面临的挑战是，通过处理不同的生活方式、家庭需要和工作风格，使组织更能包容多样化的人群。

成功的全球管理需要增强对民族习惯与实际差异的敏感性。在芝加哥的管理实战也许并不适用于上海。管理的全球观需求使得管理者必须抛弃狭隘主义，而细心地了解各国文化差异，在此基础上树立全球化的多样化的管理观念，以适应不同的民族文化。

多样化管理需要建立全球化的跨文化团队管理。跨文化团队是未来全球竞争力的关键，也是员工激励和管理的关键。

五、不确定性管理

变化是影响全球化管理的主要因素，管理者需要应对持续不断的变化和无序，以回应顾客的需求和竞争的环境。

当今，经济形势剧烈变化，管理处于动态的变化环境中，成功越来越属于那些灵活应变的管理者。

管理者应该对工作中容易受制于外部变化的方面进行分析，再从组织内部加以检验以尽快地适应变化。要学会在无序中抓住良机，同时，还要能从有序的运作中剔除过时的东西。国际竞争市场中的许多企业被淘汰出局，就是因为太沉溺于过去的传统、过去的观念和过去的成就了。

思考题

1. 什么是国际化经营？
2. 企业国际化经营的动因有哪些？
3. 简述全球化管理的主要技巧。

案例分析题

案例一　格兰仕集团的国际创业

一、企业概况

广东格兰仕集团有限公司是一家全球化家电专业生产企业，是我国家电业最优秀的企业集团之一。

自1978年创业以来，格兰仕一直保持稳健、向上的发展势头。定位于“全球名牌家电制造中心”，到2006年，3万余格兰仕人致力于推动“全球微波炉（光波炉）制造中心”、“全球空调制造中心”、“全球小家电制造中心”三大名牌家电制造基地的发展，保持微波炉制造、光波炉制造世界第一，进入世界一线空调、小家电品牌阵营。格兰仕电器产品旺销全球近200个国家和地区。2005年，格兰仕集团销售收入达160亿元。

从全国第一做到全球第一，从中国制造做到全球制造，从制造领先到创造领先，格兰仕电器产销规模迅速扩张的背后，是一条惊人的全球市场扩张轨迹。随着格兰仕电器畅销近200个国家和地区，格兰仕与全球200多家跨国公司建立了全方位合作联盟，在北美、欧洲、南美、澳大利亚、东南亚、非洲均设有销售公司，并在美国成立了微波炉研发中心。目前，格兰仕“全球制造、专业品质”的形象享誉世界。坚持“伟大，在于创造”的企业理念和“努力，让顾客感动”的经营宗旨，格兰仕正在加速向国际一流企业、世界名牌进军。

二、格兰仕集团国际创业的历程

格兰仕集团国际创业的发展主要分三个阶段：

（一）第一阶段：1992—1997年

1992年，格兰仕正式进入微波炉行业，1993年试产微波炉1万台。通过专业化、规模化、集约化，格兰仕微波炉技术水平和生产能力迅速提高，1995年，格兰仕实现销售收入4.8亿元，国内市场占有率第一（25%）。在占据国内市场的同时，格兰仕集团还通过参加广交会等方式积极开拓国际市场，产品出口阿根廷、印度等东南亚国家和地区，1997年，实现出口创汇2 500万美元，位列家电行业第七。

（二）第二阶段：1998—2000年

从1998年开始，格兰仕集团的国际创业步入发展的快车道。1998年秋交会，格兰仕实现成交额7 000万美元。同年国际市场占有率15%（其中阿根廷市场达30%，法国市场25%），出口量占中国全行业85%以上。1999年格兰仕启动产能为1 200万台的超大规模微波炉生产基地，成为全球最大的专业微波炉制造商。内外销比例为1∶1。此后，格兰仕通过扩大生产线进一步增强了企业的竞争实力，国际市场占有率不断攀升，2000年达到30%以上，创汇1.5亿美元，产品出口拓展到全球100多个国家和地区。在此期间，格兰仕还相继在美国成立微波炉研发中心，在北美、欧洲、南美、澳大利亚、东南亚、非洲等主要出口市场设立了销售分公司。

（三）第三阶段：多元化产品出口阶段

基于微波炉出口在国际市场上树立的品牌和知名度、美誉度以及强大的市场网络，2000 年 10 月格兰仕集团开始进军空调业。通过在全球产业链中寻求合作，格兰仕空调也迅速建立起国际一流的高度自动化生产线，空调出口以每年递增 10 倍左右的增幅迅猛发展，2002 年 1 月格兰仕空调向欧洲市场出口突破 10 万台。2002 年，格兰仕被中国家用电器协会评为“家用电器出口明星企业”，相关产品的多元化出口战略获得了初步成功，2004 年格兰仕微波炉占据国际市场的近 50%，格兰仕空调出口 200 万台，跻身我国出口两强、全球出口五强之列。

三、国际创业历程中的有益经验

短短 20 年时间，格兰仕从一家手工生产鸡毛掸子的乡镇羽绒制品厂，发展成为一家具有一定国际声誉的家电制造大型企业。在国际创业发展上，格兰仕一方面在主要的出口市场设立营销型分支机构，促进集团出口贸易的发展；另一方面在美国、日本等地设立了研发分支机构，用技术和质量占领国际市场。格兰仕集团国际创业发展中的成功经验主要有：集中优势专注制造，坚持专业化道路，以质取胜，与跨国公司实现强强合作等。其国际创业进程中的经验，大体可归纳为如下几个方面。

（一）充分发挥优势，营造自身竞争力

客观来说，我国民营企业大多规模小，资金少，单凭自身力量很难在全球编织起一个国际创业的营销网络，也很难在全球建立一个国际性的知名品牌。然而我国企业最大的优势在于低成本的制造能力，格兰仕将自己定位于“全球家电制造中心”，选择在国内生产，全球销售，不失为一种明智的选择。这一选择在一定程度上依托了我国劳动力资源丰裕的特点，由此开辟了一条低成本的扩张道路。事实表明，格兰仕的低成本优势弥补了自身国际经营能力、经验以及人才不足的弱势，巧妙地避开了与外国巨鳄跨国公司的正面交锋。从而在竞争实力悬殊的情况下，找到了企业的生存机遇和发展空间。利用全球制造中心向我国转移的契机，格兰仕大胆吸纳世界成熟的技术、先进的生产线和装备，以低成本构建起要花十几年、几十年的时间才可能建立起来的一流生产基地，集中自身的劳动力优势和低成本优势，专注制造，既做自有品牌，也为跨国公司做高级的 OEM（原始设备制造商）与 ODM（原始设计商），实现贴牌与创牌并举。

（二）坚持走专业化道路，追求规模经济

格兰仕坚持走专业化的道路，抓住世界工厂向中国转移的机会，发展壮大自己。从 1993 年到 2000 年，格兰仕只做微波炉。格兰仕从零开始，用了近 10 年时间，把微波炉做到全球第一，产品全球占有率近 50%。

经过多年的专注和积累，格兰仕的微波炉已经做得很成熟，且在国内已经达到 70%的市场占有率。由于增长空间有限，因此，格兰仕于 2000 年由单一的微波炉产品扩展到空调、电风扇、电饭煲等多种产品。这种同一产业内的相关度很高的产品多元化，充分利用了品牌相关（所有产品都可以运用格兰仕品牌）、营销网络相关、相当一部分生产能力相关（有些设备可以共用）、管理相关的便利。格兰仕由做微波炉单一产品的最大化到微波炉、空调、电风扇等产品的相关多元化，实现了从规模经济效益的最大化到范围经济效益的最大化。

（三）以健全的企业质量管理体系获取市场进入质量认证为突破，不断扩大产品的国际市场

由于坚持与国际接轨，在生产、检测等环节上严格执行ISO9001质量管理体系，格兰仕产品在占领国内市场的同时，轻松地拿到了世界各地市场的“通行证”。除了国家免检、中国3C认证，格兰仕电器通过德国GS、欧洲CE、美国UL、丹麦DEMKL、挪威NEMKO、德国莱茵T. V、国际电工（CB）等多项国际认证；格兰仕还是中国家电业唯一赢得美国国际品质认证委员会和美国亚洲经济贸易合作委员会颁发的“高品质产品推荐”、“国际贸易推荐产品”荣誉的企业。

（四）借助跨国公司的全球化体系，通过广泛的国际合作，实现企业产品市场的国际创业

在生产领域，格兰仕跟全球250多个跨国公司进行OEM生产，使得格兰仕在全球市场竞争当中有了更多的盟友，形成了双赢。格兰仕的总体成本优势、先进的生产水平，吸引了越来越多的知名跨国公司前来合作。格兰仕将自身的劳动力、规模化、集约化、专业化大生产方面的比较优势，与跨国公司在技术、网络等方面的优势相结合，形成全球性的梯度产业链，进而推动了企业生产和经营的全球化。

在流通领域，格兰仕采取和国际经销商合作的方式，法国家乐福、德国麦德龙、法国欧尚等世界超级分销商都已相继成为该公司的重要客户。以家乐福为例，家乐福在全球有9 000家分店，家乐福的新店开到哪里，格兰仕的微波炉就供应到哪里。通过家乐福强大的分销能力，大大提高了格兰仕的品牌效应和竞争力。通过这些大型的全球分销主渠道，格兰仕在世界市场发展相当迅速。

问题：

格兰仕集团的国际化经营的动因是什么？

案例二 六洲：全球化的酒店集团

1951年夏天，假日酒店的创始人凯蒙斯·威尔逊（Kemmons Wilson）带着他的全家做了一次“改变世界的公路旅游”。由于不能为其全家找到价位合适的旅馆，威尔逊决定亲自涉足酒店业。现在，50多年过去了，随着越来越多的旅客把假日酒店当作旅游住宿的首选，假日酒店成为世界上中档酒店中最知名的品牌之一。假日酒店以及品味奢侈的洲际酒店（Intercontinental Hotel）连锁和面向商务人士的皇冠假日酒店（Crown Plaza Holiday Inn）组成了六洲酒店集团（Six Continents）。该集团在106个国家总共拥有3 300家酒店，每年约有2 800万顾客入住。“六洲集团注重让其品牌覆盖全球”。六洲集团的行政长官蒂姆·克拉克（Tim Clarke）说：“不过，六洲集团盛名远扬并非仅仅因为它在全球范围内开展经营活动。”

六洲酒店集团有其独特的策略，即让其气质、文化和服务超越国界。为实现“建立一家令世界各地的人都感到满意的会谈、休闲和实现梦想的酒店”的目标，六洲要做到能给顾客提供全球同质的服务。“我们的目标就是让我们的酒店成为顾客的偏爱，要让他们成为永远的回头客，要让顾客无论在哪里都能享受到同样的服务和愉快的经历。”六洲酒店的首席执行官和董事会主席托马斯·奥利弗（Thomans Oliver）说。

为了达到这种高度的一致性，每家酒店都执行着相同的服务质量奖励计划——2001 年六洲集团的年报称："我们在六洲的全球酒店中设立了质量优秀奖"，顾客可以使用六洲的全球预订系统 Holidex 预订酒店并成为集团设立的"全球忠诚计划—优先俱乐部"的成员；集团旗下的全部酒店都采用统一的播放平台，顾客可以在世界各地观看相同的节目。

在这些看得见的举措背后，公司的全球基础设施建设令人印象深刻。该设施由公司设在伦敦和亚特兰大的总部集中管理，为其旗下酒店的全球化服务提供有力的支持。例如，所有的六洲酒店都使用相同的财产管理系统（OPERA），从而在与产品和服务的供应商的联盟中获利；所有的六洲酒店都利用在世界范围内大规模采购的采购体系，营销也通常在全球范围内执行。例如，一旦设在香港的洲际酒店开始装修，那么，设在贝鲁特、芝加哥、伦敦、纽约、巴西和东京等地的酒店也要开始装修，并通过一项世界范围内的花费 2 500 万美元的营销战役加以支持。总之，正是高度的国际服务标准化和集中的后勤协作与支持，才使得六洲集团能够不负"世界上最全球化的酒店集团"的盛名。

问题：

六洲酒店集团采取了什么样的全球化管理战略？

第四章　决策与决策方法

企业管理的重点在于经营，经营的关键在于决策。决策的正确与否，直接影响到企业的工作效率和经济效益。总之，决策是管理的核心，决策分析是组织各级管理人员的基本职能。决策正确可使企业沿着正确的方向前进，提高企业竞争能力和适应市场环境变化的能力，取得良好的经济效益；反之，若决策失误，将给企业带来巨大损失，甚至导致破产。所以，要作出一项正确的决策，首先应树立正确的管理思想和市场观念，并掌握现代化的管理决策理论、方法和手段。

第一节　决策的定义、原则与依据

一、决策的定义

对于决策的定义，不同的学者看法不同。一种简单的定义是，“从两个以上的备选方案中选择一个的过程就是决策”。一种较具体的定义是，“所谓决策，是指组织或个人为了实现某个目标而对未来一定时期内有关活动的方向、内容及方式的选择或调整过程”。

在本书中，我们采用路易斯、古德曼和范德特在《现代管理学》中的说法，将决策定义为：“管理者识别并解决问题以及利用机会的过程”。对于这一定义，可作如下理解。

第一，决策的主体是管理者。即既可以是单个的管理者，也可以是多个管理者组成的集体或小组。

第二，决策的本质是一个过程，这一过程由多个步骤组成（具体步骤见本章第三节)。

第三，决策的目的是解决问题和利用机会，这就是说，决策不仅仅是为了解决问题，有时也是为了利用机会。

二、决策的原则

决策遵循的是满意原则，而不是最优原则。对决策者来说，要想使决策达到最优必须具备以下条件，缺一不可：(1) 容易获得与决策有关的全部信息；(2) 真实了解全部信息的价值所在，并据此拟定出所有可能的方案；(3) 准确预测每个方案在未来的执行结果。

但现实中，上述这些条件往往得不到满足。具体原因有：(1) 组织内外的很多因素都会对组织的运行产生不同程度的影响，但决策者很难收集到反映这些因素的一切信息；(2) 对于收集到的有限信息，决策者的利用能力也是有限的，从而决策者只能拟定数量有限的方案；(3) 任何方案都要在未来实施，而未来是不确定的。人们对未来的认识和影响十分有限，因而决策时所预测的未来状况可能与实际的未来状况不一致。

现实中的上述状况决定了决策者难以作出最优决策，只能作出相对满意的决策。

三、决策的依据

管理者在决策时离不开信息。信息的数量和质量直接影响着决策的水平。这要求管理者在决策之前以及决策过程中要尽可能地通过多种渠道收集信息作为决策的依据。但这并不是说管理者要不计成本地收集各方面的信息。管理者在决定收集什么样的信息、收集多少信息以及从何处收集信息等问题时，要进行成本—收益分析。只有在收集的信息所带来的收益（因决策水平提高而给组织带来的利益）超过为此而付出的成本时，才应该收集该信息。

所以我们说适量的信息是决策的依据，信息量过大固然有助于决策水平的提高，但对组织而言可能是不经济的，而信息量过少则使管理者无从决策或导致决策达不到应有的效果。

第二节　决策的类型

一、长期决策与短期决策

从决策影响的时间看，可把决策分为长期决策与短期决策。

长期决策是指有关组织今后发展方向的长远性、全局性的重大决策，又称为长期战略决策，如投资方向的选择、人力资源的开发和组织规模的确定等。

短期决策是为实现长期战略目标而采取的短期策略手段，又称为短期战术决策，如企业日常营销、物资储备以及生产中资源的配置等问题的决策都属于短期决策。

二、战略决策、战术决策与业务决策

从决策的重要性看，可把决策分为战略决策、战术决策与业务决策。

战略决策对组织最重要，通常包括组织目标、方针的确定，组织结构的调整，企业产品的更新换代，技术改造等，这些决策牵涉到组织的方方面面，具有长期性和方向性。

战术决策又称为管理决策，是在组织内部贯彻的决策，属于战略决策在执行过程中的具体策略。战术决策旨在实现组织中各环节的高度协调和资源的合理使用，如企业生产计划和销售计划的制定、设备的更新、新产品的定价以及资金的筹措等都属于战术决策的范畴。

业务决策又称为执行性决策，是日常工作中为提高生产效率、工作效率而作出的决策，牵涉范围较窄，只对组织产生局部影响。属于业务决策范畴的主要有：工作任务的日常分配和检查、工作日程（生产进度）的安排和监督、岗位责任的制定和执行、库存的控制以及材料的采购等。

三、集体决策与个体决策

从决策主体看，可把决策分为集体决策与个体决策。

集体决策是指多个人一起作出的决策，个体决策则是指单个人作出的决策。

相对于个体决策，集体决策有一些优点：(1) 能更大范围地汇总信息；(2) 能拟定更多的备选方案；(3) 能得到更多的认同；(4) 能更好地沟通；(5) 能作出更好的决策等。但集体决策也有一些缺点，如花费更多的时间、产生从众现象以及责任不明等。

四、初始决策与追踪决策

从决策的起点看，可把决策分为初始决策与追踪决策。

初始决策又称为零起点决策，它是在有关活动尚未进行从而环境未受到影响的情况下进行的。

随着初始决策的实施，组织环境发生变化，这种情况下所进行的决策就是追踪决策。因此，追踪决策又称为非零起点决策。

五、程序化决策与非程序化决策

从决策所涉及的问题看，可把决策分为程序化决策与非程序化决策。

组织中的问题可分为两类：一类是例行问题，另一类是例外问题。例行问题是指那些重复出现的、日常的管理问题，如管理者日常遇到的产品质量、设备故障、现金短缺、供货单位未按时履行合同等问题；例外问题是指那些偶然发生的、新颖的、性质和结构不明的、具有重大影响的，如组织结构变化、重大投资、开发新产品或开拓新市场、长期存在的产品质量隐患、重要的人事任免以及重大政策的制定等问题。

赫伯特·A·西蒙（Herbert A. Simon）根据问题的性质把决策分为程序化决策与非程序化决策。程序化决策涉及的是例行问题，而非程序化决策涉及的是例外问题。

六、确定型决策、风险型决策与不确定型决策

从环境因素的可控程度看，可把决策分为确定型决策、风险型决策与不确定型决策。

确定型决策是指在稳定（可控）条件下进行的决策。在确定型决策中，决策者确切知道自然状态的发生，每个方案只有一个确定的结果，最终选择哪个方案取决于对各个方案结果的直接比较。

风险型决策又称为随机决策，在这类决策中，自然状态不止一种，决策者不能知道哪种自然状态会发生，但能知道有多少种自然状态以及每种自然状态发生的概率。

不确定型决策是指在不稳定的环境下进行的决策。在不确定型决策中，决策者可能不知道有多少种自然状态，即便知道，也不能知道每种自然状态发生的概率。

第三节　决策的理论

一、古典决策理论

古典决策理论是基于“经济人”假设提出的，主要盛行于 20 世纪 50 年代以前。古典决策理论认为，应该从经济的角度来看待决策问题，即决策的目的在于为组织获取最大的经济利益。

古典决策理论的主要内容是：

（1）决策者必须全面掌握有关决策环境的信息情报；

（2）决策者要充分了解有关备选方案的情况；

（3）决策者应建立一个合理的层级结构，以确保命令的有效执行；

(4) 决策者进行决策的目的始终在于使本组织获取最大的经济利益。

古典决策理论假设决策者是完全理性的，决策者在充分了解有关信息情报的情况下，是完全可以作出实现组织目标的最佳决策的。古典决策理论忽视了非经济因素在决策中的作用，这种理论不可能正确地指导实际的决策活动，从而逐渐被更为全面的行为决策理论所代替。

二、行为决策理论

行为决策理论的发展始于20世纪50年代。对古典决策理论的"经济人"假设发难的第一人是诺贝尔经济学奖得主赫伯特·A·西蒙，他在《管理行为》一书中指出，理性的和经济的标准都无法确切地说明管理的决策过程，进而提出"有限理性"标准和"满意度"原则。其他学者对决策者行为做了进一步的研究，他们在研究中也发现，影响决策的不仅有经济因素，还有决策者的心理与行为特征，如态度、情感、经验和动机等。

行为决策理论的主要内容是：

(1) 人的理性介于完全理性和非理性之间，即人是有限理性的，这是因为在高度不确定和极其复杂的现实决策环境中，人的知识、想象力和计算力是有限的。

(2) 决策者在识别和发现问题中容易受直觉上的偏差的影响，而在对未来的状况作出判断时，直觉的运用往往多于逻辑分析方法的运用。所谓直觉上的偏差，是指由于认知能力有限，决策者仅把问题的部分信息当作认知对象。

(3) 由于受决策时间和可利用资源的限制，决策者即使充分了解和掌握有关决策环境的信息情报，也只能做到尽量了解各种备选方案的情况，而不可能做到全部了解，决策者选择的理性是相对的。

(4) 在风险型决策中，与对经济利益的考虑相比，决策者对待风险的态度对决策起着更为重要的作用。决策者往往厌恶风险，倾向于接受风险较小的方案，尽管风险较大的方案可能带来较为可观的收益。

(5) 决策者在决策中往往只求满意的结果，而不愿费力寻求最佳方案。导致这一现象的原因有多种：首先，决策者不注意发挥自己和别人继续进行研究的积极性，只满足于在现有的可行方案中进行选择；其次，决策者本身缺乏有关能力，在有些情况下，决策者出于某些个人因素的考虑作出自己的选择；最后，评估所有的方案并选择其中的最佳方案需要花费大量的时间和金钱，这可能得不偿失。

行为决策理论抨击了把决策视为定量方法和固定步骤的片面性，主张把决策视为一种文化现象。例如，日裔美籍学者威廉·大内在其对美日两国企业在决策方面的差异进行的比较研究中发现，东西方文化的差异是导致这种决策差异的一种不容忽视的因素，从而开创了对决策的跨文化比较的研究。

除了赫伯特·A·西蒙的"有限理性"模式，林德布洛姆 (C. E. Lindblom) 的"渐进决策"模式也对"完全理性"模式提出了挑战。林德布洛姆认为决策过程应是一个渐进过程，而不应大起大落（当然，这种渐进过程积累到一定程度也会形成一次变革），否则会危及社会稳定，给组织带来组织结构、心理倾向和习惯等的震荡和资金困难，也使决策者不可能了解和思考全部方案并弄清每种方案的结果（这是由于时间的紧迫和资源的匮乏）。因此“按部就班、修修补补的渐进主义决策者似乎不是一位叱咤风云的英雄人物，而实际上是能够清醒地认识到自己是在与无边无际的宇宙进行搏斗的足智多谋的解决问题的决策者”。这说明，决策不能只遵守一种固定的程序，而应根据组织外部环境与内部条件的变化进行适时的调整和补充。

三、当代决策理论

继古典决策理论和行为决策理论之后，决策理论又有了进一步的发展，即产生了当代决策理论。当代决策理论的核心内容是：决策贯穿整个管理过程，决策程序就是整个管理过程。

组织是由作为决策者的个人及其下属、同事组成的系统。整个决策过程从研究组织的内外部环境开始，继而确定组织目标、设计可达到该目标的方案、比较和评估这些方案而进行方案的选择（即作出满意决策），最后实施决策方案，并进行追踪检查和控制，以确保预期目标的实现。这种决策理论对决策的过程、决策的原则、程序化决策和非程序化决策、组织结构的建立同决策过程的联系等作了精辟的论述。

对当今的管理者来说，在决策过程中应用广泛的现代化手段和规范化的程序，应以系统理论、运筹学和电子计算机为工具，并辅之以行为科学的有关理论。这就是说，当代决策理论把古典决策理论和行为决策理论有机地结合起来，它所概括的一套行为准则和工作程序，既重视科学的理论、方法和手段的应用，又重视人的积极作用。

第四节　决策的过程

一、诊断问题（识别机会）

决策者必须知道哪里需要行动，因此决策过程的第一步是诊断问题或识别机会。管理者通常密切关注处在其责任范围内的相关数据与信息。实际状况与所预期状况的差异，提醒管理者潜在机会或问题的存在。识别机会和问题并不总是简单的，因为要考虑组织中人的行为。有时候，问题可能埋藏在个人过去的经验、组织复杂的结构或个人和组织因素的某种混合中，因此，管理者必须特别注意要尽可能精确地评估问题和机会。而另一些时候，问题可能简单明了，只要稍加观察就能识别出来。

评估机会和问题的精确程度有赖于信息的精确程度，所以管理者要尽力获取精确的、可信赖的信息。低质量的或不精确的信息不仅白白浪费掉大量时间，也使管理者无法发现导致某种情况出现的潜在原因。

即使收集到的信息是高质量的，在解释的过程中也可能发生扭曲。有时，信息持续地被误解或有问题的事件一直未被发现，这些都使得信息的扭曲程度加重。大多数重大灾难或事故都有一个较长的潜伏期，在这一时期，有关征兆被错误地理解或不被重视，从而未能及时采取行动，导致灾难或事故的发生。

即使管理者拥有精确的信息并正确地解释它，处在它们控制之外的因素也可能会对机会和问题的识别产生影响。但是，管理者只要坚持获取高质量的信息并仔细地解释它，就会提高作出正确决策的可能性。

二、明确目标

目标体现的是组织想要获得的结果。所想要获得的结果的数量和质量都要明确下来，因为这两个方面都将最终指导决策者选择合适的行动路线。

目标的衡量方法有很多种，如我们通常用货币单位来衡量利润或成本目标，用每人的产出数量来衡量生产率目标，用次品率或废品率来衡量质量目标。

根据时间的长短，可把目标分为长期目标、中期目标和短期目标。长期目标通常用来指导组织的战略决策，中期目标通常用来指导组织的战术决策，短期目标通常用来指导组织的业务决策。无论时间的长短，目标总是指导着随后的决策过程。

三、拟订方案

一旦机会或问题被正确地识别出来，管理者就要提出达到目标和解决问题的各种方案。这一步骤需要创造力和想象力。在提出备选方案时管理者必须把试图达到的目标铭记在心，而且要提出尽量多的方案。

管理者常常借助其个人经验、经历和对有关情况的把握来提出方案。为了提出更多、更好的方案，需要从多种角度审视问题，这意味着管理者要善于征询他人的意见。

备选方案可以是标准的和鲜明的，也可以是独特的和富有创造性的。标准方案通常是指组织以前采用过的方案。通过头脑风暴法、名义小组技术和德尔菲法等可以提出富有创造性的方案。

四、筛选方案

决策过程的第四步是确定所拟定的各种方案的价值或恰当性，并确定最满意的方案。为此，管理者起码要具备评价每种方案的价值或相对优劣势的能力。在评估过程中，要使用预定的决策标准（如预期的质量）并仔细考虑每种方案的预期成本、收益、不确定性和风险，最后对各种方案进行排序。例如，管理者会提出以下的问题：

该方案有助于质量目标的实现吗？该方案的预期成本是多少？与该方案有关的不确定性和风险有多大？

在此基础上管理者就可以作出最后选择。尽管选择一个方案看起来很简单，只需要考虑全部可行方案并从中挑选一个能最好地解决问题的方案，但实际上作出选择是很困难的。由于最好的选择通常是建立在仔细判断的基础上，所以管理者必须仔细考察所掌握的全部事实，并确信自己已获得足够的信息。

五、执行方案

选定方案之后紧接着的步骤就是执行方案。管理者要明白，方案的有效执行需要足够数量和种类的资源作保障。如果组织内部恰好存在方案执行所需要的资源，那么管理者应设法将这些资源调动起来，并注意不同种类资源的互相搭配，以保证方案的顺利执行。如果组织内部缺乏相应的资源，则要考虑从外部获取资源的可能性与经济性。

管理者还要明白，方案的执行将不可避免地会对各方造成不同程度的影响，一些人的既得利益可能会受到损害。在这种情况下，需要管理者善于做思想工作，帮助他们认识这种损害只是暂时的，或者说是为了组织全局的利益而不得不付出的代价，在可能的情况下，管理者还可以拿出相应的补偿方案以消除他们的顾虑，化解方案在执行过程中遇到的阻力。

管理者更应当明白，方案的实施需要得到广大员工的支持，需要调动他们的积极性。为此，需要做以下三方面的工作：(1) 将决策的目标分解到各个部门与个人，实行目标责任制，让他们树立起责任心，感受到组织赋予他们的压力；(2) 管理者要善于授权，做到责权对等，相关主体拥有必要的权力，便于其完成相应的目标；(3) 设计合理的报酬制度，根据目标的完成情况对相关主体实施奖惩，以充分调动他们的工作积极性。通过以上三方面的工作，能够实现责、权、利三者的有效结合，确保方案朝着管理者所期望的路线演进。

六、评估效果

对方案执行效果的评估是指将方案实际的执行效果与管理者当初所设立的目标进行比较，看是否出现偏差。如果存在偏差，则要找出偏差产生的原因，并采取相应的措施。具体来说，如果发现偏差的出现是由于当初考虑问题不周到，对未来把握不准，或者所拟订的方案过于粗略（也就是说偏差的发生与决策过程中的前四个步骤有关），那么管理者就应该重新回到前面四个步骤，对方案进行适应性调整，以使调整后的方案更加符合组织的实际和变化的环境。从这个意义上说，决策不是一次性的静态过程，而是一个循环往复的动态过程。如果发现偏差是由方案执行过程中某种人为或非人为的因素造成的，那么管理者就应该加强对方案执行的监控并采取切实有效的措施，确保已经出现的偏差不扩大甚至有所缩小，从而使方案取得预期的效果。

第五节 决策的影响因素

一、环境因素

（一）环境的稳定性

一般来说，在环境比较稳定的情况下，组织针对过去同类问题所做的决策具有较高的参考价值，因为过去决策时所面临的环境与现时差不多。有时，今天的决策仅仅是简单地重复昨天的决策。这种情况下的决策一般由组织的中低层管理者进行。

而在环境剧烈变化的情况下，组织所要做的决策通常是紧迫的，否则可能被环境淘汰；同时过去决策的借鉴意义也不大，因为已经时过境迁。为了更快地适应环境，组织可能需要对经营活动的方向、内容与形式进行及时的调整。这种情况下的决策一般由组织的高层管理者进行。

（二）市场结构

如果组织面对的是垄断程度较高的市场，则其决策重点通常在于：如何改善生产条件，如何扩大生产规模，如何降低生产成本等。垄断程度高容易使组织形成以生产为导向的经营思想。

如果组织面对的是竞争程度较高的市场，则其决策重点通常在于：如何密切关注竞争对手的动向，如何针对竞争对手的行为作出快速反应，如何才能不断向市场推出新产品，如何完善营销网络等。激烈的竞争容易使组织形成以市场为导向的经营思想。

（三）买卖双方在市场上的地位

在卖方市场条件下，组织作为卖方，在市场上居于主动、主导地位。组织所做的各种决策的出发点是组织自身的生产条件与生产能力，“生产什么就向市场提供什么”，“能生产什么就销售什么”。

而在买方市场条件下，组织作为卖方，在市场上居于被动、被支配的地位。组织所做的各种决策的出发点是市场的需求情况，“市场或用户需要什么就生产什么”、“消费者主权”、“用户就是上帝”、“顾客永远是对的”等意识被融入决策中。

二、组织自身的因素

（一）组织文化

在保守型组织文化中生存的人们受这种文化的影响倾向于维持现状，他们害怕变化，更害怕失败。对任何带来变化（特别是重大变化）的行动方案会产生抵触情绪，并以实际行动抵制。在这种文化氛围中，如果决策者想坚持实施一项可能给组织成员带来较大变化的行动方案，就必须首先勇于破除旧有的文化，建立一种欢迎变化的文化，而这不太容易。决策者在决策之前就应预见到带来变化的行动方案在实施中将遇到很大阻力，很可能招致失败。在保守型文化中的人们不会轻易容忍失败，因而决策者会产生顾虑，从而将有关行动方案从自己的视野中剔除出去。其结果是，那些旨在维持现状的行动方案被最终选出并付诸实施，进一步强化了文化的保守性。

而在进取型组织文化中生存的人们欢迎变化，勇于创新，宽容地对待失败。在这样的组织中，容易进入决策者视野的是给组织带来变革的行动方案。有时候，他们进行决策的目的就是制造变化。此外，组织文化是否具有伦理精神也会对决策产生影响。具有伦理精神的组织文化会引导决策者采取符合伦理的行动方案，而没有伦理精神的组织文化可能会导致决策者为了达到目的而不择手段。

（二）组织的信息化程度

信息化程度对决策的影响主要体现在其对决策效率的影响上。信息化程度较高的组织拥有较先进的信息技术，可以快速获取质量较高的信息；另外，在这样的组织中，决策者通常掌握着较先进的决策手段。高质量的信息与先进的决策手段便于决策者快速作出较高质量的决策。不仅如此，在高度信息化的组织中，决策者的意图易被人理解，决策者也较容易从他人那里获取反馈，使决策方案能根据组织的实际情况进行调整，从而得到很好的实施。

因此在信息时代，组织应致力于加强信息化建设，借此提高决策的效率。

（三）组织对环境的应变模式

通常对一个组织而言，其对环境的应变是有规律可循的。随着时间的推移，组织对环境的应变方式趋于稳定，形成组织对环境特有的应变模式。这种模式指导着组织今后在面对环境变化时如何思考问题，如何选择行动方案等，特别是在创立该模式的组织最高领导尚未被更换时，其制约作用更大。

三、决策问题的性质

（一）问题的紧迫性

如果决策涉及的问题对组织来说非常紧迫，急需处理，则这样的决策被称为时间敏感型决策。对于此类决策，快速行动要比如何行动更重要，也就是说，对决策速度的要求高于对决策质量的要求。战场上军事指挥官的决策多属于此类。组织在发生重大安全事故、面临稍纵即逝的重大机会以及在生死存亡的紧急关头所面临的决策也属于此类。需要说明的是，时间敏感型决策在组织中不常出现，但每次出现都会给组织带来重大影响。

相反，如果决策涉及的问题对组织来说不紧迫，组织有足够的时间从容应对，则这样的决策被称为知识敏感型决策，因为在时间宽裕的情况下对决策质量的要求必然提高，而高质量的决策依赖于决策者掌握足够的知识。组织中的大多数决策均属于此类。对决策者而言，为了争取足够的时间以便作出高质量的决策，需要未雨绸缪，尽可能在问题出现之前就将其列为决策的对象，而不是等问题出现后再匆忙做决策，也就是将时间敏感型决策转化为知识敏感型决策。

（二）问题的重要性

问题的重要性对决策的影响是多方面的：（1）重要的问题可能引起高层领导的重视，有些重要问题甚至必须由高层领导亲自决策，从而决策可得到更多的力量支持；（2）越重要的问题越有可能由群体决策，因为与个体决策相比，在群体决策时，对问题的认识更全面，决策的质量可能更高；（3）越重要的问题越需要决策者慎重决策，越需要决策者避开各类决策陷阱。

四、决策主体的因素

（一）个人对待风险的态度

人们对待风险的态度有三种类型：风险厌恶型、风险中立型和风险爱好型。可以通过举例来说明如何区分这三种风险类型。假如你面临两个方案：一个方案是不管情况如何变化，你都会在1年后得到100元收入；另一个方案是，在情况朝好的一面发展时，你将得到200元收入，而在情况朝坏的一面发展时，你将得不到收入，情况朝好的一面发展和朝坏的一面发展的可能性各占一半。试问你更愿意选哪个方案。如果选择第一个方案那么你将得到100元确定性收入；而如果选择第二个方案那么你将得到期望收入200×0.5＋0×0.5＝100（元）。如果你宁愿选择第一个方案，你就属于风险厌恶型；如果你宁愿选择第二个方案，你就属于风险爱好型；如果你对选择哪个方案无所谓，你就属于风险中立型。可见，决策者对待风险的不同态度会影响行动方案的选择。

（二）个人能力

决策者个人能力对决策的影响主要体现在以下方面：（1）决策者对问题的认识能力越强，就越有可能提出切中要害的决策；（2）决策者获取信息的能力越强，就越有可能加快决策的速度并提高决策的质量；（3）决策者的沟通能力越强，他提出的方案就越容易获得通过；（4）决策者的组织能力越强，方案就越容易实施，越容易取得预期的效果。

（三）个人价值观

组织中的任何决策既有事实成分，也有价值成分。对客观事物的描述属于决策中的事实成分，如对组织外部环境的描述、对组织自身问题的描述等都属于事实成分。事实成分是决策的起点，能不能作出正确决策很大程度上取决于对事实成分认识的准确性。对所描述的事物所做的价值判断属于决策中的价值成分。显然，这种判断受个人价值观的影响，决策者有什么样的价值观，就会作出什么样的判断。也就是说，个人价值观通过影响决策中的价值成分来影响决策。

（四）决策群体的关系融洽程度

如果决策是由群体作出的，那么群体的特征也会对决策产生影响。我们此处仅考察决策群体的关系融洽程度对决策的影响：

（1）影响较好行动方案被通过的可能性。在关系融洽的情况下，大家心往一处想，劲往一处使，话往一处说，事往一处做，较好的方案容易获得通过。而在关系紧张的情况下，最后被通过的方案可能是一种折中方案，未必是较好的方案。

（2）影响决策的成本。在关系紧张的情况下，方案可能长时间议而不决，决策方案的实施所遇到的障碍通常也较多。

第六节　决策方法

一、集体决策方法

（一）头脑风暴法

头脑风暴法的特点是：针对解决的问题，相关专家或人员聚在一起，在宽松的氛围中，敞开思路，畅所欲言，寻求多种决策思路。

头脑风暴法的创始人是英国著名心理学家奥斯本（A. F. Osborn）。该决策方法的四项原则是：

（1）各自发表自己的意见，对别人的建议不作评论；

（2）建议不必深思熟虑，越多越好；

（3）鼓励独立思考、奇思妙想；

（4）可以补充完善已有的建议。

头脑风暴法的特点是倡导创新思维。时间一般在1～2小时，参加者以5～6人为宜。

（二）名义小组技术法

在集体决策中，如果大家对问题性质的了解程度有很大差异，或彼此的意见有较大分歧，直接开会讨论效果并不好，可能争执不下，也可能权威人士发言后大家随声附和。

这时，可以采取“名义小组技术法”。管理者先选择一些对要解决的问题有研究或有经验的人作为小组成员，并向他们提供与决策问题相关的信息。小组成员各自先不通气，独立地思考，提出决策建议，并尽可能详细地将自己提出的备选方案写成文字资料，然后召集会议，让小组成员一一陈述自己的方案。在此基础上，小组成员对全部备选方案投票，产生大家最赞同的方案，并形成对其他方案的意见，提交管理者作为决策参考。

（三）德尔菲技术法

德尔菲技术法是由美国兰德咨询公司在20世纪60年代提出的，用于听取专家对某一问题的意见。运用这一方法的步骤是：

（1）根据问题的特点，选择和邀请做过相关研究或有相关经验的专家。

（2）将与问题有关的信息分别提供给专家，请他们各自独立发表自己的意见，并写成书面材料。

(3) 管理者收集并综合专家们的意见后，将综合意见反馈给各位专家，请他们再次发表意见。如果分歧很大，可以开会集中讨论，或者管理者分头与专家联络。

(4) 如此反复多次，最后形成代表专家组意见的方案。

二、有关活动方向的决策方法

(一) 经营单位组合分析法

经营单位组合分析法是由美国波士顿咨询集团（Boston Consulting Group）提出来的。该方法认为，在确定某个单位经营活动方向时，应该考虑它的相对竞争地位和业务增长率两个维度。相对竞争地位经常体现在市场占有率上，它决定了企业的销售量、销售额和盈利水平；而业务增长率反映业务增长的速度，影响投资回收的期限。

在图 4—1 中，企业经营业务的状况被分成以下四种类型：

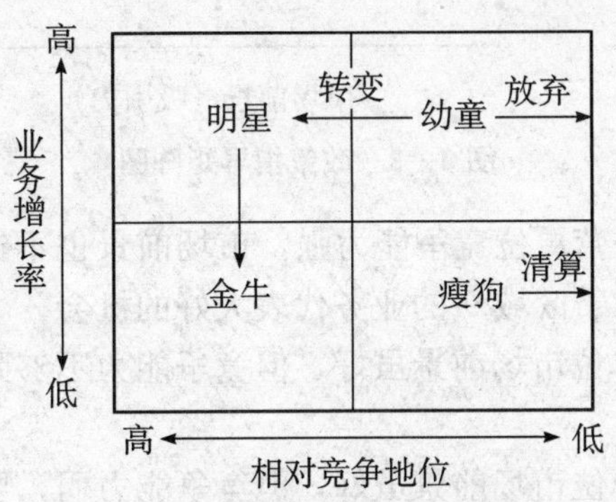

图 4—1　经营单位组合分析图

(1)“瘦狗”型经营单位。“瘦狗”型经营单位市场份额和业务增长率都较低，只能带来很少的现金和利润，甚至可能亏损。对这种不景气的业务，应该采取收缩甚至放弃的战略。

(2)“幼童”型经营单位。“幼童”型经营单位业务增长率较高，目前市场占有率较低。这有可能是企业刚开发的很有前途的领域。高增长的速度需要大量资金，而仅通过该业务自身难以筹措。企业面临的选择是向该业务投入必要的资金，以提高市场份额，使其向“明星”型转变；如果不能转化成“明星”型，忍痛割爱及时放弃该领域。

(3)“金牛”型经营单位。“金牛”型经营单位的特点是市场占有率较高，而业务增长率较低，从而为企业带来较多的利润，同时需要较少的资金投资。这种业务产生的大量现金可以满足企业经营的需要。

(4)“明星”型经营单位。“明星”型经营单位的特点是市场占有率和业务增长率都较高，代表着最高利润增长率和最佳投资机会，企业应该不失时机地投入必要的资金，扩大生产规模。

（二）政策指导矩阵法

政策指导矩阵法是荷兰皇家壳牌公司创立的。该方法从市场前景和相对竞争能力两个维度分析企业经营单位的现状和特征，用一个 3×3 的类似矩阵的形式表示（其实它不是严格意义的 3×3 矩阵，只是分成了 9 个方格）。如图 4—2 所示，市场前景吸引力分为弱、中、强 3 种，相对竞争能力也分成了弱、中、强 3 种，一共分成 9 类。

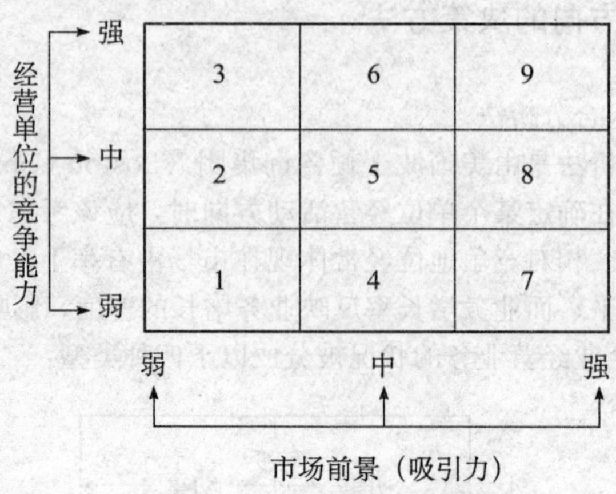

图 4—2 政策指导矩阵图

处于区域 6 和 9 的经营单位竞争能力强，市场前景也不错，应该确保其拥有足够的资源优先发展，其中处于区域 9 的业务代表大好的机会。

处于区域 8 的经营单位市场前景虽好，但竞争能力不够强，应该分配更多的资源以提高其竞争能力。

处于区域 7 的经营单位市场前景虽好，但竞争能力弱，要根据企业的资源状况区别对待。最有前途的应该促进其迅速发展，其余的需逐步淘汰。

处于区域 5 的经营单位市场前景和竞争能力均居中等，一般在市场上有2～4 个强有力的竞争对手。要分配给这些单位足够的资源，推动其发展。

处于区域 2 的经营单位市场吸引力弱且竞争能力不强，处于区域 4 的经营单位市场吸引力不强且竞争能力较弱，应该选择时机放弃这些业务，以便把收回的资金投入到盈利能力更强的业务中去。

处于区域 3 的经营单位竞争能力较强，但市场前景不容乐观，这些业务不应继续发展，但不要马上放弃，可以利用其较强的竞争能力为其他业务提供资金。

处于区域 1 的经营单位竞争能力和市场前景都很弱，应尽快放弃此类业务，以免陷入泥潭。

三、有关活动方案的决策方法

（一）确定型决策方法

在比较和选择活动方案时，如果未来情况只有一种并为管理者所知，则必须采用确定型决策方法。常用的确定型方法有线性规划法和量本利分析法等。

1. 线性规划法

线性规划法是在一些线性等式或不等式的约束条件下，求解线性目标函数的最大值或最小值的方法。运用线性规划建立数学模型的步骤是：首先，确定影响目标大小的变量；其次，列出目标函数方程；再次，找出实现目标的约束条件；最后，找出使目标函数达到最优的可行解，即为该线性规划的最优解。

例 4—1：

某企业生产两种产品：桌子和椅子，它们都要经过制造和装配两道工序，有关资料如表 4—1 所示。假设市场状况良好，企业生产出来的产品都能卖出去，试问何种组合的产品使企业利润最大？

表 4—1　　某企业生产桌子和椅子的有关资料

	桌子	椅子	工序可利用时间（小时）
在制造工序上的时间（小时）	2	4	48
在装配工作上的时间（小时）	4	2	60
单位产品利润（元）	8	6	—

这是一个典型的线性规划问题。

第一步，确定影响目标大小的变量。在本例中，目标是利润，影响利润的变量是桌子数量 T 和椅子数量 C。

第二步，列出目标函数方程：$Y=8T+6C$

第三步，找出约束条件。本例中，两种产品在一道工序上的总时间不能超过该道工序可利用时间，即：

制造工序：$2T+4C\leqslant 48$

装配工序：$4T+2C\leqslant 60$

除此之外，还有两个约束条件，即非负约束：

$T\geqslant 0$

$C\geqslant 0$

从而线性规划问题成为，如何选取 T 和 C，使 Y 在上述四个约束条件下达到最大。

第四步，求出最优解——最优产品组合。通过图解法（如图 4—3 所示），求出上述线性规划问题的解为 $T=12$ 和 $C=6$，即生产 12 张桌子和 6 把椅子使企业的利润最大。

2. 量本利分析法

量本利分析法又称为保本分析法或盈亏平衡分析法，是通过考察产量（或销售量）(Volume)、成本（Cost）和利润（Profit）的关系以及盈亏变化的规律来为决策提供依据的方法。

在应用量本利分析法时，关键是找出企业不盈不亏的产量（称为保本产量或盈亏

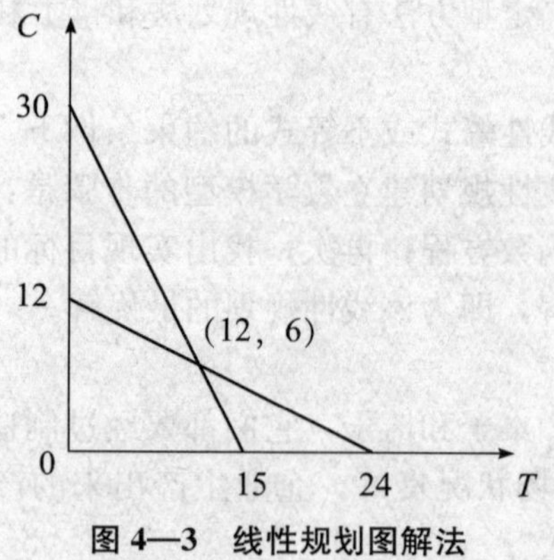

图 4—3 线性规划图解法

平衡产量，此时企业的总收入等于总成本)，而找出保本产量的方法有图解法和代数法两种。

(1) 图解法。图解法是用图形来考察产量、成本和利润关系的方法。在应用图解法时，通常假设产品价格和单位变动成本都不随产量的变化而变化，所以销售收入曲线、总固定成本曲线和总成本曲线都是直线。

例 4—2：

某企业生产某产品的总固定成本为 60 000 元，单位变动成本为每件 1.8 元，产品价格为每件 3 元。假设某方案带来的产量为 100 000 件，问该方案是否可取？

利用例子中的数据，在坐标图上画出总固定成本曲线、总成本曲线和销售收入曲线，得出量本利分析图，如图 4—4 所示。

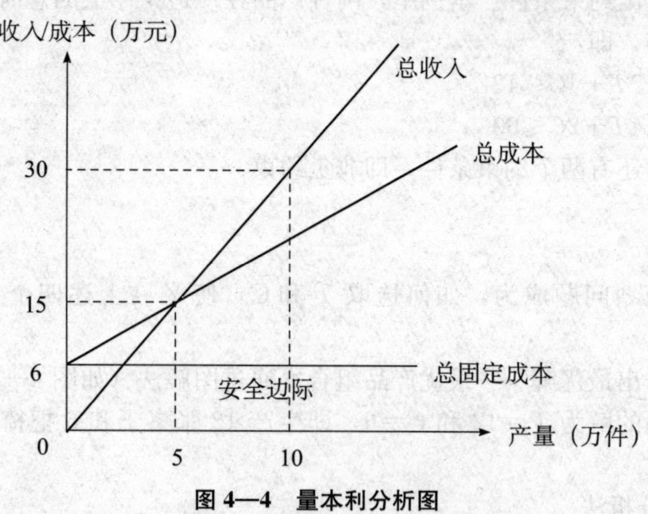

图 4—4 量本利分析图

从图 4—4 中可以得出以下信息，供决策分析之用：

1) 保本产量，即总收入曲线和总成本曲线交点所对应的产量(本例中保本产量为 5 万件)；

2) 各个产量上的总收入；

3）各个产量上的总成本；

4）各个产量上的总利润，即各个产量上的总收入与总成本之差；

5）各个产量上的总变动成本，即各个产量上的总成本与总固定成本之差；

6）安全边际，即方案带来的产量与保本产量之差（本例中安全边际为 5 万件）。

在本例中，由于方案带来的产量（10 万件）大于保本产量（5 万件），所以该方案可取。

（2）代数法。代数法是用代数式来表示产量、成本和利润的关系的方法。

假设 P 代表单位产品的价格，Q 代表产量或销售量，F 代表总固定成本，V 代表单位变动成本，Y 代表总目标利润，C 代表单位产品贡献（$C=P-V$）。

1）求保本产量。

企业不盈不亏时，$PQ=F+VQ$

所以保本产量 $Q=F/(P-V)=F/C$

2）求总目标利润产量。

设总目标利润 Y，则 $PQ=F+VQ+Y$

所以总目标利润为 Y 的产量 $Q=(F+Y)/(P-V)=(F+Y)/C$

3）求利润。

$$Y=PQ-F-VQ$$

4）求安全边际和安全边际率。

安全边际＝方案带来的产量－保本产量

安全边际率＝安全边际/方案带来的产量

（二）不确定型决策方法

如果决策问题涉及的条件有些是未知的，对一些随机变量，连它们的概率分布也不知道，这类决策问题被称为不确定型决策。下面我们通过例子介绍几种不确定型决策方法。

例 4—3：

某企业打算生产某产品。根据市场预测分析，产品销路有三种可能性：销路好、销路一般、销路差。生产该产品有三种方案：改进生产线、新建生产线、外包生产。各种方案的收益值在表 4—2 中列出。

表 4—2　　企业产品的各方案在不同市场情况下的收益　　单位：万元

项目	销路好	销路一般	销路差
（1）改进生产线	180	120	－40
（2）新建生产线	240	100	－80
（3）外包生产	100	70	16

面对这一决策问题，我们不能简单地从表 4—2 中选取收益最大的单元格（240），因为“销路好”这一情况不一定能发生，甚至不知道三种情况各自出现的可能性（概率）。

常用的解不确定型决策问题的方法有以下三种：

1. 小中取大法

决策者对未来持悲观态度，认为未来会出现最差的情况。决策时，对各种方案都按它带来的最低收益考虑，然后比较哪种方案的最低收益最高，简称小中取大法，又称为悲观法。

在本例中，三种方案的最小收益依次分别为－40、－80、16，其中第三种方案对应的值最大，所以选择外包生产的方案。

2. 大中取大法

决策者对未来持有乐观态度，认为未来会出现最好的情况。决策时，对各种方案都按它带来的最高收益考虑，然后比较哪种方案的收益最高，简称大中取大法，又称为乐观法。

在本例中，三种方案的最大收益依次分别为 180、240、100，其中第二种方案对应的值最大，所以选择新建生产线的方案。

3. 最小最大后悔值法

决策者在选择了某方案后，若事后发现客观情况并未按自己预想的发生，会为自己事前的决策而后悔。由此，产生了最小最大后悔值决策方法，其步骤是：

（1）计算每个方案在每种情况下的后悔值，公式为：

后悔值＝该情况下各方案中的最大收益值－该方案在该情况下的收益值；

（2）找出各方案的最大后悔值；

（3）选择最大后悔值中最小的方案。

表 4—3 给出了各方案在各种市场情况下的后悔值，最右边一列给出各方案的最大后悔值，其中第一方案对应的最大后悔值最小，所以选择改进生产线的方案。

表 4—3　　企业产品的各方案在不同市场情况下的后悔值　　单位：万元

项目	销路好	销路一般	销路差	最大后悔值
（1）改进生产线	60	0	56	60
（2）新建生产线	0	20	96	96
（3）外包生产	140	50	0	140

（三）风险型决策方法

如果决策问题涉及的条件中有些是随机因素，它虽然不是确定型的，但我们知道它们的概率分布，这类决策被称为风险型决策。

常用的风险型决策方法是决策树图法。

决策树图法是用树状图来描述各种方案在不同情况（自然状态）下的收益，据此计算每种方案的期望收益，从而作出决策的方法。下面通过例子来说明决策树图的原理和应用。

例 4—4：

某企业为了扩大某产品的生产，拟建设新厂。根据市场预测，产品销路好的概率为 0.7，销路差的概率为 0.3。有三种方案可供企业选择：

方案 1：新建大厂，需投资 300 万元。据初步估计，销路好时，每年可获利 100 万元；销路差时，每年亏损 20 万元。服务期为 10 年。

方案 2：新建小厂，需投资 140 万元。据初步估计，销路好时，每年可获利 40 万元；销路差时，每年仍可获利 30 万元。服务期为 10 年。

方案 3：先建小厂，3 年后销路好时再扩建，需追加投资 200 万元，服务期为 7 年，估计每年可获利 95 万元。

请问哪种方案好？

画出决策树图，如图 4—5 所示。

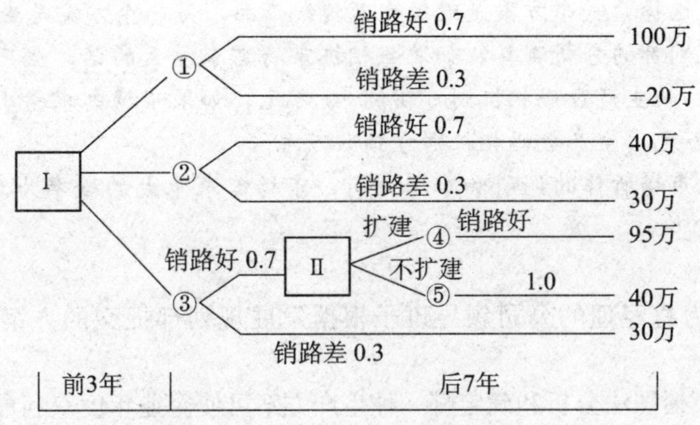

图 4—5　决策树图

图 4—5 中的矩形节点称为决策点，从决策点引出的若干条树枝表示若干种方案，称为方案枝。圆形节点称为状态节点，从状态点引出的若干条树枝表示若干种自然状态，称为自然状态枝。图 4—5 中有两种自然状态：销路好和销路差，自然状态枝上面的数字表示该种自然状态出现的概率。位于自然状态枝末端的是各种方案在不同自然状态下的收益或损失。据此可计算出各种方案的期望收益值。

方案 1 的期望收益值为：［0.7×100＋0.3×（－20）］×10－300＝340（万元）

方案 2 的期望收益值为：（0.7×40＋0.3×30）×10－140＝230（万元）

至于方案 3，由于节点④的期望收益 465（95×7－200）万元大于节点⑤的期望收益 280（40×7）万元，所以销路好时，扩建比不扩建好。方案 3 的期望收益为：（0.7×40×3＋0.7×465＋0.3×30×10）－140＝359.5（万元）

计算结果表明，在三种方案中，方案 3 最好。

思考题

1. 简述决策的定义及依据。
2. 决策的原则为何是满意原则而非最优原则？
3. 决策的类型包括哪些？
4. 决策的步骤及各步骤的注意事项分别是什么？
5. 古典决策理论主要包括哪些？

6. 决策的影响因素包括哪些?
7. 常用的决策方法包括哪些?

案例分析题

案例一 长城照相器材厂该选择哪种方案?

长城照相器材厂是一家有着20年生产照相机历史的企业。最近企业实施改制，由国有独资企业改制为股份制企业，并通过猎头公司聘请王海担任公司总经理。王海上任后要求公司的发展规划部为公司未来发展提出方案。发展规划部提出了两个方案供公司领导班子选择：一个方案是继续生产传统产品，另一个方案是生产数码相机。

根据发展规划部的分析测算，如果照相机市场需求量大的话，生产传统相机一年可获利30万元，而生产数码相机则可获利50万元。如果市场需求量小，生产传统相机仍可获利10万元，生产数码相机则亏损5万元。

根据对相机市场所作的调研和市场分析，市场需求量大的概率为0.8，需求量小的概率为0.2。

问题：

1. 以王海为总经理的公司领导班子根据发展规划部提交的方案将作出怎样的决策?
2. 运用决策树图法分析和确定哪一种生产方案可使企业年度获利最多。

案例二 埃及建造阿斯旺水坝的决策

规模在世界上数得上的埃及阿斯旺水坝竣工于20世纪70年代初。表面上看，这座水坝给埃及人民带来了廉价的电力，控制了水旱灾害，灌溉了农田，然而，该水坝实际上破坏了尼罗河流域的生态，造成了一系列灾难：由于尼罗河的泥沙和有机质沉淀到水库底部，使尼罗河两岸的绿洲失去肥源——几亿吨淤泥，土壤日益盐渍化；由于尼罗河河口供沙不足，河口三角洲平原向内陆收缩，使工厂、港口、国防工事有跌入地中海的危险；由于缺乏来自陆地的盐分和有机物，致使沙丁鱼的年产量减少1.8万吨；由于大坝阻隔，使尼罗河下游的活水变成相对静止的“湖泊”，为蚊子和血吸虫的繁殖提供了条件，致使水库区一带血吸虫病流行。埃及造此大坝所带来的灾难性后果，使人们深深地感叹：一失足成千古恨!

问题：

埃及建造阿斯旺水坝的决策，给我们提供了什么启示?

第五章　计划工作

计划过程是决策的组织落实过程。决策是计划的前提，计划是决策的逻辑延续。计划通过将组织在一定时期内的活动任务分解给组织的每个部门、环节和个人，从而不仅为这些部门、环节和个人在该时期的工作提供了具体的依据，而且为决策目标的实现提供了保证。

第一节　计划的概念及性质

一、计划的概念

在汉语中，“计划”既可以是名词，也可以是动词。从名词意义上说，计划是指用文字和指标等形式所表述的，在未来一定时期内组织以及组织内不同部门和不同成员，关于行动的方向、内容和方式安排的管理性文件。计划既是决策所确定的组织在未来一定时期内的行动目标和方式在时间和空间的进一步展开，又是组织、领导、控制和创新等管理活动的基础。从动词意义上说，计划是指为了实现决策所确定的目标，预先进行的行动安排。这项行动安排工作包括：在时间和空间两个维度上进一步分解任务和目标，选择任务和目标的实现方式，规定进度，检查与控制行动结果等。我们有时用“计划工作”表示动词意义上的计划内涵。因此，计划工作是对决策所确定的任务和目标提供一种合理的实现方法。

正如哈罗德·孔茨所言，“计划工作是一座桥梁，它把我们所处的这岸和我们要去的对岸连接起来，以克服这一天堑”。计划工作给组织提供了通向未来目标的明确道路，给组织、领导和控制等一系列管理工作提供了基础。有了计划工作这座桥，本来不会发生的事，现在就可能发生了；模糊不清的未来变得清晰实在。虽然我们几乎不可能准确无误地预知未来，那些不可控制的因素可能干扰最佳计划的制订，这使得我们不可能制定出最优计划，但是如果我们不进行计划工作，就只能听任自然了。

无论在名词意义上还是在动词意义上，计划内容都包括“5W1H”，计划必须清楚地确定和描述这些内容：

What ——做什么？指目标与内容。

Why ——为什么做？指原因。

Who ——谁去做？指人员。

Where——何地做？指地点。

When ——何时做？指时间。

How ——怎样做？指方式、手段。

二、计划与决策

计划与决策是何关系？两者中谁的内容更为宽泛，或者说哪一个概念是被另一个包含的，管理理论研究中对这些问题有着不同的认识。

有人认为，计划是一个更为宽泛的概念：作为管理的首要工作，计划是一个包括环境分析、目标确定、方案选择的过程，决策只是这一过程中某一阶段的工作内容。比如，法约尔认为，计划是管理的一个基本部分，包括预测未来并在此基础上对未来的行动予以安排。西斯克认为，“计划工作在管理职能中处于首位”，是“评价有关信息资料、预估未来可能的发展、拟定行动方案的建议说明”的过程，决策是这个过程中的一项活动，是在“两个或两个以上的可选方案中作选择”。

而以西蒙为代表的决策理论学派则强调，管理就是决策。决策是包括情报活动、设计活动、抉择活动和审查活动等一系列活动的过程；决策是管理的核心，贯穿整个管理过程。因此，决策不仅包括了计划，而且包含了整个管理，甚至就是管理本身。

我们认为，决策与计划是两个既相互区别，又相互联系的概念。说它们是相互区别的，因为这两项工作需要解决的问题不同。决策是对组织活动方向、内容以及方式的选择。我们应从“管理的首要工作”这个意义来把握决策的内涵。任何组织，在任何时期，为了表现其社会存在，必须从事某种社会需要的活动。在从事这项活动之前，组织当然必须首先对活动的方向和方式进行选择。计划则是对组织内部不同部门和不同成员在一定时期内的行动任务的具体安排，它详细规定了不同部门和成员在该时期内从事的活动的具体内容和要求。但计划与决策又是相互联系的，这是因为：

（1）决策是计划的前提，计划是决策的逻辑延续。决策为计划的任务安排提供了依据，计划则为决策所选择的目标活动的实施提供了组织保证。

（2）在实际工作中，决策与计划是相互渗透的，有时甚至是不可分割地交织在一起的。

决策制定过程中，不论是对内部能力优势或劣势的分析，还是在方案选择时对各方案执行效果或要求的评价，实际上都已经开始孕育着决策的实施计划。反过来，计划的编制过程，既是决策的组织落实过程，也是对决策更为详细的检查和修订的过程。决策无法落实，或者决策选择的活动中某些任务无法安排，必然导致对决策要进行一定程度的调整。

三、计划的性质

(一) 计划工作为实现组织目标服务

任何组织都必须具有生存的价值和存在的使命。决策活动为组织确立了存在的使命和目标，并且进行了实现方式的选择。计划工作是对决策工作在时间和空间两个维度上进一步地展开和细化。所谓在时间维度上进一步展开和细化，是指计划工作把决策所确立的组织目标及其行动方式分解为不同时间段（如长期、中期、短期等）的目标及其行动安排；所谓在空间维度上进一步展开和细化，是指计划工作把决策所确立的组织目标及其行动方式分解为组织内不同层次（如高层、中层、基层等）、不同部门（如生产、人事、销售、财务等部门）、不同成员的目标及其行动安排。组织正是通过有意识的合作来完成群体的目标而生存的。因此，组织的各种计划及各项计划工作都必须有助于完成组织的目标。

(二) 计划工作是管理活动的桥梁

如果说决策工作确立了组织生存的使命和目标，描绘了组织的未来，那么计划工作是一座桥梁，它把我们所处的此岸和我们要去的彼岸连接起来，给组织提供了通向未来目标的明确道路，是组织、领导和控制等一系列管理工作的基础。

未来的不确定性和环境的变化使行动有如在大海里航行，如果我们要时刻保持正确的航向，那么我们就必须明白自己所处的位置，明确自己行动的目标，这不仅要求组织的一般成员了解组织的目标和实现目标的行动安排，而且更要求组织的主要领导人员明确组织的目标和实现目标的行动路径（而不至于被日常琐事和一连串的转弯所迷失方向）。计划工作的目的就是使所有的行动保持同一方向，促使组织目标实现。

(三) 计划工作具有普遍性和秩序性

所有管理人员，从最高管理人员到第一线的基层管理人员都要进行计划工作。计划工作是全体管理人员的一项职能，但不同部门、不同层级的管理人员的计划工作的特点和广度都不同。当然，计划工作的普遍性中蕴涵着一定的秩序，这种秩序因组织性质的不同而有所不同。最主要的秩序表现为计划工作的纵向层次性和横向协作性。虽然所有管理人员都制定计划，但第一线的基层管理人员的工作计划不同于高层管理人员制定的战略计划。高级管理人员计划组织总方向，各级管理人员再据此拟定他们的计划，从而保证实现组织的总目标。另外，不可能仅通过某一类型活动（如销售活动）就实现组织的总目标，而需要多种多样的活动相互协作和相互补充才可以实现。高级管理人员计划组织总方向，各层级的管理人员还须再据此制定相互协作的计划。

（四）计划工作要追求效率

可以用计划对组织目标的贡献来衡量一个计划的效率。贡献是指扣除在制定和实施这个计划时所需要的费用和其他因素后的剩余。在计划所要完成的目标确定的情况下，可以用制定和实施计划的成本及其他连带成本（如计划实施带来的损失、计划执行的风险等）来衡量效率。如果计划能得到最大的剩余，或者如果计划按合理的代价实现目标，这样的计划是有效率的。特别需要注意的是，在衡量代价时，不仅用时间、金钱或者生产等来衡量，而且还要衡量个人和集体的满意程度。

实现目标有许多途径，我们必须从中选择尽可能好的方法，以最低的费用取得预期的成果，避免不必要的损失，并保持较高的效率。计划工作强调协调和节约，其重大安排都要经过经济和技术的可行性分析，使付出的代价尽可能合算。

第二节　计划的类型

一、长期计划和短期计划

财务分析人员习惯于将投资回收期分为长期、中期和短期。长期通常指 5 年以上，短期一般指一年以内，中期则介于两者之间。管理人员采用长期和短期来描述计划。长期计划描述了组织在较长时期（通常为五年以上）的发展方向和方针，规定了组织的各个部门在较长时期内从事某种活动应达到的目标和要求，绘制了组织长期发展的蓝图。短期计划具体地规定了组织的各个部门在目前到未来的各个较短的阶段，特别是最近的时段中，应该从事何种活动，从事该种活动应达到何种要求，从而为各组织成员在近期内的行动提供依据。

二、业务计划、财务计划和人事计划

按职能空间分类，可以将计划分为业务计划、财务计划及人事计划。组织通过从事一定业务活动立身于社会，业务计划是组织的主要计划。我们通常用“人财物，供产销”六个字来描述一个企业所需的要素和企业的主要活动。业务计划的内容涉及“物、供、产、销”，财务计划的内容涉及“财”，人事计划的内容涉及“人”。

作为经济组织，企业业务计划包括产品开发、物资采购、仓储后勤、生产作业以及销售促进等内容。长期业务计划主要涉及业务方面的调整或业务规模的发展，短期业务计划则主要涉及业务活动的具体安排。比如，长期产品计划主要涉及新品种的开发，短期产品计划则主要与现有品种的结构改进、功能完善有关；长期生产计划安排了企业生产规模的扩张及实施步骤，短期生产计划则主要涉及不同车间、班组的季、月、旬乃至周的作业进度安排；长期营销计划关系到推销方式或销售渠道的选择与建立，而短期营销计划则表现为对现有营销手段和网络的充分利用。

财务计划与人事计划是为业务计划服务的，也是围绕业务计划而展开的。财务计划研究如何从资本的提供和利用上促进业务活动的有效进行，人事计划则分析如何为业务规模的维持或扩大提供人力资源的保障。比如，长期财务计划决定为了满足业务规模发展而导致的资本增加的需要，研究如何建立新的融资渠道或选择不同的融资方式，而短期财务计划则研究如何保证资本的供应或如何监督这些资本的利用效率；长期人事计划要研究如何为保证组织的发展而提高成员的素质，准备必要的干部力量，短期人事计划则要研究如何将具备不同素质特点的组织成员安排在不同的岗位上，使他们的能力和积极性得到充分的发挥。

三、战略性计划与战术性计划

根据涉及时间长短及其范围广狭的综合性标准，可以将计划分为战略性计划与战术性计划。战略性计划是指应用于整体组织的，为组织未来较长时期（通常为 5 年以上）设立总体目标和寻求组织在环境中的地位的计划。战术性计划是指规定总体目标如何实现的细节的计划，其需要解决的是组织的具体部门或职能在未来各个较短时期内的行动方案。战略性计划显著的两个特点是：长期性与整体性。长期性是指战略性计划涉及未来较长时期，整体性是指战略性计划是基于组织整体而制定的，强调组织整体的协调。战略性计划是战术性计划的依据，战术性计划是在战略性计划指导下制定的，是战略性计划的落实。从作用和影响上看，战略性计划的实施是组织活动能力形成与创造的过程，战术性计划的实施则是对已经形成的能力的应用。

四、具体性计划与指导性计划

根据计划内容的明确性标准，可以将计划分类为具体性计划和指导性计划。具体性计划具有明确的目标。比如，企业销售部经理打算使企业销售额在未来 6 个月中增长 20%，他制定了明确的程序、预算方案以及日程进度表，这就是具体性计划。指导性计划只规定某些一般的方针和行动原则，给予行动者较大的自由处置权，它指出重点但不把行动者限定在具体的目标上或特定的行动方案上。比如，一个增加销售额的具体计划可能规定未来 6 个月内销售额要增加 20%，而指导性计划则可能只规定未来 6 个月内销售额要增加 15%～25%。相对于指导性计划而言，具体性计划虽然更易于计划的执行、考核及控制，但是它缺少灵活性，而且它要求的明确性和可预见性条件往往都很难得到满足。

五、程序性计划与非程序性计划

赫伯特·A·西蒙把组织活动分为两类：一类是例行活动，指一些重复出现的工作，如订货、材料的出入库等。对这类活动的决策是经常反复的，而且具有一定的结构，因此可以建立一定的决策程序。每当出现这类工作或问题时，就利用既定的程序来解决，而不需要重新研究。这类决策叫程序化决策，与此对应的计划是程序性计划。另一类活动是非例行活动，这些活动不重复出现，比如新产品的开发、生产规模的扩大、品种结构的调整、工资制度的改变等。处理这类问题没有一成不变的方法和程序，因为这类问题在过去尚未发生过，或其性质和结构捉摸不定或极为复杂，或因为这类问题十分重要而需用个别方法加以处理。解决这类问题的决策叫非程序化决策，与此对应的计划是非程序性计划。

第三节 计划的编制过程

计划编制本身也是一个过程。为了保证编制的计划合理，确保能实现组织的决策落实，计划编制过程中必须采用科学的方法。计划的编制过程主要包括下面八个步骤。

一、确定目标

确定目标是决策工作的主要任务。制定计划的第一步必须认识我们将要走向何方。目标是指期望的成果。目标为组织整体、各部门和各成员指明了方向，描绘了组织未来的状况，并且作为可以衡量实际绩效的标准。计划工作主要任务是将决策所确立的目标进行分解，以便落实到各个部门、各个活动环节中，并将长期目标分解为各个阶段的目标。企业的目标指明计划的方向，而计划又以反映企业目标的方式，规定各个重要部分的目标。而主要部门的目标又依次控制下属各部门的目标，如此等等。沿着这样的一条线依次类推从而形成了组织的目标结构，包括目标的时间结构和空间结构。目标结构描述了组织中各层次目标间的协作关系。

二、认清现在

计划是连接我们所处的这岸和我们要去的对岸的一座桥梁。目标指明了组织要去的对岸。因此，制定计划的第二步是认清组织所处的这岸，即认清现在。认识现在的目的在于寻求合理有效的通向对岸的路径，即实现目标的途径。认清现在不仅需要有开放的精神，即将组织、部门置于更大的系统中，而且要有动态的精神，即考察环境、对手与组织自身随时间的变化与相互间的动态反应。对外部环境、竞争对手和组织自身的实力进行比较研究，不仅要研究环境给组织带来的机会与威胁，与竞争对手相比组织自身的实力与不足，还要研究环境、对手及其自身随时间变化的变化。

三、研究过去

虽然现在不必然是在过去的线性延长线上，但现在毕竟是从过去走来。研究过去不仅是从过去发生过的事件中得到启示和借鉴，更重要的是探讨过去通向现在的一些规律。从过去发生的事件中探求事物发展的一般规律，其基本方法有两种：一为演绎法，二为归纳法。演绎法是将某一大前提应用于个别情况，并从中引出结论。归纳法是从个别情况发现结论，并推论出具有普遍意义的大前提。现代理性主义的思考和分析方式基本上可分为以上两种，即要么从已知的大前提出发加以立论，要么有步骤地把个别情况集中起来，再从中发现规律。根据所掌握的材料情况，研究过去可以采用个案分析、时间序列分析等形式。

四、预测并有效地确定计划的重要前提条件

前提条件是关于对要实现计划的环境的假设条件，是关于我们所处的此岸到达我们将去的彼岸过程中所有可能的情况。预测并有效地确定计划的前提条件的重要性不仅在于对前提条件认识越清楚、越深刻，计划工作越有效，而且在于组织成员越彻底地理解和同意使用一致的计划前提条件，企业计划工作就越容易协调。

由于将来是极其复杂的，要对一个计划将来环境的每个细节都作出假设，不仅不切合实际甚至无利可图，因而是不必要的。因此前提条件限于那些对计划来说是关键性的，或具有重要意义的假设条件，也就是说，限于那些对计划贯彻实施有重要影响的假设条件。预测在确定前提方面很重要。最常见的对重要前提条件预测的方法是德尔菲法。

五、拟定并选择可行性行动计划

“条条大路通罗马”、“ 殊途同归”，这些都体现了实现某一目标的途径是多种多样的。拟定和选择行动计划包括三个内容：拟定可行性行动计划、评估计划和选定计划。

拟定可行性行动计划要求拟定尽可能多的计划。可供选择的行动计划数量越多，被选计划的相对满意程度就越高，行动就越有效。因此，在可行的行动计划拟定阶段，要广泛发动群众，充分利用组织内外的专家，通过他们献计献策，产生尽可能多的行动计划。在寻求可供选择的行动计划阶段需要“巧主意”，需要创新性。尽管没有两个人的脑力活动完全一样，但科学研究表明，创新过程一般包括浸润（对一问题由表及里的全面了解）、审思（仔细考虑这一问题）、潜化（放松和停止有意识的研究，让下意识起作用）、突现（突现绝妙的、也许有点古怪的答案）、调节（澄清、组织和再修正这一答案）。具体的方式有头脑风暴法、提喻法。

评估行动计划要注意考虑以下几点：其一，认真考察每一个计划的制约因素和隐患；其二，要用总体效益的观点来评估计划；其三，既要考虑到每一计划的许多有形的可以用数量表示出来的因素，又要考虑到许多无形的不能用数量表示出来的因素；其四，要动态地考察计划的效果，不仅要考虑计划执行所带来的利益，还要考虑计划执行所带来的损失，特别注意那些潜在的、间接的损失。评价方法分为定性和定量两类。

这一阶段的最后一步是按一定的原则选择出一个或几个较优的计划。

六、制定主要计划

完成了拟定和选择可行性行动计划后，制定主要计划就是将所选择的计划用文字形式正式地表达出来，作为一项管理文件。制写计划要清楚地确定和描述“5W1H”的内容，即 What（做什么）、Why（为何做）、Who（谁去做）、Where（何地做）、When（何时做）、How（怎样做）。

七、制定派生计划

基本计划肯定需要派生计划的支持。比如，一家公司年初制定了当年销售额比上年增长25%的销售计划，这一计划发出了许多制定派生计划的信号，如生产计划、促销计划等。再如，当一家公司决定开拓一项新的业务时，这个决策也发出了要制定很多派生计划的信号，比如雇用和培训各种人员的计划、筹集资金计划、广告计划等。

八、编制预算

在作出决策和确定计划后，赋予计划含义的最后一步就是把计划转变成预算，使计划数字化。编制预算，一方面是为了使计划的指标体系更加明确，另一方面是企业更易于对计划的执行过程进行控制。定性的计划往往在可比性、可控性和进行奖惩方面比较困难，而定量的计划则具有较好的约束性。

思考题

1. 简述计划的概念及性质。
2. 简述计划的类型及作用。
3. 简述计划的编制过程。

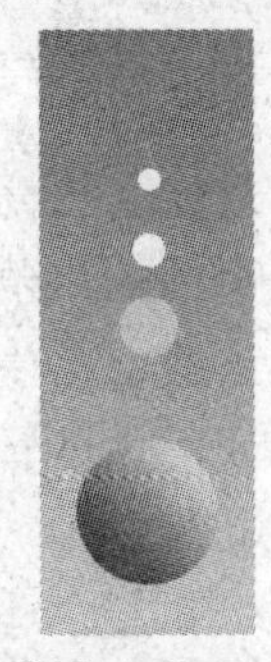

第六章　战略管理

第一节　战略管理的由来

“战略”一词起源于军事，指的是在战争中如何争取胜利的谋略。随着人类社会实践的发展，各学科间的知识相互交叉和渗透，战略一词已突破军事范畴，被赋予了新的含义，战略的概念广泛应用于经济、政治、文化和科学技术之中，产生了经济战略、政治战略、文化战略和科学技术战略，将其应用于企业管理之中，就产生了企业战略管理。

企业战略管理是一门年轻而正迅速发展的管理学科。透视 20 世纪以来管理的产生和发展史，可以明显地体会到经济发展对战略管理的迫切需求。

管理真正成为一门学科是 19 世纪末 20 世纪初，回顾企业管理的发展史，从投入产出要素的角度，企业管理发展可以划分为三个阶段：生产管理阶段、经营管理阶段和战略管理阶段。

一、生产管理阶段

生产管理阶段的特征是：现场管理，只需考虑如何高效率生产。生产管理发生在 20 世纪初期，当时电力和内燃机的使用，推动了科技进步和社会经济发展。以美国为代表的资本主义国家经济高速增长，制造业发展迅速，整个市场产品供不应求，企业管理的重点是生产管理，即谋求高生产效率，增加产品数量。由于产品销售不成问题，企业根本不需要考虑市场需求。美国的福特汽车公司就是通过采用流水线生产形式大大提高了汽车的生产效率，大幅度降低生产成本，售价大幅降低而成为那一时期市场的典范。生产管理阶段的买方和卖方关系中，以卖方市场为指导，而企业考虑的主要也是生产效率问题。

生产管理是企业生产经营活动中最常用的一种管理方式。

二、经营管理阶段

资本主义生产发展的盲目性导致其基本矛盾激化，终于于 1929—1933 年爆发了震撼资本主义世界的经济危机。由于企业为求生存竞相采用新技术以提高劳动生产率、降低成本，使整个市场由供不应求转变为生产过剩、供过于求的局面，市场产品处于空前的激烈竞争环境，整个市场迅速由原来的卖方市场转为以购买者为主导的买方市场。

社会经济的变化促使具有远见卓识的企业家认识到必须树立经营意识，需要从投入产出角度理顺各个管理环节，特别要重视分析和研究市场的需要，了解顾客现在和未来的需求，以此来确定企业的产品生产，并努力降低各种原料成本，企业才可能得到生存和发展。

例如，福特汽车公司在相当长的时间内，仅仅生产单一品牌黑色汽车，使公司的销售量急剧下降，甚至面临倒闭的危险。后来，公司根据市场特点改进了产品生产，推出不同型号、档次、颜色、各种款式的汽车，扭转了经营局面。

这时期经营管理的特点是：企业已根据市场特点建立了企业总目标，领导者更多考虑采用各种手段去达到企业的总目标，为了完成经营目标，注重用奖惩来调动员工积极性。

在经营管理阶段，由于经营管理基本停留在缺乏大目标的追求效率和效益的阶段上，追求短期、局部利益现象较严重。

三、战略管理阶段

20 世纪 60 年代是战略管理兴起的初期，这个时期随着政治、经济、技术、社会文化所构成的外部环境日趋复杂和动荡，企业间的竞争日渐激烈。企业的规模不断扩展，管理层次增多，管理幅度越来越大，企业运行也变得复杂和难以控制。在这样的条件下，科学地预测未来，为企业把握正确的方向则成为企业管理工作中的首要工作，为企业提供战略思维和管理措施的战略管理理论就应运而生了。

战略管理从其诞生起经历了兴起、热潮、回落、重振的历史时期，当今，它已成为企业管理的一个重大发展方向。从某种意义上可以这样认为：一个企业能否成功，就看其是否能够灵活运用战略管理将各种资源变成社会所寻求的产品和服务。

人们都非常感叹日本汽车长驱直入欧洲和美国市场的案例。日本汽车公司根据石油短缺的能源危机的分析，早就制定了其汽车发展战略——开发轻型节油小轿车。而

20世纪60年代以来，美国汽车工业的“三巨头”——通用汽车公司、福特汽车公司、克莱斯勒汽车公司正不约而同地作出集中生产体积大、耗油多的豪华小轿车的决策。不久，石油危机发生，剧烈冲击了它们的战略实施。此时，日本将早已研制好的轻型节油小轿车大量投放欧美市场，并一举登上世界小轿车霸主的地位。日本企业相继以优质低价的战略在家电、摩托车等领域成功战胜欧美企业。

从企业管理的发展史可以得出明确的结论：战略和战略管理的思想一直长期存在，但在企业中广泛运用战略管理工作却是环境明显复杂、竞争日益激烈和组织规模扩大的产物。

第二节 企业战略的内涵

一、战略的定义

从定义上，战略与战略管理是有区别的，战略强调的是一种思维价值观、观念或方法，而战略管理强调的是企业管理中的一种工作、一个过程。有关战略和战略管理的定义林林总总，主要如下：

安德鲁斯（K. Andrews）认为，战略是目标、意图或目的以及为达到目的而制定的主要方针和计划的一种模式。这种模式界定着企业正在从事的或应该从事的经营业务，以及界定企业所属的或应该属于的经营模式。

安索夫（H. I. Ansoff）认为，企业战略是“企业为了适应外部环境，对目前从事的和将来要从事的经营活动所进行的战略决策”。

加拿大教授明茨伯格认为，企业战略是一个复杂的管理范畴，从一两个方面给其下定义不能说明它的内涵。企业战略应当从计划、计谋、模式、定位、观念五个方面去定义它，才能够比较真实地反映企业战略的性质和特点。战略是一种在计划活动之前，有意识、有目的的开发；是一种计策竞争手段，对对手构成威胁；是一种模式，是一系列完成计划的行为；是一种定位，在自然环境中的合理定位；是一种观念，体现了组织中人们对客观世界固有的认识方式，是人们思维的创造物，是一种精神产物。

战略的各种定义是从不同角度对战略的特性的认识。概括这些认识后，我们认为企业的战略是：企业面对激烈变化、严峻挑战的环境，为求得生存和发展而作出的带有长远性、全局性的谋划方案，是企业经营思想的体现，是一系列战略决策的结果。

二、战略的本质

著名经济学家安德鲁斯在《公司战略原理》一书中阐述到，在战略形成阶段有四个“做（do）”在起着重要作用。它们是根据环境机会与威胁需要考虑“可能做”

（might do）的事；根据自己的能力与资源需要思考“能够做”（can do）的事；根据领导者个人价值观与期望、抱负决定“想做”（want to do）的事；根据社会伦理道德决定“应该做”（should do）的事。战略的制定就是这四个“做”的权衡和选择。确定战略的四要素是：（1）市场的机会；（2）公司的竞争力和资源；（3）个人的价值观和抱负；（4）了解社会责任。安德鲁斯的描述可用图6—1来表示。

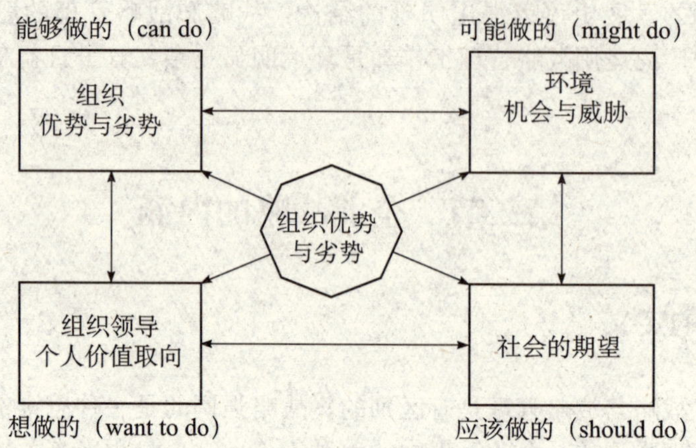

图 6—1　战略制定四关键因素

战略制定的本质是制定者依据自我的价值判断对组织能力、资源、环境各要素，以及社会各界的要求进行个人或领导团队的判断，确定自我的优劣势、机会和威胁、伦理观，制定自己需要的战略。因此，战略实质上是一种具有主观性质的谋划活动。

战略的本质是：战略是保证组织发展的管理工具；战略是决策人根据自己的主观认识和分析，决策需要涉及的环境要素，以获得组织内外条件的平衡，是决策人的主观认识与客观存在的平衡结果。任何组织都有客观存在的外部环境，但如何认识这种客观存在，取决于决策人的“眼界”，决策人的价值观决定着决策人制定的组织战略的水平。

三、战略制定者的责任

战略制定过程中有三组主要因素在发生作用，这就是组织的外部环境、组织的内部条件和战略制定者目标。组织面临的外部环境、内部条件是战略制定中较难改变的制约因素，但如何分析机会与威胁、判断优势与劣势却与战略制定者的个人判断有着密切的关系，甚至可以认为，战略制定者起着关键性、决定性作用。这就可以很好地解释为什么面对几乎相同的情况，组织的战略会有很大的差异；在众多竞争中只有极少数组织能够获得成功。

组织环境、组织资源和战略制定者在战略制定中的相互关系，如图 6—2 所示。

从以上各因素在战略决策中的匹配关系可以了解到：组织资源丰富，捕捉环境机会的可能性会增强，然而组织战略的最终结果取决于战略制定者根据自我价值观的选择。因此，组织战略水平高低的差异主要体现在组织高层管理人员价值观的差异；组织成功与否，最关键的是组织高层管理人员的思想、理念和对事物判断的基本标准。

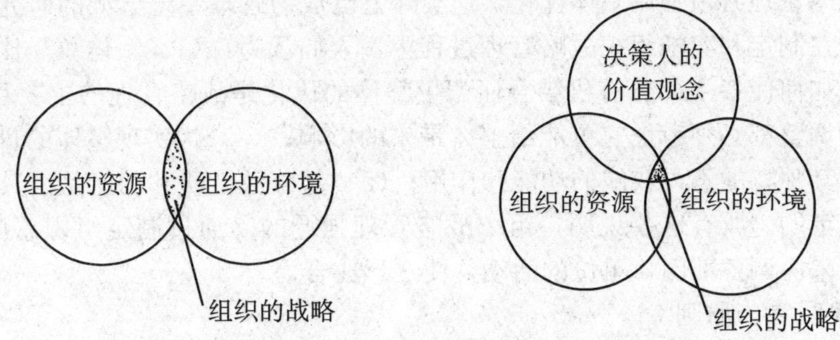

图 6—2 资源、环境、决策人在决策过程中的关系

第三节 战略管理的原则、层次和特点

战略管理是根据组织的内外环境，确立组织的愿景和目标，制定、确定实施战略，并在战略实施过程中根据环境的变化调整、修改组织的意愿、目标和战略，以确保组织沿正确的方向取得成功的动态过程。

一、战略管理应遵循的原则

组织进行战略管理必须遵循科学的原则。根据加拿大哥伦比亚大学学者斯蒂格利茨（Stiglitz）的实证研究，成功的战略管理通常是在以下几个原则的指导下进行的。

（一）应因环境原则

成功的组织战略管理重视组织与其所处外部环境的互动关系，其目的是使组织能够适应、利用甚至影响环境的变化。组织与社会是不可分割的开放的组合体，它的存在和发展在很大程度上受其内外部环境因素的影响。这些因素有政治、法律、经济、技术和社会文化因素，还有一些直接影响组织活动的因素如政府、顾客、供应商、借贷人、股东、竞争者、职工以及其他利益相关团体等，这些因素或影响力都会直接或间接起作用。

战略管理要求组织必须随时监视和扫描内外部环境的变化，分析机会和威胁的存在方式和影响程度。组织战略管理要求高层管理者在制定和实施其战略的过程中清楚地了解，有哪些内外因素会影响组织，这些影响发生的方式、性质和程度，以便制定新的战略或及时对企业现行战略进行调整。

（二）全过程管理原则

组织战略管理要取得成功，必须将组织战略的制定、实施、控制、评价等看成一个完整的过程加以管理，以充分提高这一过程的有效性和效率。

（三）整体最优化原则

组织战略管理必须强调整体优化，这实际上已成为管理系统学派的研究成果所证实的事实。在制定和实施组织战略管理过程中，人们认为：（1）整体总是比部分更受重视；（2）如何使各个部分有机结合而产生整体的优化是战略管理的主要目标；（3）任何部分的调整都必须考虑它可能给整体带来的影响；（4）为实现整体的目标，各个部分都要有其独特的不可或缺的功能和作用；（5）部分的性质和功能是由其在整体中的位置所决定的。所有这些说明，组织战略管理强调的是通过制定组织意愿、目标、战略和决策来协调各部门、单位的活动，使之形成合力。

（四）全员参与原则

组织战略管理不仅要求组织高层管理者的决策，而且需要中、下层管理者和全体员工的参与和支持。虽然组织战略制定、分析、决策主要由高层管理完成，然而这种分析、决策却离不开中、下层管理者的信息输入和基层员工的合理建议，同时，组织战略的实施在相当大的程度上取决于组织各级管理者和全体员工的理解、支持和全身心的投入。

（五）反馈修正原则

战略实施过程不可能是一帆风顺的，环境的振荡波动随时都会扰乱组织的战略部署，只有不断地跟踪、反馈才能确保组织战略的适应性，对现行战略管理的评价和控制实际就是新一轮组织战略的开始。因此，组织在制定5～10年的发展战略之后，必须逐年对组织战略及其实施状况进行严格的审查，作出必要的调整，修改制定新的发展战略，以此类推，滚动式管理，才能确保组织战略意图的实现。

二、战略管理的层次

企业根据其性质、规模可以分为单一经营方式的中、小型企业以及多元化经营方式的大型企业。与此相应的企业战略也有两种：一种是单一经营方式的中小型企业战略；另一种是多元化经营方式的大型企业战略。相对于单一经营方式的企业而言，多元化经营的企业则存在着企业总部资源分配、协调的重要作用。一般多元化经营方式的企业战略分为公司战略层次、商务战略层次、职能战略层次和运营战略层次。单一经营方式的企业战略层次可以包含在对大型企业战略的讨论之中。

多元化经营方式的大型企业也称为多元化公司，其战略层次分为：公司战略层次、商务战略层次、职能战略层次、运营战略层次，如图6—3所示。

公司不同的管理层次在战略管理工作的基本任务不同，其工作职责的区别决定了它们参与战略管理工作的差异性。下面就多元化公司的各战略层次的工作职责展开讨论。

（一）公司战略

在企业总部层面，企业发展方向的选择上，企业战略的选择可有增长战略、稳定战略和收缩战略三种战略，这三种战略还可细分成多种类型，见表 6—1。

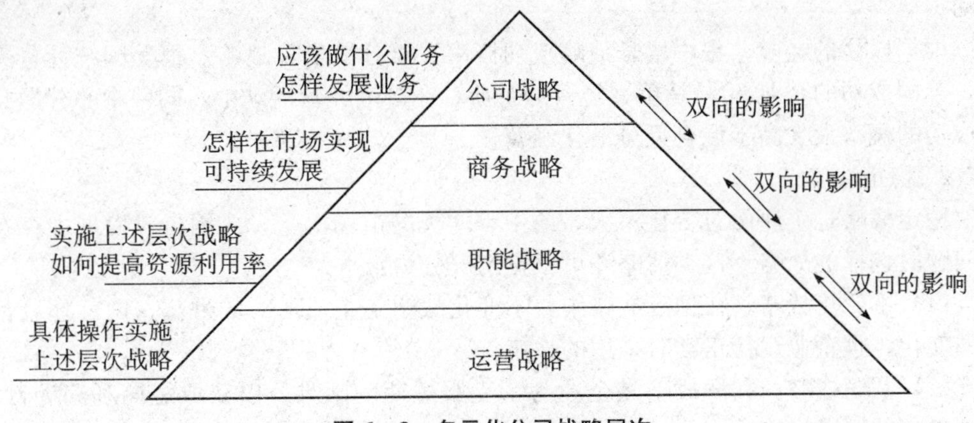

图 6—3 多元化公司战略层次

表 6—1 企业发展战略的类型

增长战略		稳定战略	收缩战略
集中增长战略	水平增长战略	不变化战略	转变战略
	垂直增长战略	利润战略	放弃战略
分散增长战略	同一中心分散化	暂停战略	让人收购的战略
	混合型分散化	小心发展战略	清算战略

这些战略为企业根据外部市场环境、企业经营状况以及经营活动的特点发展业务提供了各种行之有效的策略。

1. 增长战略

增长战略是企业一般愿意选择的战略，它意味着企业面对着增长较快的市场机会，将面临增大投资、扩大规模，将能获取更大的市场份额，能在市场中开展新的竞争。

增长战略又可分为集中增长战略和分散增长战略。

(1) 集中增长战略。实行集中增长战略的企业通常将自己的全部资产或绝大多数资产集中在一个行业，经营活动集中在一个产品或一系列产品、一个市场上，使用一种技术。

集中增长战略还可细分为水平增长战略和垂直增长战略。水平增长战略是企业通过扩建或收购同行企业扩大生产能力；垂直增长战略则为规避市场风险、降低市场交易成本而采取的增长战略。生产企业兼并或合并销售企业，称为前向垂直增长战略；而对原材料、零配件供应企业进行兼并或合并则称为后向垂直增长战略。

(2) 分散增长战略。分散增长战略可分为同一中心分散化增长战略和混合型分散化增长战略。采用同一中心分散化增长战略的企业往往在分散化时突出“同一中心”，如使用相近的技术、相近的销售渠道、相近的管理技能、相似的产品，服务于偏好相近的顾客。采用混合型分散化增长战略的企业往往是在完全不相关的行业中进行经营活动。

根据以往的经验，集中增长战略成功概率大于分散增长战略。据美国统计资料显示，美国成功的企业70%是单一经营的企业；在分散经营活动中，同一中心分散化经营成功的概率大大高于混合型分散化经营。

2. 稳定战略

稳定战略是企业面对变化不大，或中等增长的市场机会，或因自我发展中存在某些问题时选择的战略。这类战略还可根据情况分为：

(1) 不变化战略。在稳定战略中，不变化战略是企业面对的外部、内部环境都无大的变化，且企业运行正常时采用的战略。

(2) 利润战略。利润战略是企业为了克服短期的困难，以获取短期利润为目标，牺牲未来的增长战略。

(3) 暂停战略。暂停战略是企业在经过高速发展之后，出现了管理失当、效率下降，为巩固已取得的经营业绩而采取的战略。

(4) 小心发展战略。小心发展战略是企业遇到外部环境可能发生大的变化，且变化不够明朗时采用的战略。

3. 收缩战略

收缩战略是企业不愿采用的战略，因为收缩战略意味着某种程度的失败，但是，这也是企业解决困难的缓解手段，期望东山再起的战略。

(1) 转变战略。执行这种战略，一般分两阶段：1) 收缩，如通过裁减员工、关闭工厂，迅速缩小规模，降低成本，谋求新的盈亏平衡；2) 巩固，企业在新的状况下，稳定取得的成果，达到新的经营平衡。若能巩固成果则就有可能寻得机会东山再起。

20世纪90年代，IBM、通用汽车公司遇到经营严重困难时，均采用该战略而获得成功。该战略被称作企业遇到困难时的首选战略。

(2) 放弃战略。采用该战略的企业往往是放弃遇到严重困难的某一事业部或产品，而将资源转移到其他的事业部或产品之中。例如，波导公司近来在进入汽车行业遇到困难之后，迅速撤资就属于这种战略的选择。

(3) 让人收购的战略。让人收购的战略是企业为了生存，与强大企业进行合并，以获取支持而选择的战略。

(4) 清算战略。清算战略是企业遇到严重困难，经营已遭到重大失败之后，运用收缩策略不见效时采用的策略，是相对破产而言较为主动的战略。

近年来国外战略管理书中，出现了“愿景”这个字眼，用于表述公司的战略。过去一般用“使命”对公司战略进行表述。愿景与使命在战略管理的工作中存在着明显的差异，二者又起着确定发展目标和明确现有定位的关键作用。愿景的表述回答的问题是：我们希望成为什么？我们将去何方？而使命的陈述则涉及公司的现实经营范围定位，回答的问题是：我们应该做什么业务？怎样去发展业务？例如，英特尔公司的愿景是：“对世界范围相连的10亿台电脑，百万台服务器，百亿美元电子商务产生影响。”英特尔公司的核心使命是：“成为互联网经济的巨大供应商，奋发努力，使互联网发挥更大的作用，成为人们计算实践联系的中心。我们为个人计算机平台和互联网性能的扩充提供帮助。”

（二）商务战略

商务战略是为某一行业中进行的经营活动制定战略。在多元化公司中这是第二层次战略，是公司战略之下的子战略。在单一经营企业中，一般是企业的整体战略。

商务战略一般要解决的问题是：怎样贯彻公司整体性战略提出的企业愿景、使命？如何获取机会、防范威胁，增强企业地位？商务发展内部条件的优劣势是什么？商务发展的总体目标和要求是什么？商务发展的战略要点、阶段和措施是什么？

根据波特理论，商务战略有三种基本模式，即成本领先战略、歧异化战略、集聚战略。

（三）职能战略与运营战略

职能战略是企业职能部门根据其特定的职能在该领域内的运行特点制定的战略。例如：市场营销部门为完成企业的整体战略，制定的销售渠道规划、广告策划、服务措施等营销战略；人力资源部门根据企业发展的需要，制定的人才招聘、培训、岗位设计、薪酬标准等员工管理规划。

运营战略是第一线管理工作的战略，例如工厂的管理、存货的控制、运输物流等活动的策划和安排。

职能战略、运营战略是在公司战略、商务战略指导下，由各职能部门制定的，它比公司战略、商务战略更具体、详细，更具有可操作性，是实现公司战略的桥梁，旨在加强各职能部门的合作和协调。

三、战略管理的特点和基本过程

（一）战略管理的特点

战略管理是一个工作过程、一个管理过程，它与我们熟悉的管理工作的基本程序极为相似，但是它也具有自己十分明显的特点。

（1）战略管理通过特有的工作程序，科学地将组织运行的环境和战略制定者的价值目标相结合。

（2）战略管理通过特有的工作程序，科学地通过严格、细致的工作步骤，细化、落实组织期望达到的目标。

（3）战略管理通过特有的工作程序，科学地运用管理的基本原理，推行、保证战略管理工作的顺利进行。

（二）战略管理的基本过程

战略管理是根据组织内外环境，确立组织的愿景和目标，制定、确定、实施战略，并在战略实施过程中根据环境的变化调整、修改组织的愿景目标和战略。因此，战略管理的过程是一个动态的过程，是一个战略形成、战略实施、战略评价与控制的动态过程，并且每一过程又包括若干不同的步骤。

1. 战略的形成

战略的形成是建立在企业对组织外部环境和内部环境分析的基础上，在这个基础上确定组织的使命、目标，设置达到目标所采用的战略和政策。在战略形成中，使命是组织存在于社会的基本职能或根本任务。使命表明组织是干什么的，应当干什么。目标是组织经营活动在一定时期所要达到的结果，这部分都属于计划。战略是实现目标的方针，用于描述为实现各项目标所选的发展方向、所采取的行动方针和决定运用资源的政策，战略所涉及的是组织发展中具有长远性和根本性的问题。政策是组织活动的指南，是指导战略实施运用的细则。政策能保证组织所有单位在同一规则下运作，有助于各单位、部门之间的联系和协调。政策是指导企业开发产品、设计、生产、定价、销售及为顾客服务的一系列具体规定。

2. 战略的实施

战略实施是利用中间计划、行动方案、预算和一定的程序，使组织战略和政策变成现实的过程。一般认为，战略实施是在组织高层管理者的监督和指导下的行政性管理工作。其中：（1）程序由一系列的规则组成，它给出了处理未来活动的例行方法或步骤。程序的实质是对所进行的活动规定的时间先后顺序，为政策的执行提供了方法和步骤。（2）预算称作数字化的规划。每一项任务都要有一定的财力投入，投入应当有保证，开支应当有预算的约束，预算是以货币的数字表示预期结果的方法。预算可以用资金配套的方法验证战略方案的可能性，并用于计划的制定与控制。（3）过程是细化的完成组织程序的各种活动。

3. 战略评价与控制

战略在实施过程中，由于内部员工的认识能力、掌握信息的局限性和个人目标与企业目标的不一致性，会导致战略运用的结果与目标要求发生偏差；由于外部环境变化的不确定性和复杂性，要使结果与预期的目标完全一致也是有困难的。因此，对战略进行评价、控制、修改是与执行相伴而行的一个过程，其主要目的是在战略执行过程中，通过比较完成的工作与计划的目标，从而对工作成绩作出评价，一般会有这样几种结论：（1）超过了预定的目标，称为正偏差，如果各方面都稳定协调，出现了这种情况是一种好的结果，但也要防止隐藏的风险，因为它反映原来制定的目标过于保守，这可能会限制企业发挥潜力，使企业失去市场竞争的机会。（2）运行的结果与预定目标基本相符，偏差很小。这也是一个好的结果。（3）运行结果没有达到预期的目标，相差较多，称作负偏差。评价说明，制定的战略目标需要修改，纠正偏差，这正是控制的主要目的。

战略控制就是将其实现的状况与预计的战略目标进行比较，找出二者之间的偏差及偏差程度，采取有效措施进行纠正，以实现战略目标的一系列活动。

思考题

1. 如何理解战略管理产生的原因？

2. 在战略制定中，领导的责任有哪些？领导者对战略制定起什么作用？

3. 战略管理的层次有哪些？它们各自需要回答的问题是什么？

4. 战略管理工作的基本环节有哪些？

5. 在战略管理中，公司战略有哪些战略可供选择？选择这些战略的依据是什么？

案例分析题

迪尔公司的战略愿景与使命

一、迪尔公司简介

迪尔公司（Deere & Company）是世界上最大的农林制造公司之一，也是全球柴油发动机及建筑工程机械大型生产商之一。迪尔公司为一家大型跨国公司，在全球拥有 47 000 名雇员，在 15 个国家设有工厂，产品行销全球 170 个国家和地区。

1837 年迪尔公司的创始人约翰·迪尔研制出了一种不沾泥土的钢犁，并由此起家创立了迪尔公司。170 多年来，迪尔公司通过与世界各地农民携手合作，不断成长壮大。“约翰·迪尔”已成为驰名世界的品牌。

二、迪尔公司的价值观

1. 诚实

20 世纪 30 年代，美国经济大萧条，使数千名迪尔公司客户陷入绝境。迪尔公司董事会毅然决定，尽可能延长客户所欠农机债务的还款期，超过还款期限的债务经过多年，绝大多数被偿还，回款率接近 100%，公司的商誉由此进一步上升。

2. 优质

约翰·迪尔，这位 1837 年创立了迪尔公司的健壮打铁汉有句名言：“我决不将自己的名字刻在不能体现最佳性能的产品上”。这种努力追求卓越的质朴精神，170 多年来始终未曾改变。

3. 创新

迪尔公司员工富有创新精神。

4. 守信

在全世界范围内，约翰·迪尔是最受信赖且与众不同的品牌之一。品牌就是承诺，迪尔公司始终如一地信守承诺，客户对约翰·迪尔品牌的认可直接证明这一点。

三、迪尔公司与中国

20 世纪 70 年代，迪尔公司进入中国市场。

1978 年，迪尔公司向中国东北地区出售全套大马力拖拉机、联合收割机及农机具，并在友谊农场建立了示范基地，向中国介绍美国现代农业的特性。

20 世纪 80 年代，迪尔公司向黑龙江佳木斯联合收割机厂、河南开封联合收割机厂转让了先进的联合收割技术。

1995 年，迪尔公司在北京成立了办事处。

1997 年，迪尔公司与佳木斯联合收割机厂建立了中国农机行业第一家合资企业——约翰·迪尔佳联合收获机械有限公司。

2000 年年初，迪尔公司相继在中国注册了：约翰·迪尔（中国）投资有限公司、约翰·迪尔（天津）国际贸易公司，进一步加大了在中国的投资力度。

2000 年 8 月，迪尔公司与天津拖拉机制造有限公司成立了约翰·迪尔天拖有限公司。

2004 年 12 月 16 日，约翰·迪尔佳收获机械有限公司成为迪尔公司的全资公司。

四、迪尔公司的战略愿景与使命

1. 我们是谁（Who are we）

迪尔公司通过与世界范围的农民长期合作，已成为全球最有威望的公司之一。今天，迪尔公司是一家提供系列装备和零配件服务的全球公司。这些经营活动相互紧密联系，为公司提供令人瞩目的增长机会和协同效益。

2. 我们去向何方（Where are we going）

迪尔公司有责任向公司的利益相关者（包括消费者、销售商、股东、雇员和社会）提供真实的价值。为实现我们的承诺，迪尔公司不断追求成长，在我们经营活动的每个领域追赶领导者；在世界范围内的农业设备市场上扩充我们卓越的领导者的地位；创造新的机会，扩展我们全球的品牌。

3. 我们怎样到达那儿（How will we get there）

依靠利润的增长和持续的改进，追求公司的宽广目标，公司的每个经营部门都要取得：

（1）在主要的目标市场上，通过有力的竞争，获取世界级的成就。

（2）满足顾客对质量和价值的期望；在整个商业周期内，赚取超过成本的盈余。

依靠利润的增长和持续的改进，公司的每个经营部门将从约翰·迪尔品牌的无形资产中获取利益，同时作出贡献。

4. 如何度量我们的业绩（How will we measure our performance）

在我们为相关利益者创造名副其实的价值追求中，每个经营部门为公司的目标作出了积极的贡献：

（1）人力资源——雇员的满足、培训；

（2）顾客的关注——忠诚、市场领袖；

（3）经营过程——生产率、质量、成本、环境；

（4）经营结果——资产的回报、销售的增长。

问题：

你怎样看迪尔公司的战略愿景与使命？

第七章　组织与组织设计

第一节　组织概述

一、组织的概念

在现实社会中，人们总是在一定的组织中生活和工作，管理者也总是在一定的组织中根据组织的特定任务目标、工作环境，把组织的组成要素有机地组织起来，以便有效地执行和实现目标。正如美国管理学家巴纳德所说，由于生理的、心理的、物质的和社会的限制，人们为了达到个人的目标或共同的目标，就必须合作，于是群体就产生了，即组织。也就是说，组织是指将一定的人员（2 人或以上）有系统地安排在一起，以实现某种特定的目标。

一般来说，组织一词有两层含义。一是名词含义，其中又存在组织机构和组织结构两层含义，前者是指执行特定使命的各种人力资源与物质资源的集合体，这是有形的组织体，具体包括各类营利性组织和非营利性组织；后者是指组织机构的框架体系安排和内部结构特征，这是无形的组织体。二是动词含义，是指组织工作或组织职能，是指为了实现组织的共同目标而确定组织内各要素及相互关系的活动过程，也就是设计一种组织结构，并使之运转的过程。主要包括组织结构的设计、组织职务设计以及责任、权利分配等问题。

本章中，主要强调作为动词的组织职能概念。从狭义角度看，组织职能是指建立健全组织体系的工作过程。从广义的角度看，组织职能是指从工作目标和组织体系的建立到组织的运行，直至工作目标实现的全部工作过程。

二、组织职能的基本内容

组织是由于人类在劳动中需要合作而产生的，合作必然带来更高的工作效率。因此，可以说，组织工作就是设计、建立并保持一种有活力的组织结构的活动过程。具体来说，组织工作应包括以下内容：

（1）设计组织结构，建立组织系统。

（2）设计组织内部权责关系，建立健全组织制度规范体系。

（3）科学地配备组织各职位所需人员，并全面提高人员素质，加强人力资源管理与开发。

（4）加强组织协调，推进组织的有效运行，促进组织的变革与发展。

从组织工作的内容可以看出，组织工作是一个动态的过程。设计、建立并维持一种科学的、合作的组织结构，并不是一蹴而就的，它是通过对组织目标作出分析之后而进行的一系列活动过程。组织工作过程的结束，表现为组织框架的建立及相应职责的明确。同时，建立起的组织结构也并不是一成不变的，它会随着内外因素的变化而适当地调整与变革。

三、组织工作的原则

（一）有效实现目标原则

管理组织的有效性具体表现为组织机构内的各部门、单位和个人，均有明确的职责范围，能够节约人力和时间，有利于发挥职工的智慧和工作积极性，使整个组织以最少的费用支出实现其总目标。

（二）专业分工与协作相结合原则

分工协作是指组织越能反映为实现组织目标所必需的各项任务和工作分工，以及相互间的协调，组织结构就越精干、高效。

（三）合理管理幅度原则

设计组织结构，既要注意合理确定管理幅度，又要尽量减少管理层次。在规模已定的组织中，管理幅度增大可使管理层次减少，加快信息传递速度，从而使高层领导尽快发现问题，及时采取措施加以解决。

（四）责、权、利相结合原则

责、权、利相结合原则是指在结构设计中，职位的职权和职责越对等一致，组织结构就越有效，而且相应的职位还必须有相应的利益激励。

（五）稳定性和适应性相结合原则

稳定性和适应性相结合原则，是指越是能在组织结构的稳定性与适应性之间取得平衡，就越能保证组织的正常运行。

（六）择优选拔与最佳组合相结合原则

择优选拔与最佳组合相结合原则，是指组织在选拔人才时，除了重视员工自身素质，还要关注整个团队的素质，要做到最优员工与最佳组合的平衡。

（七）人才使用与人才发展相结合原则

人才使用与人才发展相结合原则，是指组织在使用人才的同时，还要注重对员工的培养与培训，要将培训看做是组织发展的投资行为，从而为组织创造更大的收益。

第二节 职务设计

一、职务设计的概念

职务设计就是将若干工作任务组合起来构成一项完整的职位。现实中有些职位是常规的、经常重复的，有些则是非常规的。有些职位要求广泛、多样的技能，另一些只要求范围狭窄的技能。有些职位规定了非常严格的程序，另一些则具有相当的自由度。一般来说，职务设计的结果体现在职务说明书上。

狭义的职务说明就是对每个职务应当做什么工作作出规定，主要包括：职务名称与代号、该职位所辖人员数、所属部门名称、直接上级职位、待遇情况、职务概要。

广义的职务说明除了包含上述内容外，还要指明某个职务适合配备什么资格或条件的人员来担任，也即雇佣规范。主要包括：担任该职务应接受的教育程度及工作经验；任职者所应拥有的生理状况、个性和行为特征；任职者所应拥有的智商程度和技能等。

二、职务设计的类型

（一）职务专业化

在20世纪上半叶以前，职务设计是与劳动分工、工作专业化意义相同的，管理者力求将组织中的工作设计得尽可能简单、单纯、易做。亚当·斯密曾描述过一家别针制造厂的劳动分工情形：一个人抽钢丝，另一个人拉直，第三个人切割，第四个人削尖，第五个人打磨顶部以便接上头部；而头部的制作又需要两三项单独的作业；接上头部又是另一项作业。如此将别针的制造划分为各种独特的、专业化的操作，分别由专门的人员来承担，使得劳动生产率比传统的方式（即一个人从头到尾负责制作整根别针）提高了200多倍。这就是专业分工的巨大吸引力。时至今日，大量的工作仍然是在按照专业化分工的原则进行。生产工人在装配流水线上从事简单、重复的工作，办公室职员在计算机前从事范围狭窄的、标准化的任务，甚至护士、会计及许多其他的职业性工作都是按照同样的原则组织起来的。

职务专业化具有许多优点，如有利于提高人员的工作熟练程度，有利于减少因工作变换而损失的时间，有利于使用专用设备和减少员工培训，以及扩大劳动者的来源和降低劳动成本等。但职务设计得过于狭窄不可避免地会带来负面的影响，流水线上每天上千次地拧紧螺栓，其枯燥、单调、乏味造成了人们在生理、心理上的伤害，导致了员工的厌烦和不满情绪，工作之间的协调成本上升，从而影响了总体工作效率和工作质量。

（二）职务扩大化

职务扩大化是为了克服由于过度的分工而导致的工作过于狭窄的弊端而提出的一种职务设计思想。它主张通过把若干狭窄的活动合并为一件工作的方式来扩大工作的广度和范围。以装配收音机为例，原先由每个人只负责一两项简单的操作，如将某个电容插在焊孔上，现在改为每个员工装配一个部件甚至整台收音机。这样在一定程度上拓宽了职务的内容，促进员工技能的多样化，降低了工作的单调程度，在一定程度上激励了员工的工作积极性。但这不利于提高员工的工作熟练程度，增加了因工作变换而增加的时间，故效率有所降低。

另一种相似的做法是让员工定期地从一项工作更换到另一项工作上去，称为“职务轮换”。如在仓库工作的工人，可以在卸货、出货、记录、盘店等多项职务上一周内每天进行轮换，这样有利于促进员工技能的多样化，在一定程度上减少了工作单调和枯燥的感觉。日本有些企业在中、低层的管理职务上进行定期或不定期的职务轮换，以更好地培养和激励管理人员。

（三）职务丰富化

如果说职务扩大化是指在同一级别上的工作横向扩展，职务丰富化则是指从纵向上充实和丰富工作内容，即从增加员工对工作的自主性和责任心的角度，使其体验工作的内在意义、挑战性和成就感。在强调劳动分工的时代，主张在管理人员和作业人员之间进行明确的职责划分，由管理人员决定工作的内容和工作的方式，而作业人员只需依照命令执行。职务丰富化就是要将部分管理权下放给下级人员，使其在一定程度上自主决定工作的内容、工作的方法、工作的进度等，这充分调动了员工的积极性。

三、职务设计的方式

（一）纵向设计——层次划分

当生产力十分低下，社会分工极其简单的时候，基本的生产劳动是个体的，管理者就是劳动者自己。随着生产进一步发展，人们的活动也复杂起来，劳动的方式逐渐由个体向群体发展，一项工作往往需要几个成员在一起做，并有分工协作，此时便出现了管理者和被管理者。一开始，双方的关系比较简单，管理者能够领导较多的人。但随着生产的发展、科技的进步，组织规模越来越大，管理者与被管理者的关系随之复杂化。此时，管理者要想有效地领导下属，就必须考虑究竟能有效地管理多少个直接下属的问题，即管理幅度问题。

在人的精力、时间充裕的前提下，增加管辖人员数，不会降低有效性，但当超过这个限度时，管理效率将随之下降，此时必须增加一个管理层次，这样，可以通过委派工作给下一级管理者而减轻上层管理者的负担，如此下去，便形成了有层次的管理结构。

1. 管理幅度与管理层次的概念

管理幅度是指一名管理者直接管理下级的人数。一个人能直接有效地管理的下级数量是有限的，主要受以下几种因素的影响：

（1）管理者及其下属人员的能力。管理者的综合能力、理解能力、表达能力强，则可以迅速地把握问题的关键，对下属的请示提出适当的指导建议，并使下属明确地理解；同样，下属人员具备符合要求的能力，受到良好的系统培训，则可以在很多问题上根据自己的符合组织要求的主见去解决。这样，管理的幅度便可适当宽些。

（2）工作的性质和条件。管理者的下属人员，如果从事的工作的性质和内容相近，则对他们的指导和建议也就大致相同。这种情况下，管理幅度可大些。

（3）外部环境。组织所处的环境变化快，变化程度大，组织中遇到的新问题就越多，下属向上级的请示就越有必要、越经常，并且上级能用于指导下属的时间就越少，必须花时间关注环境的变化，此时，各级管理者的管理幅度就会越小。

管理层次是指组织内部从最高一级管理组织到最低一级管理组织的组织等级。在一个组织中，管理层次的多少，应根据组织的任务量与组织规模的大小而定。规模大且任务量大的组织，其层次可多些，否则层次可少些。

2. 管理幅度与管理层次的关系

当组织规模一定时，较大的管理幅度意味着较少的管理层次，较小的管理幅度意味着较多的管理层次，管理幅度与管理层次之间存在反比关系。如图 7—1 所示。

管理幅度	4	8	16
管理层次	6	4	3
管理人员数	1 365	585	273

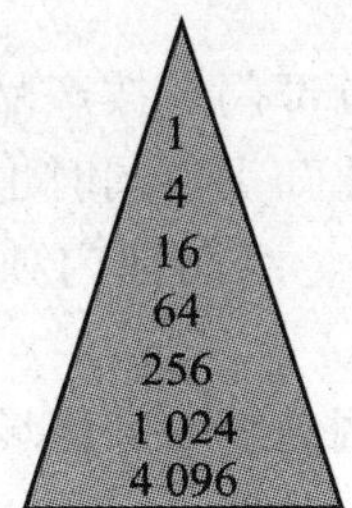

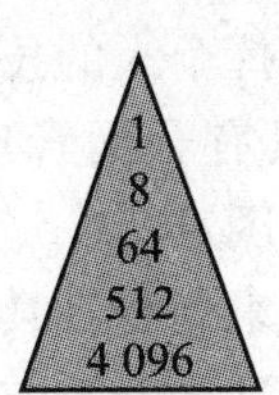

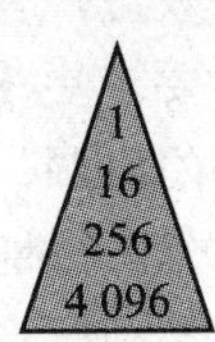

图 7—1　管理幅度与管理层次的关系

按照管理幅度与管理层次，形成两种组织结构形式：高耸型组织结构与扁平型组织结构。

（1）高耸型组织结构。高耸型组织结构，就是管理层次多而管理幅度小的结构。该结构的优点是由于各级管理者管辖的下级人数少，有利于管理者的控制，权责关系明确，有利于增强管理者权威，同时为下级提供了晋升的机会。但由于层次越多，需要的管理人员数就越多（如图7—1所示），彼此之间的协调难度也急剧增加，增加了管理费用，并且信息传输的速度也较慢，同时由于管理严密，影响了下级人员的工作积极性和创造性的发挥。

（2）扁平型组织结构。扁平型组织结构，就是管理层次少而管理幅度大的结构。该结构有利于缩短上下级距离，密切上下级的关系，信息纵向流动速度快，管理费用低，下级有较大的自主性和创造性，有利于发挥其工作积极性，培养下级管理能力。但不利于控制，对管理者素质要求高，横向沟通与协调难度大。

（二）横向设计——部门划分

1. 部门的含义

部门是指组织中管理者为完成规定的任务有权管辖的一个特殊的领域。部门在不同组织中有不同的称呼，企业称部、处、室，军队称师、团、营，政府则称局、处、科等。部门划分的目的，在于确定组织中各项任务的分配与责任的归属，以求分工合理，职责分明，有效地达到组织的目标。

2. 部门划分的方法

（1）按人数划分。完全按照人数的多少来划分部门是最原始、最简单的划分方法。这种划分部门的方法是，抽出一定数量的人在管理者的指挥下去执行一定的任务。军队中的师、团、营即为此种划分方法。这种方法由于考虑的仅仅是人力，因此现在已经逐渐被淘汰。

（2）按时间划分。这是在正常的工作日不能满足工作需要时所采用的一种划分部门的方法。比如，按早、中、晚班编制进行生产。按时间划分部门也是一种古老的划分方法。

（3）按职能划分。按职能划分部门是目前最普遍采用的一种划分方法。它遵循专业化分工的原则，以工作或任务的性质为基础划分部门，并按重要程度分为主要职能部门和从属派生部门。一般来说，企业的主要职能部门是生产、工程、质量、销售等，其他为主要部门服务的各部门均为从属派生部门。

（4）按产品划分。按组织向社会提供的产品来划分部门。按产品来划分部门，有利于发挥专用设备效益，有利于发挥个人的技能和专业知识，同时也有利于部门内的协调。其缺点是，要求更多的人具有全面管理的能力，产品部门独立性强、整体性差，增加了主管部门协调、控制的困难。

（5）按地区划分。按地理位置来划分，其目的是调动地方、区域的积极性，谋求取得地方化经营的某种经济效果。这种分类方法有利于改善地区的协调，取得地区经营的经济效益，有利于培养管理人员。但该划分方法需要更多全面管理能力的人才，增加了主管部门控制的困难，地区部门之间往往不易协调。

3. 部门划分的原则

部门划分应遵循分工原则，具体表现为：

（1）力求最少。组织结构要求精简，部门必须力求最少，但这是以有效地实现目标为前提的。建立机构的目的不是为了供人欣赏，而是为了有效地实现目标。

(2) 组织结构应具有弹性。组织中的部门应随业务的需要而增减。部门的划分并不是一劳永逸的，其增设或撤销应随业务工作而定。可设立临时部门或工作组来解决临时出现的问题。

(3) 确保目标的实现。必要的职能均应确保目标的实现。在企业组织中，其主要职能必须设置相应的部门。当某一职能与两个以上的部门有关时，应明确规定每一部门的责任。

(4) 指派平衡。各部门的指派必须达到平衡，避免忙闲不均、工作量分摊不匀。

(5) 检查部门分设。检查部门与业务部门分开设置，检查业务部门的人员不隶属于受其检查评价的部门，这样就避免了检查人员的“偏心”，真正发挥检查部门的作用。

第三节 组织中的职权关系

一、职权的概念和类型

职权是构成组织结构的核心要素，是组织联系的主线，对于组织的合理构建与有效运行具有关键性作用。

(一) 职权的概念

职权是指由于占据组织中的职位而拥有的权力。同职权共存的是职责，职责是指担当组织职位而必须履行的责任。职权是履行职责的必要条件与手段，职责则是行使权力所要达到的目的和必须履行的义务。

在组织内，最基本的信息沟通就是通过职权来实现的。通过职权关系上传下达，使下级按指令行事，上级得到及时反馈的信息，作出合理决策，进行有效控制。

(二) 职权的类型

组织内的职权有三种类型：直线职权、参谋职权、职能职权。

1. 直线职权

直线职权是企业的直线人员所拥有的包括作出决策、发布命令等的权力，也就是通常所说的指挥权。

每个管理层次的管理者都具有这种职权，只是每个层次的功能不同，职权的大小、范围不同而已。厂长对车间主任拥有直线职权，车间主任对班组长拥有直线职权。这样从上到下的主管人员之间，便形成了一个权力线，也即指挥链或指挥系统。

2. 参谋职权

参谋职权是参谋人员所拥有的咨询权和专业指导权。参谋的形式有个人与专业之分。前者是参谋人员，参谋人员是直线人员的咨询人员，他协助直线人员执行职责。专业参谋，常常为一个独立的机构或部门，就是所谓的“智囊团”或“顾问班子”，专业参谋是时代发展的产物。

3. 职能职权

职能职权是由参谋人员所执行的、由直线主管人员授予的决策与指挥权。由于管理者缺乏某些方面的专业知识，以及存在着对方针政策有不同解释的问题等，管理者为改善管理的效率，而将一部分职权授予参谋人员或另外一个部门的管理者，这就是职能职权。

二、职权分配

职权分配是指为有效履行职责，实现工作目标，而将组织的权力在各管理部门、管理层次、管理职务中进行配置与分授。职权分配主要有两种情况：一是职权横向配置，即依目标需要而将职权在同一管理层次的各管理部门和人员之间进行合理配置；二是职权纵向分配，即依目标需要而将职权在不同管理层次的部门和人员之间进行分配。职权纵向分配的关键，是解决好集权与分权的关系问题。

（一）集权与分权

1. 集权与分权的含义

集权意味着权力较多地集中在组织的高层；分权则表示权力较多地分散到整个组织中。

在现实中，不存在绝对的集权，因为绝对的集权意味着职权全部集中在一个人手中，因而不存在下级管理者，这实际等于组织是不存在的；绝对的分权也是不存在的，因为这意味着没有管理者，组织也不能够存在。一个组织的存在必然意味着某种程度的分权。集权与分权同时也是两个彼此相对、互相依存的概念。

2. 集权与分权的优缺点

集权有利于组织实现统一指挥、协调工作和更为有效的控制；但同时，也会加重上层领导者的负担，从而影响决策质量，并且不利于调动下级的积极性。

分权有利于调动下级的工作积极性，能够让上级从繁杂的日常事务中解脱出来，集中精力处理有关组织发展的重大问题。但分权过度容易导致领导者指挥不灵，部门与部门、人与人之间的协调变得非常困难。

3. 集权与分权的衡量标志

（1）决策的数目。基层决策数目越多，其分权程度越高；反之，上层决策数目越多，其集权程度就越高。

（2）决策事项的重要性及影响面。若较低一级作出的决策事关重大，影响面广，就可以认为分权程度较高；相反，如下级作出的决策无关紧要，则集权程度较高。

（3）决策审批手续的简繁。在根本不需要审批决策的情况下，分权的程度就非常高；在作出决策后还必须呈报上级领导审批的情况下，职权分散程度就低一些；如果在作出决策前，必须请示上级，那么分权的程度就更低一些。较低一级管理层次在作出决策时请示的人越少，分权程度就越高。

4. 影响集权与分权的因素

（1）决策的重要性。一般来说，越是重要的决策，就越有可能由较高层次的管理者掌控。重要的决策多由上层决定，并不完全是由于上层主管更高明、更有能力，很大程度是出于责任考虑。

（2）高层主管对一致性的方针、政策的偏好。有些高层主管将组织的方针、政策的一致性看得高于一切，他们希望在质量、价格、服务等方面对顾客一视同仁，希望对供应商采取协商一致的政策，或者希望采取标准化的公关政策等。

（3）组织的规模。组织规模越大，需要决策的事项就越多，协调起来也就越困难。这样必然会降低决策的速度，从而导致决策的成本很高。要克服这些问题，就必须分散权力。

（4）组织的历史。一个组织的形成方式常常决定着其集权或分权的程度。那些通过内部的成长由小到大发展起来的企业，或者在其缔造者的监护下成长起来的企业，往往表现出一种强烈的职权集中的特征。通过兼并或收购而形成的企业则经常表现出分权的趋势。

（5）最高主管的人生观。现实组织中存在着各种类型性格不同、世界观迥异的最高管理者。有人视权如命，有些人不习惯放权，而有的则将分权看成是现代组织的生存方式。

（6）获取管理人才的难易程度。缺乏训练有素的主管人才会限制分权的实施，因为上级主管必须将职权授予合格的下属。为了保证职权的分散，必须注重管理者的培养工作。

（7）合适的控制手段。如果没有适当的反馈，如果不能了解所授出的职权运用是否得当，不管多么优秀的管理者都无法进行有效的授权。统计技术、会计控制方法、计算机技术等各方面的进展有利于促进职权的分散。

（8）组织的变动程度。组织变动的快慢也影响着职权的分散程度。一个迅速成长的企业必然面临许多因扩张而产生的问题。这时，高层主管往往倾向于授权于下级，并愿意承担由此而带来的风险。

以上讨论的大多是企业组织内部的因素，许多外部的因素也影响着组织中职权的分散程度，比如市场状况、国家法律法规、宏观经济等因素。

（二）授权

1. 授权的概念

授权是指上级委授给下属一定的权力，使下级在一定的监督之下，有相当的自主权、行动权。授权就是管理者将自己的部分决策权或工作负担转授给下属的过程。由于没有人能够承担实现组织目标所必需的一切任务，同样也没有人能够行使所有的决策权力，因此，管理者必须将职权授予下属，以使他们在各自的职责范围内进行决策。

授权是一个过程。授权的第一步就是要将任务委派给接受授权的下属，并明确应当取得的成果；第二步是将完成任务所必需的职权授予下属；第三步就是要使下属承担起对所接受的任务、成果要求和职权的义务，也就是要使下级认可或同意由上级所授的任务和职权，并作出完成任务的承诺。授权的这三个步骤是不可分割的。只是要求某人完成某一任务而不授之以相应的职权，或者授予职权但却不清楚最终要取得什么成果，都不能算是真正的授权。

在授权过程中，责任是不可下授的。上级管理者即使授权下属去完成某项任务，但仍然负有对于该项任务的责任。这也是许多管理者不愿授权或不敢授权的原因之一。因此，有必要对授权与代理职务、助理职务、分工加以区分。

(1) 授权与代理职务：代理职务是指在某一时期，依法或受命代替某人执行任务。代理职务期间相当于全权代理该职位的职权，而不是上级授权。

(2) 授权与助理职务：助理职务人员主要是协助领导者的工作，并不承担责任。虽然授权者必须承担责任，但是，受权者也应主动承担一定的责任。

(3) 授权与分工：分工是指在一个组织内，由各组织成员按其岗位各负其责，成员间一般无明确的隶属关系；而授权者与受权者之间则有上下级的监督、控制和报告的关系。

2. 授权的优越性

(1) 授权有利于组织目标的实现。

(2) 授权有利于领导者从日常事务中超脱出来，集中力量处理重要决策问题。

(3) 授权有利于激励下级，调动下级的工作积极性；授权有利于培养、锻炼下级。

3. 授权的原则

授权是一门领导艺术，正确而恰当的授权才能收到理想的效果。因此，管理者必须注意研究授权的方法与技巧。虽然不同的组织在不同时期或在具有不同的组织成员的情况下，授权过程具有各自不同的特点，但授权都应遵守一些共同的原则。

(1) 依工作任务的实际需要授权的原则。工作任务的重要程度、任务难度的大小是授权的前提，切不可因人授权。

(2) 适度授权原则。在授权时，该放给基层的权力一定要放下去，不能放、不该放的权力一定不要放，以防止出现授权不足和授权过度的情况。

(3) 授权过程中，必须使下级职、责、权、利相当。授权时必须确保权力和责任相对等，在下级完成该项工作后，还需要给予一定的利益激励，这样才能取得较好的效果。

(4) 最终职责绝对性原则。上级授权给下级，并不能因为已授权下属人员去执行某项工作，自己就不再对该项工作完成好坏负责任了，上级管理者责无旁贷地要对下属的工作结果好坏负最终责任。

(5) 上级必须坚持有效监控原则。授权不等于放任自流，不等于该项工作就与上级毫无关系了，在工作的执行过程中，上级必须保有必要的控制，承担监督、检查的义务。

三、正确处理职权关系的原则

由于部门划分及管理层次设置的结果，组织内存在上级与下级的关系，上下级之间的沟通显然不能随意进行，需要遵循一定的原则。

（一）指挥链原则

指挥链原则要求组织内的上下级之间的沟通不能越级，即指挥命令和汇报请示都必须沿着一条明确而又不能间断的路线逐级进行，下级不能越级向上级汇报（但可以越级告状和建议），上级不能越级向下级发号施令（但可以越级检查和指导），这样才能保证指挥统一。指挥链原则也称为等级链原则。

（二）统一指挥原则

跨系统行使职权，与在同一直线系统中越级行使职权一样，都可能违背统一指挥的要求。统一指挥是比指挥链原则更高一层次的组织原则，它指组织中每个下属应当而且只能向一个上级主管直接汇报工作。为了保证组织成员的行动协调一致，在组织设计和运作中除了规定直线系统中只有直接上级才能对下级行使职权外，还必须明确跨系统的职权关系。

第四节　组织结构

随着组织规模的扩大和组织业务关系的日益复杂化，组织结构设计在组织工作中的作用日益显著。在小规模的组织内，分工简单、业务单一，可以不需要完整而严密的组织结构，管理者完全可以凭借个人的经验从事管理活动。当组织规模越来越庞大时，为提高工作效率，需要将计划职能与执行职能相分离，实行专业化分工以充分发挥专业人员的作用。

从人们认识到组织结构的重要作用以来，组织结构的类型不断发生变化，有无数种，但在现代组织中实际得到采用并占主导地位的则仅有其中的几种，即直线型、职能型、直线职能型、事业部制、矩阵制、网络型、控股型组织结构等。当然，各类组织形式没有绝对的优劣之分，不同的环境、不同的企业、不同的管理者，都可根据实际情况选用其中最合适的组织形式。

一、组织结构的概念与作用

（一）组织结构的概念

组织结构是指为了有效实现共同目标，进行分工协作，而对组织内部各个组成部分的空间位置、结合方式、隶属关系所作的体制形式安排。组织结构是管理者有意识、有目的地设计与建立的，旨在能顺利实现组织目标。

（二）建立组织结构的意义

（1）提供了分工与协作的基本框架，明确了各部门、各层次的合作关系与隶属关系，使管理工作有章可循。

（2）明确各部门的权责关系，使成员做到各司其职、各负其责，有利于高层领导进行例外管理。

（3）成员归属于特定部门，可增强归属意识；通过协作实现组织目标来达到个人目标，培养团队精神。

（4）建立了稳定的工作关系，有助于组织的稳定。

二、组织结构的基本形式

组织结构的形式是对组织结构设置的具体模式。组织职能设计完成后，通过组织纵向设计解决了层次划分问题，建立起领导隶属关系；通过组织横向结构设计解决了部门划分问题，建立起分工协作关系；然后通过明确机构、职位、职权、职责之间的相互关系形成不同类型的组织结构。

（一）直线型组织结构

直线型组织结构是一种最古老，也是最简单的组织形式，组织中只有一套纵向的行政指挥系统，即该组织中没有职能机构，从最高管理层到最基层，实行直线垂直领导。

直线型组织结构的优点是结构简单，权责明确，管理费用低，沟通迅速，指挥统一，反应灵活，纪律和秩序的维护较为容易。但是，这样的组织结构要求管理者精明能干，具有多种管理专业知识和生产技能，从而造成管理者负担过重，难以胜任复杂职能。因此，直线型组织结构适用于小型企业、个体工商户。直线型组织结构如图 7—2 所示。

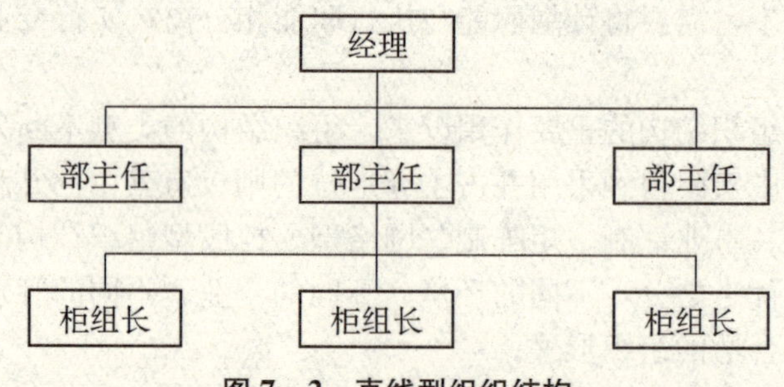

图 7—2　直线型组织结构

（二）职能型组织结构

职能型组织结构是一种以职能分工为基础的分级管理结构，在组织内设置若干职能部门，并都有权在各自业务范围内向下级下达命令，也就是各基层组织都接受各职能部门的领导。

职能型组织结构的优点是具有适应管理工作分工较细的特点，能够充分发挥职能机构的专业管理作用；由于吸收专家参加管理，减轻了上层管理者的负担，使他们有可能集中注意力以实现自己的职责。

该组织结构的缺点是由于实现多头领导，妨碍了组织的统一指挥，容易造成管理混乱，不利于明确划分职责与职权；各职能机构往往从本单位和业务出发考虑工作，不能很好地配合，横向联系差；在科学技术迅速发展、经济联系日益复杂的情况下，对环境变化的适应性较差，不够灵活；强调专业化，使管理者忽略了本专业以外的知识，不利于培养上层管理者。

一般来说，在实际工作中，不存在纯粹的职能型组织结构。职能型组织结构如图7—3所示。

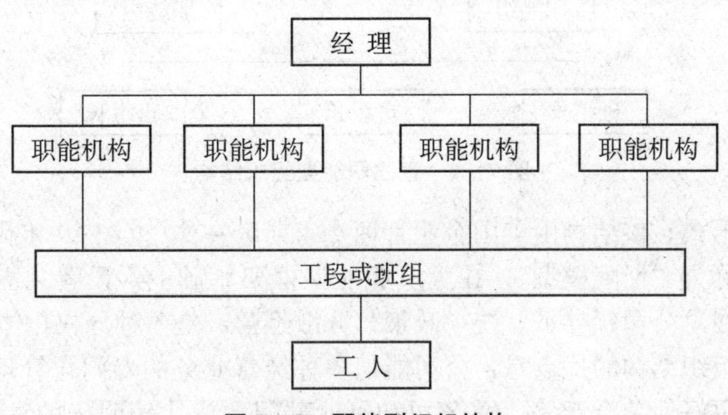

图 7—3　职能型组织结构

（三）直线职能型组织结构

直线职能型组织结构是对职能型组织结构的一种改进，该结构是在组织内部，既设置纵向直线指挥系统，又设置横向职能管理系统，以直线指挥系统为主体建立的两维的管理组织。这种组织结构把组织管理机构和人员分为直线指挥部门和人员以及参谋部门和人员。直线部门和人员在自己的范围内有一定的决策权，对其所属下级实行指挥和命令的权力，对自己的工作部门的工作负全部责任。职能部门及其人员，是直线的参谋，对下级直线部门只能提供建议和业务指导，没有指挥和命令的权力。

直线职能型组织结构的优点是只有直线管理人员才具有对下级进行指挥和下达命令的权力，而各级职能部门只是作为参谋发挥作用，对下级只起到业务指导作用，因此，既有利于保证集中统一的指挥，又可以发挥各类专家的专业管理作用。

该组织结构的缺点是下级部门的主动性和积极性的发挥受到限制；部门之间互通情报少，不能集思广益地作出决策；各参谋部门和直线指挥部门之间的目标不统一，容易产生矛盾，使上层主管的协调工作量大；难以从组织内部培养熟悉全面情况的管理人员；整个组织系统的适合性较差，因循守旧，对新情况不能作出及时的反应。中、小型组织比较适用这种组织结构，但对于规模大、决策时需要考虑因素复杂的组织，则不太适用。直线职能型组织结构如图7—4所示。

（四）事业部制组织结构

事业部制组织结构是在多个领域或地域从事多种经营的大型企业所普遍采用的一

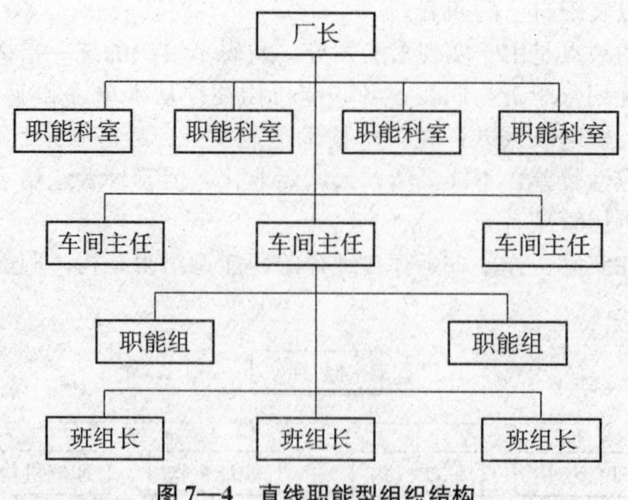

图 7—4　直线职能型组织结构

种典型的组织形式。该结构由美国企业管理专家斯隆在 20 世纪 20 年代初研究和设计出来的，故被称为“斯隆模型”。在直线职能型框架基础上，设置独立核算、自主经营的事业部，在总公司领导下，统一政策，分散经营，是一种分权化体制。

事业部制组织结构的优点是：公司能把多种经营业务的专门化管理和公司总部的集中统一领导更好地结合起来，总公司和事业部间形成比较明确的责、权、利关系；事业部制以利润责任为核心，既能保证公司获得稳定的收益，也有利于调动中层管理人员的积极性；各事业部能相对自主、独立地开展生产经营活动，从而有利于培养综合型高级经理人才。

该组织结构的缺点是：公司需要有许多对特定经营领域或地域比较熟悉的全能型管理人才来运作和领导事业部内的生产经营活动；各事业部都设立有类似的日常生产经营管理机构，容易造成职能重复，管理费用上升；各事业部拥有各自独立的经济利益，易产生对公司资源和共享市场的不良竞争，由此可能引发不必要的内耗，使总公司协调的任务加重；总公司和事业部之间的集分权关系处理起来难度较大也比较微妙，容易出现要么分权过度，削弱公司的整体引导力，要么分权不足，影响事业部门的经营自主性。一般来说，事业部制适合大型的或跨国的企业公司。事业部制组织结构如图 7—5 所示。

（五）矩阵制组织结构

矩阵制组织结构是在直线职能型组织结构的基础上，由按职能划分的纵向指挥系统与按项目组成的横向系统结合而成的组织。为了完成某一项目，从各职能部门中抽调完成该项目所必需的各类专业人员组成项目组，配备项目经理来领导他们的工作。这些被抽调来的人员，在行政关系上仍旧属于原所在的职能部门，但工作过程中要同时接受项目经理的指挥，因此他们实际上拥有两个上级。项目组任务完成以后，便宣告解散，各类人员回到原所属部门等待分派新的任务。

矩阵制组织结构的优点是灵活性强、适应性强。把具有多种专才的有关人员调集

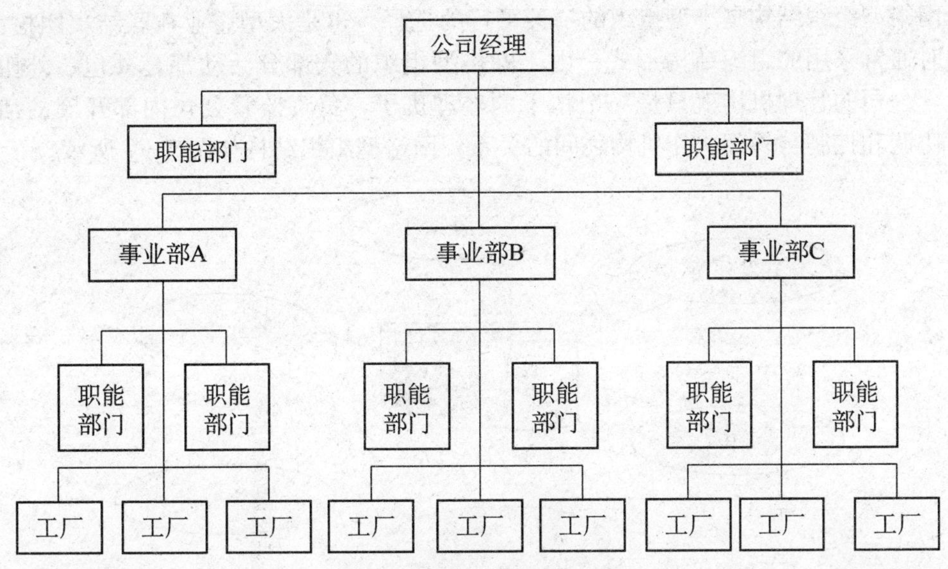

图 7—5 事业部制组织结构

到一起，既便于沟通意见，又易于接受新观念、新方法。同时，由于所有的成员都了解整个小组的任务和问题，因而便于把自己的工作和整个工作联系起来，集思广益，推动项目方案的实现。它还有利于把组织垂直联系与横向联系更好地组合起来，加强各职能部门之间的协作。

该组织结构的缺点是由于小组是临时的，不易树立责任心，稳定性差。另外，由于小组成员要接受双重领导，当两个意见不一致时，就会使他们的工作无所适从，破坏了命令统一原则。矩阵制组织结构如图 7—6 所示。

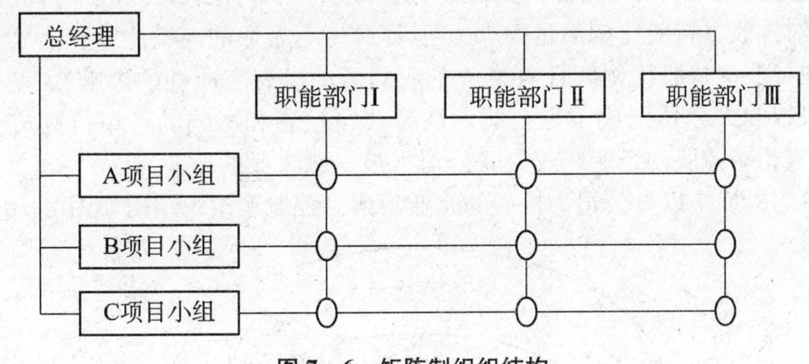

图 7—6 矩阵制组织结构

（六）网络型组织结构

网络型组织结构是利用现代信息技术手段而建立和发展起来的一种新型组织结构。现代信息技术使企业与外界的联系加强了，利用这一有利条件，企业可以重新考虑自身机构的边界，不断缩小内部生产经营活动的范围，相应地扩大与外部单位之间的分工协作。这就产生了一种基于契约关系的新型组织结构形式，即网络型组织。

网络型组织结构是小型组织的一种可行的选择，也是大型企业在联结集团松散层单位时通常采用的组织结构形式。由于网络型组织的大部分活动都是外包、外协的，因此，公司的管理机构就只是一个精干的经理班子，负责监管公司内部开展的活动，同时协调和控制与外部协作机构之间的关系。网络型组织结构如图 7—7 所示。

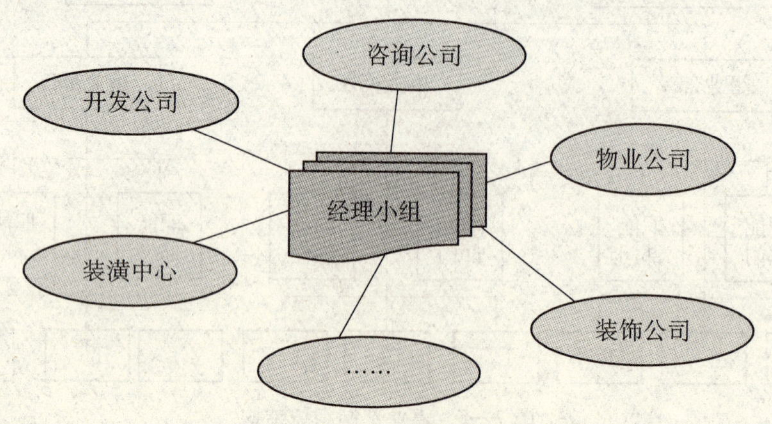

图 7—7 网络型组织结构

（七）控股型组织结构

控股型组织结构，是在非相关领域开展多种经营的企业所常用的一种组织结构形式。由于经营业务的非相关或弱相关，大公司不对这些业务经营单位进行直接的管理和控制，而代之以持股控制。这样，大公司便成为一个持股公司，受其持股的单位，不但对具体业务有自主经营权，而且保留独立的法人地位。

控股型组织结构是建立在企业间资本参与关系的基础上，由于资本参与关系的存在，一个企业就对另一个企业持有股权。这种股权可以是绝对控股（持股比例大于50%）、相对控股（持股比例不足 50%，但可对另一企业的经营决策产生实质性的影响）和一般参股（持股比例低且对另一企业的活动没有实质性的影响）。基于此，对企业持有股权的大公司便成了母公司，被母公司控制和影响的各单位则成为子公司（指被绝对或相对控股的企业）或关联公司（被一般参股的企业）。子公司、关联公司和母公司一起构成了以母公司为核心的企业集团。控股型组织结构如图 7—8 所示。

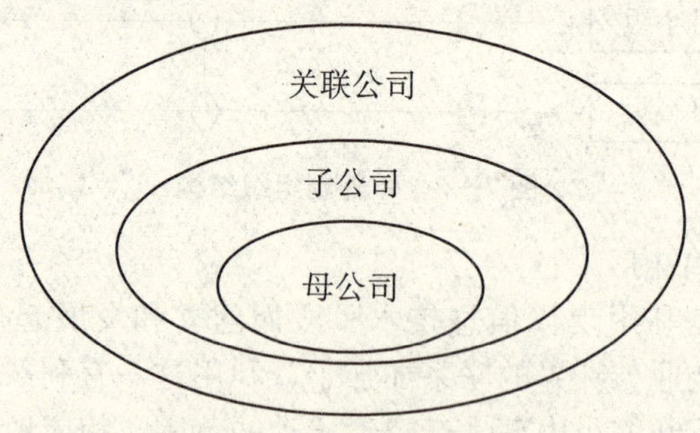

图 7—8 控股型组织结构

思考题

1. 组织工作的原则有哪些？

2. 如何进行职务设计？

3. 管理幅度与管理层次的关系如何？

4. 授权的原则有哪些？

5. 组织结构的形式有哪些？了解一下你所熟悉的企业采用何种组织结构，为什么采用这种结构。

案例分析题

王厂长的等级链

王厂长总结自己多年的管理实践，提出在改革工厂的管理机构中必须贯彻统一指挥原则，主张建立执行参谋系统。他认为，一个人只有一个婆婆，即全厂的每个人只有一个人对他的命令是有效的，其他的是无效的。如书记有什么事只能找厂长，不能找副厂长。下面的科长只能听从一个副厂长的指令，其他副厂长的指令对他是不起作用的。这样做中层干部高兴，认为是解放了。原来工厂有 13 个厂级领导，每个厂级领导的命令都要求下边执行，下边就吃不消了。王厂长说："一次有个中层干部开会时在桌子上放一个本子、一支笔就走了，散会他也没回来。事后，我问他搞什么名堂，他说有三个地方要他开会，你这里热，所以就放一个本子，以便应付另外的会。此事不能怨中层领导，只能怨厂级领导。后来我们规定，同一个时间只能开一个会，并且事先要把报告交到党委和厂长办公室统一安排。现在我们实行固定会议制度。厂长一周两次会，每次两小时，而且规定开会迟到不允许超过 5 分钟。所以会议很紧凑，每人发言不许超过 15 分钟，超过 15 分钟就停止。"

王厂长认为，上下级领导界限要分明。王厂长说："副厂长是我的下级，我作出的决定他们必须服从。副厂长和科长之间也应如此。厂长对党委负责，我要向党委打报告，把计划、预算、决算弄好后，经批准就按此执行。所以我跟党委书记有时一周一面也不见，跟副厂长一周只见一次面。我认为这样做是正常的。我们规定，报忧不报喜，工厂一切正常就不用汇报，有问题来找我，无问题各忙各的事。"

王厂长认为，一个人管理的能力是有限的，所以规定领导人的直接下级只有 5～6 人。王厂长说："我现在多了一点，有 9 个人（4 个副厂长，两个顾问，3 个科长）。这 9 个人我可以直接布置工作，有事可直接找我，除此以外，任何人不准找我，找我也一律不接待。"

问题：

1. 王厂长主张"一个人只有一个婆婆"，在理论上的依据是什么？在实践上是否可行？

2. 你怎样理解王厂长的"报忧不报喜"？你赞成吗？

3. 王厂长认为除直接下属外，"任何人不准找我，找我也一律不接待"。请说出赞成或反对的理由。

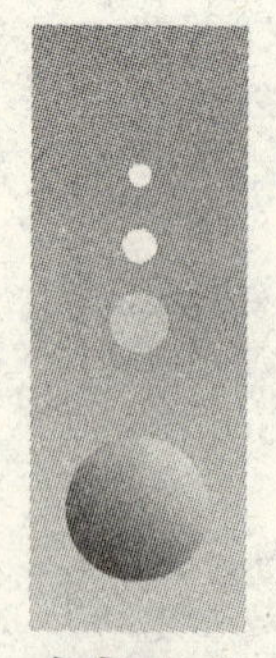

第八章　人力资源开发与管理

第一节　人力资本与人力资源

一、人力资本

人力资本是通过对人力资源投资而体现在劳动者身上的体力、智力和技能。按照舒尔茨（Theodore W. Schultz）的划分，人力资本有五种形式：

（1）健康保健。资本与投资行为是不可分的。经济行为人要提供劳动，必须有一个健康的身体，这是人力资本的基础。人们花在饮食、医疗上的费用可视为一种健康投资。

（2）由厂商进行的在职培训。这类培训通常是根据职业的需要进行的基本技能或特殊职业技能的培训。

（3）正规教育。正规教育、成人教育和在职培训，是最常见和最重要的人力资本形式，它们可以影响未来的货币和物质收入。

（4）成人教育。

（5）适应就业形式变化所引起的移民。劳动者花在为寻找工作或更好职位的劳动力流动上的费用，对劳动者来讲也是一种投资，这也是人力资本的最后一种形式。

二、人力资源

（一）人力资源的概念

人力资源是指能够推动整个经济和社会发展的劳动者的能力，即处在劳动年龄的已直接投入建设或尚未投入建设的人口的能力。一个企业的人力资源包括企业内所有的人，因此首先且必要的是对企业人力资源进行分类。

日本将企业人力资源分为五类：企业家——出色的企业领导人，具有远见卓识，有胆略、有魄力，而非目光短浅、斤斤计较；经营管理人员——一般的管理人员，主要是中低级的管理人员；专门人才——各种具有专门技术知识的人才，如会计师、经济师、工程师等；普通工人——生产工人；教师——日本企业非常重视职工素质的培训和提高，因此特别把教师也纳入企业人力资源的范畴。

（二）人力资源的特点

1. 能动性

这是人力资源区别于其他资源的最根本的区别。人力资源具有思想、情感和思维，具有主观能动性，能有目的、有意识地主动利用其他资源去推动社会和经济的发展，因而它在经济建设和社会发展中起到了积极和主导作用，其他资源则处于被动使用的地位。另外，人力资源还是唯一能起到创造作用的因素。由于人具有创造性思维的潜能，这种潜能可在两个方面发挥作用：一是人在社会和经济发展过程中往往能创造性地提出一些全新的方法，加速社会的进步和经济的发展；二是人能适应环境的变化和要求，担负起应变、进取、创新发展的任务，从而使组织更加充满活力。

人力资源的能动性体现在三个方面：

（1）自我强化：通过接受教育或主动学习，使得自己的素质（如知识、技能、意志、体魄等）得到提高。

（2）选择职业：在人力资源市场中具有择业的自主权利，即每个人均可按自己的爱好与特长自由地选择职业。

（3）积极劳动：人在劳动过程中，会产生敬业、爱业精神，能够积极主动地利用自己的知识与能力、思想与思维、意识与品格，有效地利用自然资源、资本资源和信息资源为社会和经济的发展创造性地工作。

2. 两重性

人力资源既是投资的结果，同时又能创造财富，或者说，它既是生产者，又是消费者。根据舒尔茨人力资本的理论，人力资本投资主要由个人和社会双方共同决定，包括用于对教育的投资、用于对卫生健康的投资和用于对人力资源迁移的投资，人力资本投资的程度决定了人力资源质量的高低。由于人的知识是后天获得的，为了提高知识与技能，必须接受教育和培训，必须投入财富和时间，投入的财富构成人力资本的直接成本（投资）的一部分。人力资本的直接成本（投资）的另一部分是对卫生健康和迁移的投资。另外，人力资源由于投入了大量的时间用于接受教育、用来提高知识和技能，而失去了许多就业机会和获得收入，这构成了人力资本的间接成本（即机会成本）。从生产与消费的角度来看，人力资本投资是一种消费行为，并且这种消费行为是必需的，先于人力资本收益的，没有这种先前的投资，就不可能有后期的收益。另一方面，人力资源与一般资本一样具有投入产出的规律，并具有高增值性。研究证明，对人力资源的投资，无论是对社会还是对个人，所带来的收益要远远大于对其他资源投资所产生的收益。舒尔茨用投资收益率法研究了美国 1929 年到 1957 年的经济增长贡献，结果表明，教育投资对经济增长率的贡献为33%。根据挪威1900年到1995年统计测算：对于固定资产、普通劳动者和智力投资的额度分别每增加1%，则与其相对应的社会生产量分别增加0.2%、0.76%和1.8%。

3. 时效性

人力资源存在于人的生命之中，它是一种具有生命的资源，它的形成、开发和利用都要受到时间的限制。作为生物有机体的人有其生命的周期，每个人均要经过幼稚期、青壮年期、老年期，由于每个时期人的体能和智能的不同，其各个时期的劳动能力各不相同，因而这种资源在各个时期的可利用程度也不相同。从个人成长的角度来看，人才的培养也有幼稚期、成长期、成熟期和退化期的过程，相应地，其使用则经历培训期、试用期、最佳使用期和淘汰期的过程，这是由于随着时间的推移，社会将不断进步，科学技术也将不断发展，这使得人的知识和技能相对老化而产生的结果。人力资源的开发与管理也必须尊重人力资源的时效特征。

4. 再生性

与物质资源相似，人力资源在使用过程中也会出现有形磨损和无形磨损。有形磨损是指人自身的疲劳和衰老，这是一个不可避免的、无法抗拒的损耗。无形磨损是指个人的知识和技能与科学技术发展相比的相对老化，我们可以通过一定的方式与方法减少这种损耗。物质资源在形成产品、投入使用并磨损以后，一般予以折旧，不存在继续开发问题。人力资源在使用过程中，有一个可持续开发、丰富再生的独特过程，其使用过程也是开发过程。人在工作以后，可以通过不断的学习更新自己的知识，提高技能；而且通过工作可以积累经验，充实提高。所以，人力资源能够实现自我补偿，自我更新，自我丰富，持续开发。这就要求人力资源的开发与管理要注重终身教育，加强后期培训与开发，不断提高其德才水平。

5. 社会性

由于每一个民族（团体）都有其自身的文化特征，每一种文化都是一个民族（团体）的共同的价值取向，但是这种文化特征是通过人这个载体而表现出来的。由于每个人受自身民族文化和社会环境影响的不同，其个人的价值观也不相同，他们在生产经营活动、人与人交往等社会性活动中，其行为可能与民族（团体）文化所倡导的行为准则发生矛盾，可能与他人的行为准则发生矛盾，这就要求人力资源管理部门注重团队的建设，注重人与人、人与群体、人与社会的关系及利益的协调与整合，倡导团队精神和民族精神。

第二节　人力资源计划

一、人力资源计划的定义和任务

（一）人力资源计划的定义

人力资源计划是根据企业的发展战略、企业目标及企业内外环境的变化，预测未来企业任务和环境对企业的要求，为完成这些任务和满足这些要求而提供人力资源的一个过程。如招聘计划、使用计划、培训计划、退休计划等。

这个定义包含三层含义：

（1）一个组织之所以要编制人力资源计划，主要是因为环境是变化的。没有变化就不需要计划。如企业规模扩大需要招募更多的员工，新技术的应用要求员工的素质有相应的提高。人力资源计划就是要对这些动态变化进行科学的预测分析，以确保企业在近期、中期和长期对人力资源的需求。

（2）人力资源计划的主要工作是制定必要的人力资源政策和措施。对人力资源供求的预测也是人力资源计划的工作，预测是分析问题和条件的过程，制定政策和措施才是解决问题的过程。

（3）人力资源计划的最终目标是要使组织和个人都得到长期的利益。

（二）人力资源计划的任务

1. 系统评价组织中人力资源的需求量

人力资源计划就是要使组织内外部人员的供给与一定时期组织内部预计的需求相一致。人力资源的需求量主要是根据组织中职务的数量和类型来确定的。职务数量指出了每种类型的职务需要多少人，职务类型指出了组织需要具备什么技能的人。一个组织在进行了组织设计之后，需要把组织的需求与组织内部现有的人力资源状况进行动态对比并找出预计的缺额。

2. 选配合适的人员

组织中的员工总是随着内外环境的不断变化而变动的。为了确保担任职务的人员具备职务所要求的基本知识和技能，必须对组织内外的候选人进行筛选。这就必须研究和使用科学的人力资源管理方法，使组织中所需要的各类人才得到及时的补充。

3. 制定和实施人员培训计划

培训既是为了适应组织内部变革和发展的要求，也是为了提高员工素质，实现员工个人职业生涯发展的要求。要使组织中的成员、技术、活动、环境等要素能更好地适应环境，就必须运用科学的方法，有计划、有组织、有重点、有针对性地对员工进行全面培训，以培养和储备适应未来要求的各类人才。

二、人力资源计划的步骤

人力资源计划的整个过程大致可以分成五个步骤：分析外部因素和内部因素；分析组织现有的人力资源状况；对组织的人力资源状况进行预测；制定人力资源计划；设置人力资源计划的反馈系统和控制系统。

总的来说，人力资源计划可以分成三个大步骤。

（一）评估现有的人力资源状况

这一步是通过工作分析法检查现有的人力资源状况，并制定出工作说明书和工作规范。前者说明了员工应该做哪些工作，如何做，为什么这样做，反映出工作的内容、工作环境以及工作条件等；后者说明了某种特定工作至少需要具备哪些知识和技能。

（二）评估未来人力资源状况

组织的目标与战略决定了对人力资源的未来需求。要使战略规划转化成具体的、操作性较强的人力资源计划，组织就必须根据组织内外资源的情况对未来人力资源状况进行预测，找出各时期各类人员的余缺分布。

（三）制定一套相适应的人力资源计划

对现状和未来人力资源需求作出评估之后，管理者就可以指定出一套与组织战略目标及其环境相适应的人力资源计划。当然，组织还必须对此计划进行跟踪、监督和调整，正确引导当前和未来的人才需求。另外，这一计划还需要与组织中的其他计划相互衔接。

三、人力资源计划编制的原则

人力资源计划的编制和组织执行不仅关系到人力资源本身的获得和利用，而且影响企业其他资源的利用效率；不仅关系到企业的生存和发展，而且直接关系到以企业为舞台的员工职业生涯的发展。因此，人力资源计划的编制需要遵循以下基本原则。

（一）既要保证企业短期自上而下的需求，也要能促进企业的长期发展

由于环境的变化，企业活动的内容和方式也在不断变化。因此通过人力资源计划的编制和组织实施，不仅要确保组织获得必要的人力资源，使组织的每项活动都有符合相关要求的人去从事，从而保证组织目前活动的顺利进行，而且要为组织的未来发展准备人才力量，特别是准备干部力量。

随着组织规模的不断发展、活动的日趋复杂，企业管理的工作量将会不断扩大，从而对管理人员的数量和质量要求都将不断增加。因此，要通过人力资源计划的编制和组织实施来保证组织中干部队伍的补充和管理者素质的不断提高。

（二）既要能促进员工现有人力资源价值的实现，又要能为员工的长期发展提供机会

员工是企业人力资源的基本构成要素，企业是员工参与社会活动、实现个人社会价值的基本舞台。从满足员工个人需求的角度去考察，企业人力资源计划的编制和组织实施，不仅要使企业人力资源的现有价值得到充分实现，而且要为人力资源未来在企业、甚至在社会的发展创造条件。因此，人力资源计划的编制和组织实施既要注意现有人力资源条件的充分运用，使每一个人都去从事与其个人特点相吻合的工作，而且要在使用中为他们提供提高和完善自己的机会。

实际上，正确地使用人力资源并为员工提供充分的发展机会，不仅可以充分满足组织成员的个人需要，还可以维持员工对企业的忠诚，提高员工在参与组织活动过程中的工作积极性，减少员工的流动。

人才流动对个人来说可能是重要的，它可以使人才通过不断的尝试，找到最能发

挥自己的才能、给自己带来最大利益的工作。但是对整个组织来说，人才流动虽有可能给企业带来“输入新鲜血液”的好处，但其破坏性可能更甚：人员不稳定，职工离职率高，特别是优秀人才的外流，往往让组织多年的培训费用付之东流，而且可能破坏组织的人事发展计划，甚至影响企业在发展过程中的干部需求。因此，要通过人力资源计划的编制和组织实施，使每个员工都能在组织内部看到目前自身价值充分实现、未来素质不断提高的发展机会，从而稳住人心、留住人才，维持成员对组织的忠诚，使符合职位需求的人得到识别及合理的调整，最终实现人与工作的动态平衡。

第三节　人员的招聘与甄选

一、员工招募的程序设计

员工招募是企业根据其人力资源规划所确定的人员需求。通过多种渠道，利用多种手段，广泛吸引具备相应资格的人员向本企业求职的过程，这一过程直接影响着企业人力资源配置方面的成本与效益，影响着甄选工作的难度、工作量以及成效，同时也影响着企业人力资源的整体素质。因而，对于这个过程的每一个环节都应给予相当的重视。

（一）制定招募计划

员工招募与甄选工作开始于组织中各工作岗位的职位空缺，由此而提出人员的增补需求。通常，人员的增补需求与组织的人力资源规划是直接相关的。通过对组织的人力资源进行规划，才能够准确地把握有关组织对各类人员的需求信息，确定招募人员类型、数量及时间。

（二）落实招聘组织

对于许多企业来说，大规模的招募是同期性或临时性的工作，因此有必要组成专门班子，并对组成人员进行必要的培训，使他们掌握招募政策及必要的招募技巧。另外，还要明确招募选拔中的技术责任及决策责任。

（三）寻找、吸引求职者

根据招募计划确定的策略开始正式的招募工作，这一工作又分为以下几个步骤：

（1）确定招募对象；

（2）选定招募渠道；

（3）准备企业的介绍材料及招募要求；

（4）与求职者直接或间接联系，分发企业介绍材料及求职申请表，并告之进一步联系方式；

（5）回收求职申请表。

二、员工招募的渠道

员工招募可以通过向内招募和向外招募两种渠道来进行，这两种渠道各有优劣，具体比较如表 8—1 所示。

表 8—1　向内招募与向外招募比较

	长处	短处
向内招募	1. 员工熟悉企业； 2. 招募和培训成本较低； 3. 提高现任员工士气和工作意愿； 4. 成功机会率与能否有效地评估员工能力和技术有必然的关系。	1. 引起员工为晋升而尔虞我诈； 2. 员工来源偏窄； 3. 不获得晋升者可能会士气低落。
向外招募	1. 引入新的理念和方法； 2. 员工在企业新上任，凡事可从头开始； 3. 引入企业没有的知识和技术。	1. 新聘员工不适应企业环境； 2. 降低现任员工的士气和投入感； 3. 新旧员工之间互相适应期限较长。

（一）向内招募

向内招募即优先向企业现有员工传递有关职位空缺信息，吸引其中具备相应资格且对职位感兴趣者前来应聘。向内招募应遵循公开、公正的原则，使每一个员工感到自己有被提升的机会，从而发挥出向内招募的优势。企业在内部寻找合适的人才，可以采用以下三种方法。

1. 布告法

布告法是在企业的布告栏、宣传栏或其他引人注目的地方，张贴有关职位空缺和应聘信息等内容的告示，以吸引企业现有人员前来应聘。采用这种方法可以使企业现有员工感到企业在招募员工这一点上的透明度与公平性，使他们认识到只要有能力，便不会被埋没，总有被提升的机会。因而有利于提高员工士气，培养他们积极进取的精神。但在使用布告法时应注意：

（1）告示必须贴在引人注目之处；

（2）向内招募告示的张贴时间应早于向外招募时间（一般至少应早 1 周），使内部人员感受到这种优先权；

（3）告示应详细说明职位对任职者的要求，以及录用所遵循的规则和标准等；

（4）一旦作出录用与否的决定，应立即通知应聘者本人，以便尽早消除由盲目等待而可能产生的对现任工作有不良影响的焦躁情绪。

2. 推荐法

推荐法是由本企业员工根据企业需求推荐其熟悉的、可以胜任某项工作的人员供企业人力资源部门考核。采用这种方法时，由于推荐者本人对被推荐者较熟悉，对空缺职位的要求也较了解，因而成功的可能性较大。

推荐法可用于向内招募，也可以用于向外招募。一般来说，向内招募使用这种方法时，往往是上级推荐下级。采用推荐法应注意的一点就是不能讲人情、看关系，而要任人唯贤。

3. 档案法

档案法是从人力资源部门备有的员工个人资料档案中，查看企业现有员工的教育、培训、经验、技能、绩效等情况，以帮助确定符合空缺职位要求的员工。采用档案法时要注意：

（1）档案中的个人资料必须可靠，并尽可能详细，而且要对其不断加以补充；

（2）确定人选后，要征求本人意见，看其是否对新职位感兴趣；

（3）档案法和布告法及推荐法联合使用时，往往可以起到互补作用，因而效果更佳。

（二）向外招募

向外招募的方法有很多，企业要全面比较、分析，选择适合本企业的招募方法。

1. 自荐

自荐是指自荐者自己到企业所在地作出申请或邮寄履历自荐。对于自荐者，企业应礼貌接待，最好让人力资源部门安排简单的面谈；对于其询问信，企业应给予礼貌而及时的答复，这不仅是对自荐者的尊重，而且有利于树立企业的声誉和今后开展业务。

2. 经人引荐

企业的员工、企业上级主管机关的工作人员以及关系单位的主管等都可以成为引荐人，而从应聘者的角度来说，引荐者通常是亲友师长。

采用这一方法，应聘者可以从引荐人那里对企业有所了解，而另一方面，企业也可以从引荐人那里了解有关应聘者的许多情况，从而节省了部分招募程序和费用，而且采用这一方法，可以获得通过其他方法较难得到的某些专业技术人员。但是，引荐录用的人多了，容易形成“帮派”及团体或裙带关系网，造成管理上的困难；由于是引荐的原因，可能会给甄选、录用决策带来顾虑，有可能失去公正性。

3. 广告招募

广告是最常用、最简单且信息传播最广泛的招募手段，它以报纸、电视、广播、杂志、网络以及街头墙报为媒介，进行广泛宣传，从而吸引求职者。广告的信息扩散面大、传播速度快，可以吸引较多的求职者，因而备选比率大。而且广告可以使求职者事先对本企业的情况有所了解，减少盲目应聘。但是，使用广告招募时，有吸引力的职位可能有很多应聘者，从而会增加接待、选拔的工作量及费用。

4. 校园招募

大学校园是管理人才、技术人才的主要来源。在设计校园招募活动时，学校的选择是需要考虑的一个重要问题。学校的选择会受到本企业的规模、财务实力以及所需员工的类型等因素的影响，这里需要注意的是：最著名的学校并不一定是最理想的招募来源，因为这些学校的毕业生一般自视很高，不愿承担具体而烦琐的工作，这会在很大程度上妨碍他们对经营的理解和管理能力的提高。

采用校园招募这一做法时，企业人力资源管理部门可以与一些学校保持较密切的联系，及时掌握专业设置和毕业生情况，定期到校园开展人才招募活动；也可以通过资助或全部负担人才培训费用的方式，将本企业所需专业的一些在校生变为委托代培生；还可以通过为即将毕业的大中专学生提供实习场所和机会的方式进行校园招募。

5. 到劳务市场和人才交流中心招募

劳务市场和人才交流中心这两个场所较为固定，因而会有大量无工作人员或虽有工作但对现任工作不满的人员在此寻找机会，长期在此登记注册、设有广告宣传等的企业一般可以找到合适的人选。

6. 委托职业介绍机构

职业介绍结构是专门从事人才流动中介工作的机构，因而其联系面较广，掌握的信息也较多。委托职业介绍机构招募，企业要支付一定的费用，但这种方法简单、快捷，企业可以马上找到所需的人才，与由企业自己组织招募活动所需投入的人力、物力、财力相比，招募成本相差不大，而且效果更好。

7. 猎头公司

猎头公司是一种与职业介绍机构类似的就业中介组织，它专门为雇主“搜捕”和推荐高级主管人员和高级技术人员。猎头公司的联系面很广，而且它特别擅长接触那些正在工作并对更换工作还没有积极性的人。猎头公司可以帮助企业的最高管理当局节省很多招募及选拔高级主管等专门人才的时间。但是，用人单位要支付很高的费用，一般为所荐人才年薪的1/4到1/3。

三、员工甄选的程序设计

一般而言，员工的甄选可以同时在两条线路上开展，一是在企业内部进行人员调整，最大限度地发挥企业现有人力资源的潜力，二是从企业外部吸收适合企业需要的人才。从控制人力成本费用和发挥现有人员的工作积极性这两个角度考虑，企业内部的人员调整应先于组织外部的选拔工作。特别是对高级职位或重要职位的人员甄选工作更是如此。但无论是采取哪一条线路，都基本遵循如下的甄选程序。

（一）应聘材料审查

通过对应聘者各种申请材料和推荐材料的审查，可以对该应聘者有一个较为全面、完整的了解，并有助于推测出他适应未来工作的可能性。

（二）甄选测试及面试

甄选测试内容包括知识、技能及心理等方面，目的是通过测试初步评估应聘者的工作能力。面试方式是整个甄选过程中最重要，也是最有效的一环，它对于较真实、直观、准确地收集应聘者的信息非常重要，且面试的结果对于决策者的行为有很大影响。

（三）体检

对于初步确定录用的应聘者进行身体检查，以确定其一般健康状况，是否有慢性病或职务所不允许的生理缺陷。员工的身体素质对将来的工作影响很大，一名身体素质好的员工更能发挥出自己的能力，而体弱多病或者英年早逝对企业的损失则是很大的。

（四）录用人员岗前培训

经测试、面试和体检合格者成为企业的试用员工。在试用员工上岗之前，要对他们进行多种形式的岗前培训，以使他们充分了解企业和工作岗位的状况。必要时，岗前培训也包括有关知识、技能和各种能力培训的内容。

（五）试用期考察

这一阶段的主要目的是通过工作实践，考察试用员工对工作的适应性，同时，也为试用员工提供进一步了解企业及工作的机会。实际上，这一阶段是企业与员工的又一次双向选择，双方不受任何契约的影响。

（六）试用期满进行任职考核

对试用期满员工的工作绩效和工作适应性进行考察评价，经考核合格正式录用为组织的员工，双方签订劳动合同或其他形式的契约。

（七）上岗任用

至此已完成员工招募与甄选工作的全部操作，为企业挑选出所需要的人才。

第四节　员工培训

一、员工培训的概念

培训是通过有计划、有组织的教学或实验的方式，使员工在知识、技能和工作态度等方面有所改进，以达到企业的工作要求的活动。从根本上看，培训是一个学习过程。培训的目的在于改进培训项目中强调的知识、技能和态度，以满足企业现在和将来的工作要求，实现企业的目标。

二、员工培训的作用

从人事管理到人力资源管理的转变，不仅为培训提供了特殊的机会，而且导致对其作用的重新定位和重新定义。凡成功企业基本上都能抓好培训工作，并将培训视为企业成功的重要因素，原因在于培训确实对企业的发展起到了促进作用。

（一）提高工作绩效

有效的培训能够使员工增进工作中所需的知识和能力，使员工更好地融入本企业的文化中，而这一切使得他们能以更少的失误、更高的效率完成任务，从而提高工作的绩效。同时，有效的培训会促进员工之间的协作和配合，这也能提高工作的绩效。

（二）提高满足感和安全水平

培训对提高员工的满足感和安全水平有着正面的作用。经过培训之后，员工在技术技能、解决问题的能力、人际交往能力等方面都有所提高，因而其自信心也会增强。同时，培训也意味着对员工的关心和重视，意味着员工暂时不会有被辞退的危险，这又促使员工的士气和安全水平的提高。

（三）建立优秀的企业文化和形象

建立优秀的企业文化很重要，因为这可成为达到企业目标的重要决定性因素。培训能使员工对企业使命、企业目标、价值观和行为有更好的理解，同时培训人员可在培训中对企业文化进行比较，寻求更适合本企业的文化和形象。

三、员工培训的种类

在一个企业里面，培训是一个复杂的系统，而这个系统是由不同种类的培训所组成。下面，我们根据不同的划分方式将培训划分为不同的种类，以便更好地理解和开展培训工作。

（一）根据培训的方式划分

根据培训方式的不同，可以将培训分为正式培训和非正式培训两大类。

1. 正式培训

正式培训又叫离岗培训或离职培训，是指让员工离开自己的工作岗位去接受有组织、有指导的培训的培训方式。这种正式培训可以是企业自己组织的，也可以委托其他培训代理机构或院校组织。根据培训时间安排，正式培训又可分为全日式、兼日式和兼时式培训三种。

2. 非正式培训

非正式培训又叫在岗培训或在职培训，是指让员工在工作场所或完成工作任务过程中接受培训的培训方式。这种培训方式可以将学习和运用直接结合起来，学习效果较明显，并且培训成本较低，因而得到广泛应用。

（二）根据培训的对象划分

根据接受培训的对象的不同，可以将培训分为新员工培训、操作人员培训、专业技术人员培训和管理人员培训四种。在制定培训方案时，我们应根据接受培训对象的不同来选择恰当的培训方法和合适的培训内容。

（三）根据培训的组织者划分

根据培训的组织者不同，可以将培训划分为企业内培训和企业外培训两种。

1. 企业内培训

企业内培训是指由本企业自己组织的对员工的培训。这种培训一般是由企业的人力资源管理部门或专门的培训部门组织，培训老师既可以是企业内部的人员，也可以聘请企业外的人员。

2. 企业外培训

企业外培训是指由本企业以外的机构组织的对员工的培训。这种培训可以采用委托社会培训机构代理的方式，也可以采用将员工送到有关院校学习或外出参观学习等方式。

四、员工培训的责任

培训的责任应由最高管理层、人力资源部门、直属上司和员工四方面分担。

（一）最高管理层

取得最高管理层的支持是非常重要的，因为培训方案若得不到最高管理层的了解和支持，其带来的改善是有限的。最高管理层应作出战略上的决策，即提供培训的总体政策和程序，使培训方案能被有效地推行；还应提供行政上的监管，确保有关人员积极配合培训方案。此外，最高管理层应营造合适的企业文化，使培训工作得以开展和落实。

（二）人力资源部门

对员工进行培训是人力资源部门的职能之一，其可派出内部人员或聘请培训专家对员工进行培训。无论是何种情况，人力资源部门都必须提供支援，以专业知识和经验，协助培训人员进行培训工作，包括对有效运用资源及培训方案提供协助。

（三）直属上司

员工的直属上司和企业较上层的管理人员有责任确保培训工作的顺利进行。直属上司对员工具有最大的影响力和主动权，他们应鼓励员工自我发展，并安排时间让他们去实践自我发展。事实上，整个企业都有责任营造员工自我发展的文化和提供自我发展的资源，鼓励员工的自我发展。

（四）员工

员工也应负有培训的责任。培训工作的成效，不但与上面所说的三方面直接有关，而且在更大程度上取决于员工的积极性与配合程度。作为员工，应对自我发展感兴趣，善于利用培训的机会开拓和发展自身的知识及能力。

五、员工培训的过程

培训是一个过程，要经过不同的步骤和程序，才能达到培训的目的。企业根据本身的目标、策略、文化和人力资源策略等，决定需要员工的种类和行为态度，并按此拟订培训计划。理想地说，任何一个培训计划都由四个步骤构成，如图 8—1 所示。

培训需要的确认即培训目标的确定。在拟定培训方案时，应包括培训的时间、目标、内容、方法和预算等。第三步——执行过程则是对第二步具体内容的实际应用，

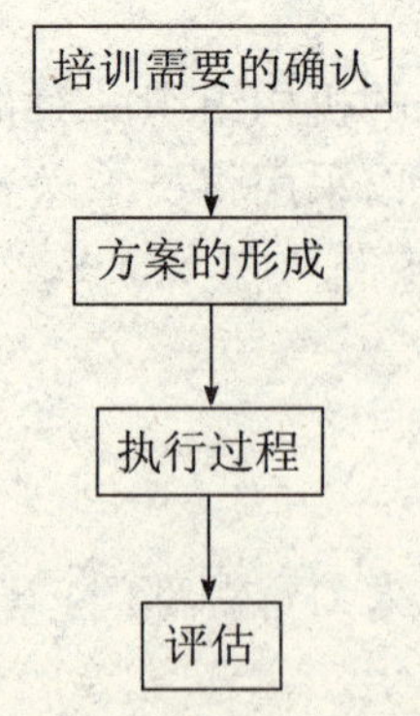

图 8—1 培训计划的步骤

也是最关键的一步。评估不仅包括对受训员工受训前后的工作绩效进行比较，也包括对培训计划整体策略的成效评估。作出两个不同层次的评估的作用是将个别项目的培训与总体培训的计划紧密联系起来，以及将总体计划和人力资源策略联系起来。

第五节 绩效评估

一、绩效评估的内涵

绩效评估是指按照事先制定的标准对员工的工作行为、表现及其结果所进行的评估，它可以是正式的，也可以是非正式的。

非正式的绩效评估在企业中是一直存在的，如管理人员一般都会监控员工的工作方式，并评定该种工作方式是否符合企业的需求；他们认识到员工对企业的价值，并努力使员工对企业的贡献达到最大化。尽管这些非正式的评估程序非常重要，大多数企业还是会在一年中对本企业进行 1～2 次或者更多次正式的绩效评估，这也正是我们所研究的重点。

正式的绩效评估一般是指通过运用科学的考核标准和方法，对员工的工作绩效进行定期的评估，从而全面了解员工完成工作的情况，发现其不足和存在的问题，并提出相应的改进措施。

二、绩效评估的用途

绩效评估可以有多方面的用途，这些用途对企业和被评估的员工双方都是有益的，如绩效评估可为员工与上司提供定期讨论绩效和绩效标准的机会。通常认为，绩效评估的用途主要体现在以下几个方面。

（一）绩效评估是任用员工的依据

员工任用的原则是因事择人、用人所长和容人之短。绩效评估通过对员工的素质、知识、技能、工作能力、思想品质等各个方面进行评估，能较全面地了解员工，从而为员工的任用提供充分而可靠的信息，确保用人得宜。

（二）绩效评估是员工调配和升迁的依据

管理者通过绩效评估了解了员工的工作状态和人事配合的程度，可以作出员工调配的决定。此外，全面、严格和客观的绩效评估，能充分反映出员工在过去所取得的业绩和能力的提高，从而能为员工职位的升迁提供依据。

（三）绩效评估是员工培训的依据

员工培训是企业为适应当前工作需要，针对员工的短处，使员工进行补充学习和训练的一种活动。在进行培训前，企业需要通过绩效评估了解员工的素质、知识、能力、长处、短处等，并以此作出培训决定，确定培训的内容及受训人员。在培训结束后，通常又需要通过绩效评估来判断培训效果及整个培训的成功与否。

（四）绩效评估是确定薪酬的依据

这是绩效评估最为典型的应用。因为绩效评估可以用来衡量员工的工作量和素质，这就为确定薪酬提供了合理的决策依据和基础。

（五）绩效评估是员工激励的途径

奖励和惩罚是激励的主要内容，奖罚分明是人力资源管理的基本原则。科学和严格的绩效评估，可以作为奖罚的依据。此外，绩效评估也是一种激励的手段，通过绩效评估来肯定工作成绩和长处，可以鼓舞人心；通过绩效评估指出缺点和不足之处，能对员工起指导作用。

总体上说，上述用途或是管理方面的，即绩效评估可以为人力资源管理活动的各个层面提供服务；或是发展方面的，即绩效评估可以为评价个人优缺点和提高工作绩效提供一个反馈渠道。过去，在绩效评估中，管理方面的目的得到较多重视，以至于发展方面的目的被忽视；现在，新的绩效评估方法更注重于为员工制定培训、发展和成长计划。为发展的目的而制定的绩效评估方法认为，经理人员的任务是改善员工的工作方式，而不仅仅是评价员工过去的业绩；相应的，经理人员不应该仅仅是一个法官，而更应该像一个教练。

三、绩效评估的内容

绩效评估的内容有许多不同的表述，不同大多是缘于人们不同的分析视角。按照传统的情况，管理者是在分析影响工作绩效因素的基础上确定绩效评估内容的，被列入评估内容的通常包括以下三个因素：

（1）员工工作态度。工作态度是工作能力向工作成果转化的“中介”。具有较高的能力，但没有作出出色的成果，那可能是工作态度有问题。因此，绩效评估应当将员工工作态度列在评估之内。

（2）员工工作能力。员工工作能力大小是关系员工绩效好坏的一个重要方面，一般来说，能力强的员工担任的工作责任和难度也会更大。因此，工作能力也应纳入绩效评估内容之列。而对不同岗位而言，所要求的能力也是不一样的。

（3）员工工作绩效。员工工作绩效是绩效评估的中心内容。工作绩效是员工的工作成果和工作效益，包括工作的数量、质量、效率和效益等。工作绩效是对一个员工所在的岗位而言的，是对员工履行岗位职责的结果进行评估。

这种传统的评估内容表述容易理解，在我国也得到普遍使用。我们还常常听说或使用另外一种表述，即将评估内容表述为德、能、勤、绩四个方面，它实际上是将工作态度一个因素分为德、勤两个因素，所以它与前一种表述并没有什么实质性的区别，只不过是前一种表述的变形而已。

有关绩效评估内容新的、不同于传统的分析则集中于对绩效本身内涵的挖掘方面，这方面一个有代表性的成果是摩托瓦德罗（Motowidlot）和斯考特（Van Scotter）提出的有关绩效的模型。在这一模型中，绩效被分为任务绩效和周边绩效两个方面。任务绩效是与具体职务的工作内容密切相关的，同时也和个体的能力、完成任务的熟练程度、工作知识密切相关的绩效；周边绩效是与绩效的组织特征密切相关的，它的内涵相当宽泛，包括人际因素和意志动机因素，如保持良好的工作关系、坦然面对逆境、主动加班等。这一模型还进一步地将周边绩效分为人际促进方面和工作投入方面：人际促进是有意增进组织内人际关系的行为，能够提高员工士气，鼓励合作，消除阻碍绩效的因素，帮助同事完成他们的工作；工作投入是以自律性行为为中心的，例如遵守规定、工作努力、首创精神等，它含有很大的动机成分，也含有大量的意志因素。

上述有关绩效的研究成果很有价值，并且已被国内外一些优秀的企业在实际的绩效评估活动中采用。国内的一个例子是联想公司，该公司员工绩效评估内容分为业绩和工作表现与能力两个方面，前者是按所制定的具体工作目标进行评估，后者则按五个分项进行评分。这五个分项分别是严格认真、主动高效、客户意识、团队协作和学习总结。不难看出，联想公司绩效评估内容中的业绩就是指任务绩效，工作表现与工作能力就是周边绩效，显然，联想公司根据自身的发展需要对周边绩效内涵进行了严格的界定和高度的概括。

思考题

1. 不同层次的管理人员应具有哪些基本素质？
2. 试比较管理人员内部晋升与外部招聘的优点和局限性。
3. 员工培训的目的是什么？
4. 员工培训的方法有哪些？

案例分析题

福特汽车公司

亨利·福特二世对于职工问题十分重视。他曾经在大会上发表了有关此项内容的讲演：“我们应该像过去重视机械要素取得成功那样，重视人性要素，这样才能解决战后的工业问题。而且，劳工契约要像两家公司签订商业合同那样，进行有效率、有良好作风的协商。”

亨利二世说到做到，他启用贝克当总经理，来改变他在接替老亨利时，公司职员消极怠工的局面。首先贝克以友好的态度与职工建立联系，使他们消除了怕被“炒鱿鱼”的顾虑，也善意批评他们不应该消极怠工，互相扯皮。为了共同的利益，劳资双方应当同舟共济。他同时也虚心听取工人们的意见，并积极耐心地着手解决一个个存在的问题，还和工会主席一道制定了一项“雇员参与计划”，在各车间成立由工人组成的“解决问题小组”。

工人们有了发言权，不但解决了他们生活方面的问题，更重要的是对工厂的整个生产工作起到了积极的推动作用。兰吉尔载重汽车和布朗Ⅱ型轿车的空前成功就是其中突出的例子。投产前，公司大胆打破了那种“工人只能按图施工”的常规，而是把设计方案摆出来，请工人们“评头论足”，提出意见，工人们提出的各种合理化建议共达749项，经研究，采纳了其中542项，其中有两项意见的效果非常显著。在以前装配车架和车身时，工人得站在一个槽沟里，手拿沉重的扳手，低着头把螺栓拧上螺母。由于工作十分吃力，因而往往干得马马虎虎，影响了汽车质量，工人格莱姆说：“为什么不能把螺母先装在车架上，让工人站在地上就能拧螺母呢?”这个建议被采纳，既减轻了劳动强度，又使质量和效率大为提高。

另一位工人建议，在把车身放到底盘上去时，可使装配线先暂停片刻，这样既可以使车身和底盘两部分的工作容易做好，又能避免发生意外伤害。此建议被采纳后果然达到了预期效果。正因为如此，他们自豪地说：“我们的兰吉尔载重汽车和布朗Ⅱ型轿车的质量可以和日本任何一种汽车一比高低了。”为了把“雇员参与计划”辐射开来，福特还经常组织由工人和管理人员组成的代表团到世界各地的协作工厂访问并传经送宝。这充分体现了员工参与决策的重要性。

一、团结一致共建福特

20世纪70年代到90年代，日本汽车大举打入美国市场，势如破竹。1978—1982年，福特汽车销量每年下降47%。1980年出现了34年来第一次亏损，这也是当年美国企业史上最大的亏损。1980—1982年，三年亏损总额达33亿美元。与此同时工会也是福特公司面临的一大难题，十多年前，工会工人举行了一次罢工，使当时的生产完全陷入瘫痪状态。面对这两大压力，福特公司却在5年内扭转了局势。原因是从1982年开始，福特公司在管理层大量裁员，并且在生产、工程、设备及产品设计等几个方面都作了突破性改革，即加强内部的合作性和投入感。

鉴于福特员工一向与管理层处于对立状态，对管理层极为不信任，因而公司管理层把努力团结工会作为主要目标，经过数年努力，将工会由对立面转为联手人，化敌为友，终于使福特有了大转机。

目前，福特公司内部已形成了一个“员工参与计划”。员工投入感、合作性不断提高，福特现在一辆车的生产成本减少了195美元，大大缩短了与日本的差距，而这一切的改变就在于公司上下能够相互沟通，内部管理层、工人和职员改变了过去相互敌对的态度。领导者关心职工，也因此引发了职工对企业的“知遇之恩”，从而努力工作促进企业发展。从亨利二世重振雄风的事例中我们也可以得到许多关于职工管理的启示。

（一）尊重每一位职工

这个宗旨就像一条看不见的线，贯穿福特公司的管理活动之中，同时也贯穿企业领导的思想，这个基本信念对于其他任何企业领导来说都是不能忘记的，不但不能忘记，而且还应该扎扎实实地将它付诸实施。如果口是心非，受到惩罚的不是别人，只能是企业本身。

“生产率的提高，不在于什么奥秘，而纯粹是在于人们的忠诚，他们经过成效卓著的训练而产生的献身精神，他们个人对公司成就的认同感，用最简单的话说，就在于职工及其领导人之间的那种充满人情味的关系。”

这段话揭示了这样一点：“人是最宝贵的资源，对人尊重使工作成为一种新型的具有人情味的活动——爱你的职工，他会加倍地爱你的企业。”

尽管绝大多数经理都能够意识到人的重要性，但在现实中并不是绝大多数的经理都能真正地尊重人，尽管有些是他们无意识的行动。那么，怎样才算是尊重人呢？我们从福特公司所获得的巨大成功中，大致可以发现一些适合于所有企业的一般性原则。

1. 要使职工真正地感到自己是重要的

在人类社会中，每一个人都是重要的，在企业中也并不例外。因此，企业领导不论是在制定计划还是在日常的交往中，都必须发自内心地记住这一定义，并且要把这一定义处处体现在自己的行动上。

贝克经理在谈到自己对于职工的态度时说：“当我每次看到某个人的时候，我都要一丝不苟地对待他，使他认识到自己的重要性。心不在焉只会给他带来伤害。”所以他在与工人相处时，都以友好、平等的态度来倾听他们的谈话，帮助他们解决各种困难。这样一来，职工们会以更加高昂的士气去工作。

俗话说得好，人心都是肉长的。一个人对那些对自己友好并尊重自己的人，是不会以怨报德的。这样一来，企业就会招揽更多的人才。一个会揽才的企业，总会比只知对财、物斤斤计较的企业更兴旺发达的。

2. 要认真倾听职工意见

工作在装配线上的工人们由于天天与生产线接触，因而，往往比领导更熟悉生产情况，他们完全可能想到经理们所想不到的意见来提高劳动生产率。此时，领导是否能够倾听工人意见便至关重要。

如果当职工来找你谈关于公司生产经营等方面的建议，或其他有关企业的事宜而被你拒绝的话，则会使他（她）的自尊心受到伤害，从而对工作感到心灰意冷，最终影响企业劳动生产率。特别是青年人，往往会因为受到上级的责难怀恨在心而怠工，生产次品来进行报复。

所以作为一个企业领导，即使不从人情的角度来考虑，也应当从企业经济效益得失的角度考虑，认真倾听职工的意见。“士为知己者用”，如果连坐下来听听对方的谈话都做不到，那就更说不上使人才为你所用了。

3. 对每一位职工都要真诚相待，信而不疑

这与上面谈及的对高层领导人员用人不疑、大胆放权是如出一辙的，人与人之间最宝贵的是真诚。只有建立在彼此推心置腹、真诚相待、信而不疑基础上的友谊，才能经得起考验。管理人员要是真正尊重职工，就必须和职工建立起这种经得起考验的友谊。但要做到这一点，并不是一件很容易的事，这要求管理者无论身居何职都要坚持不耻下问，与部属兄弟般相处。

福特公司曾经向职工公开账目，这一做法使职工大为感动。实际上这种做法对职工来说无疑产生了一种强大的凝聚力，它使职工从内心感到公司的盈亏与自身利益息息相关，公司繁荣昌盛就是自己的荣誉，分享成功使他们士气更旺盛，而且也会激起他们奋起直追的感情。这就是坦诚相待的妙用。

（二）全员参与生产与决策

这是福特公司在职工管理方法中最突出的一点。公司赋予了职工参与决策的权利，缩小了职工与管理者的距离，职工的独立性和自主性得到了尊重和发挥，积极性也随之高涨。“全员参与制度”的实施激发了职工潜力，为企业带来巨大效益。“参与制”不仅在福特公司，而且在美国许多企业，以至世界各地使用和发展着，实践证明：一旦劳动者参与管理，生产效率将成倍提高，企业的发展将会获得强大的原动力。

“参与制”的最主要特征是将所有能够下放到基层的管理权限全部下放。对职工报以信任的态度并不断征求他们的意见。这使管理者无论遇到什么困难，都可以得到职工的广泛支持。那种命令式的家长作风被完全排除。

同时，这种职工参与管理制度，在某种程度上缓和了劳资间势不两立的矛盾冲突，改变了管理阶层与工人阶级泾渭分明的局面，大大减轻了企业的内耗。

如今是企业分权、授权与自由的时代，我们更应该紧握时代的脉搏，给职工权利，赋予义务，从而获得更多的支持与帮助。

二、造就新一代汽车工人

人才是成就事业的支柱，没有人才就是空谈。在当今新技术革命中，世界各国之间，或一个国家各企业间竞争的焦点已经集中在人才上。这里的人才不仅仅指高水平的专业人才，而且也有一大批作为生产基础的高素质职工队伍。所以福特公司期望在今后10年内更换50%的工人，这些工作将由受过高等教育而又干劲十足的人担任。

当福特公司决定招聘工人时，应聘者趋之若鹜，远高于计划招聘人数，面对众多应聘者，福特公司采取了雇员筛选法，应聘者参加了3个小时的考试。这些考试包括数字、阅读技术材料并回答问题，在各种手艺测验中选择一项。随后在分数较高而且有扎实工作经验的1 000名应聘者中进行初选。至少由两名公司雇员对候选人进行面试，选择最有前途的求职者。最后，候选人还必须通过吸毒检查和体检，由医生确定，他们是否能胜任工作。

由于福特公司注意网罗受到过高等教育的人员，因此其新工人的整体情况呈现出受过高等教育的人的比例上升的趋势。上过大学的约占1/3，有4年本科学位的约占4%，都高出原有工人的比例。

制造业现在也不像过去那样被人瞧不起，不少受过高等教育的人也乐意在组装线上拧螺丝。例如，威廉·沃德是一个获得历史学位的大学毕业生，却进入了福特公司的一个装配厂，虽然现在福特公司不指望雇用的新工人都是大学毕业生，但他们在工厂不断发展之际无疑想招聘到一些可以节省培训和再培训费用的工人。

同时福特公司正大幅度裁减管理人员，让工人自己负起某种责任，并且重新改进生产程序和改进产品。无疑，在此方面，教育程度高的人具有一定优势。

受过更高教育的人进入福特公司显示着新一代美国汽车制造工人正在出现。对于造就新一代工人队伍这一方面，公开招聘、严格筛选是应该令我们注意的。公开招聘制度是对人事管理上的权力主义、官僚主义的一种冲击和抑制，也是对个人主动精神的激励。

从以上对福特公司人事管理的分析中，我们可以看到，能否采用正确的用人之道是一个企业成败的关键所在，管理不善是最大的浪费，即使拥有最先进的科学技术，也不能发挥作用，所以我们必须从正确的人力资本的角度看问题，组织和管理好人才，只有这样，才能保证我们的事业欣欣向荣。

问题：

1. 福特汽车公司在人力资源管理上有哪些好的做法？

2. 福特汽车公司的做法符合人力资源管理的哪些基本原理和理念？

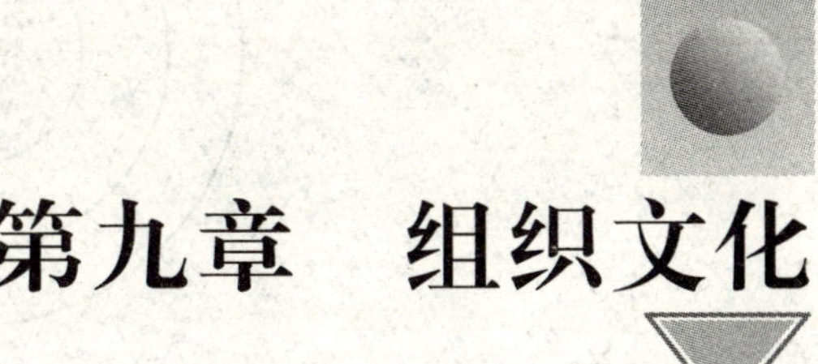

第九章　组织文化

第一节　组织文化概述

20 世纪 80 年代以来，管理理论发展的显著特点是对组织中的人有了更深刻的认识，把人在组织中的作用提高到前所未有的重要地位。组织文化是伴随着管理理论和相关学科，如人类学、心理学等研究的发展，而逐步形成的多学科研究的内容。从科学管理到文化管理是管理上的又一次飞跃。

一、组织文化的概念

针对组织文化的概念，国内外学者都各有自己的看法，但从根本上说，学者们对组织文化的理解是一致的。较为普遍认可的是希恩在 1984 年提出的说法：“组织文化是特定的组织，在适当处理外部环境和内部整合过程中出现的种种问题时，所发明、发现问题或发展起来的基本假说的规范。这些规范运行良好，相当有效，因此被用来教导新成员观察、思考和感受有关问题的正确方式。”

组织文化可定义为：组织在其内外环境中长期形成的，以价值观为核心的行为规范、制度规范和外部形象的总和。

二、组织文化的结构

组织文化包含有三个层次结构：物质层、制度层、精神层，如同三个同心圆，如

图 9—1 所示。

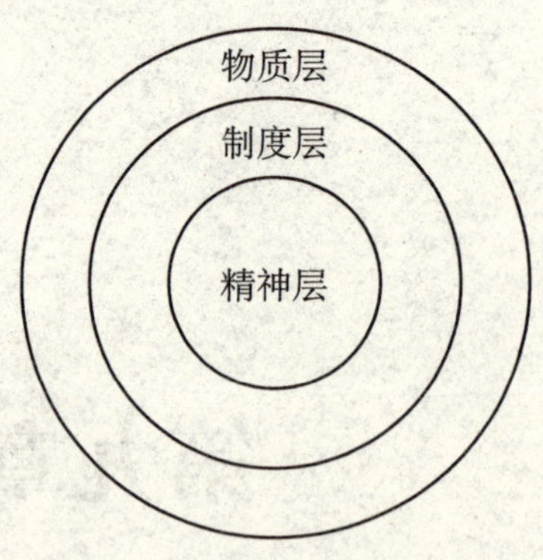

图 9—1　组织文化的层次结构

（一）物质层

物质层处于组织文化结构的最外层。对于生产企业而言，物质层主要包括：（1）企业面貌、生产环境、工作区域和生活区的绿化、美化。（2）产品的外观和包装，品质、服务，这些有形的物质形态充当了组织理念的载体，所反映的是企业生产经营特色、技术特色，是组织塑造形象的工具。

（二）制度层

制度层处于中间层次，是指组织文化的制度化、规模化的行为准则，它体现了组织文化的物质层及精神层对员工组织行为的规范要求。

制度层主要包括：（1）工作制度，如技术工作管理制度、生产管理制度、财务制度、劳动人事管理制度等。（2）责任制度。（3）特殊制度。（4）企业风俗，是指企业约定俗成的仪式、典礼、特色活动。制度层是组织实现其宗旨、目标的重要保证。

（三）精神层

精神层是组织文化的核心层。主要是指企业推崇的基本信念、价值观、职业道德、行为方式、经营哲学等，精神层是组织文化的核心和灵魂，是形成物质层和制度层的基础。

组织文化的精神层主要包括：（1）组织的价值观、经营哲学、经营管理活动中的基本信念、经营方针、发展战略和策略等。（2）组织精神。组织在员工中倡导的良好精神风貌，是多年经营活动中形成的思想意识、行为方式中积极向上因素的体现。（3）组织目标。这是组织生产经营发展战略的核心，是组织成员凝聚的焦点。（4）组织道德，是指组织内部以及外部协调各方面关系的准则和规范。组织道德主要包含调节成员与成员、成员与组织、成员与社会三方面关系的行为准则和规范。

组织文化的物质层、制度层和精神层三者是紧密相连的，物质层是组织文化的载体，是组织文化的外在表现；制度层则是组织文化建设的具体体现，没有严格的规章制度，组织文化建设就无从谈起；精神层是整个组织文化的思想基础，是组织文化的灵魂和企业的旗帜。

第二节 组织文化的功能

组织文化的功能是指组织文化发生作用的能力，是在组织文化导向下进行生产经营活动中的作用。中国著名企业家张瑞敏在分析海尔经验时说过："海尔过去的成功是观念和思维方式的成功，而企业文化最核心的内容应该是价值观。"组织文化在组织中的功能具有两重性，即正功能和负功能。正功能可以使组织的运作更成熟，可以使员工更投入组织，可以提升组织效率。但是，不能忽略的是其潜在的负面效应，可以视作组织文化的负功能。

一、组织文化的正功能

（一）区分功能

组织文化起着分界线的功能作用，它使不同的组织相互区别开来，能够使一个组织与众不同的是组织文化氛围，以及用一系列的制度和行动来强化的价值观。

（二）导向功能

组织文化能对组织整体和组织成员的价值取向和行为取向起引导作用，这是因为组织文化的形成，即建立起了自成系统的价值和规范标准，它将引导组织成员到组织所确定的目标上来。

（三）规范功能

组织文化对组织员工的思想、心理和行为具有约束和规范作用。优良的组织文化，使员工形成价值观的认同感，形成一致的思想，能使信念在员工的心理层次形成一种定势，进而达到行为的自我控制。当有些目标相互冲突时，当个人目标与组织目标冲突时，组织文化能指导员工以大局为重，它通过协调和自我控制，使组织上下左右达到统一、和谐。组织文化是行之有效的"软约束"。

（四）凝聚功能

组织文化的凝聚功能是指当一种价值观被组织员工认可后，它将产生一种凝聚力及向心力，使组织员工的思想感情、前途命运与组织的发展密切相连，对组织产生归属感。组织文化是凝聚员工感情的、思想的纽带。

（五）激励功能

激励功能是指最大限度地激发员工的积极性、创造精神。组织文化倡导一种人人受重视、受尊重的文化氛围，在良好的文化氛围中，能使员工从内心产生一种高昂、奋进的情绪，所作出的贡献都能及时地得到肯定和奖赏，由此激励员工在实现组织目标的同时实现自我价值，不断进取。

（六）辐射功能

组织文化的建立、组织形象的树立，除对本组织产生很大影响外，还会在社会公众、国内外组织中产生一定影响，有向社会不断发散、辐射的功能。组织文化以产品和员工的言行为载体，随着组织的知名度的影响扩散到社会各个部分当中，甚至影响到社会的价值观。比如通过媒体的宣传、企业之间的交往，将组织文化的影响传递到社会中。一种新的理念、一种新技术往往在企业组织中率先推行，通过辐射功能进行推广和扩散。

组织文化的各项功能相互影响，共同发挥作用，成为组织发展的动力。

二、组织文化的负功能

组织文化除存在上述积极的有利组织发展的正功能外，还必须注意到可能在某些组织变革和发展阶段存在的负功能。组织文化是在其长期的经营活动中形成的，具有一定的连续性和稳定性。一旦形成很难改变，具有一定的惯性特征，它可能成为组织发展的障碍。

（一）变革的障碍

在现代经济激烈竞争的环境中，组织的战略环境不断变化调整，组织处于一种不断发展变化的过程中，组织内部自然产生进一步提高组织效率的客观要求。当组织文化核心价值观与这种客观要求不相符、产生矛盾时，组织文化就会成为这个组织进一步发展的障碍。

组织文化是企业组织经营过程多年的精神沉淀，极容易形成一种思维和行为定势。当代社会已进入一个飞速发展的阶段，各种新技术、新思维、新思想，尤其是互联网的诞生，极大地改变了传统经济结构，对组织发展是一个巨大的挑战。组织文化所强调的行为一致性对组织当然很重要，但是当组织所处的环境不断发生变化时，组织文化就可能会束缚组织的手脚，束缚组织成员的思想，不敢或不愿创新，不对组织变革，组织将难以应对变化莫测的环境。

（二）多样化障碍

组织文化的软约束，仍然具有一种强制性，组织文化要求组织成员具有一致性，希望新进员工能适应、接受组织的核心价值观，以组织的行为准则规范自己，然而，新员工往往难以适应，因此，组织也难以接受新的员工，这是组织创新发展的障碍。

当组织环境发生变化，组织希望聘用各具特色、存在差异的员工，为组织注入新鲜血液，促进组织的创新能力，但由于组织文化强调服从、适应，员工往往只能尽力去适应组织原有文化的要求，照大多数员工的标准调整自己的行为，这样不同特色的个体所带来的多样化优势荡然无存。强有力的组织文化一旦抑制了不同背景、不同特色员工的独特优势，组织文化就会成为多样化的巨大障碍。

（三）兼并和收购的障碍

现代经济发展中出现了很多新的合作方式，强强联合、资源配置最优化成为大型企业发展的迫切要求，兼并和收购成了常见的经营运作方式。

组织兼并或收购时，除了考虑融资优势和产品协同性外，还需要考察双方组织文化的兼容性。有些组织文化的特点是互相排斥的，双方文化的兼容性成为兼并或收购成功与否的十分重要的影响因素。

第三节　组织文化的形成与建设

一、组织文化的形成

组织文化通常是在生产经营环境中，为适应组织生存发展的需求，首先由少数人倡导和实践，经过较长时间的传播和规范管理而逐步形成的。组织文化形成于组织的内部环境和外部环境。影响组织文化形成、演变的因素有以下几点。

（一）自然和技术环境

任何产品必然有消耗来自自然环境的能源和原料，必须依托一定的科学技术。科学技术和能源、原料的供应状况是影响企业竞争力的重要因素，它亦将影响组织文化特色的形成。这就要求组织必须高度重视与自然环境的和谐相处，不断进行技术创新，要求组织文化适应环境保护和科学技术发展的环境。

（二）经济环境

经济环境主要指一定生产方式下，社会生产力的发展水平以及由此决定的人们的消费水平、消费结构和消费方式等。国家的经济环境对企业生产和组织文化形成有直接影响。目前，世界经济一体化逐步渗透到各个方面，组织行为还必须与市场经济条件下的国际惯例接轨。一个企业组织只有实现自身行为的规范，才能在国际市场上立于不败之地。企业组织要了解和掌握经济环境变化发展的趋势，使组织文化建设符合国情。

（三）政治和法律环境

政治和法律环境是指国家的政治制度和国家制定的法规和政策环境。一个国家的政治和法律环境对组织文化的发展产生一定的促进和制约作用。一个有作为的政府对组织文化给予特别的关注与重视，会通过政策、法规等一系列有效的政府行为，为组织文化的发展引路护航。

（四）民族文化因素

组织文化植根于民族文化的土壤之中，民族文化不仅对组织的价值观念、行为准则、道德规范等产生深刻的影响，而且也会对组织的经营思想、经营方针、经营战略等产生深远的作用。一个组织要获得成功，就要努力去迎合一定民族文化环境下形成的社会心理状态，在组织文化建设过程中，要注意汲取民族文化的优良传统。

（五）行业特点

组织文化带有一定的行业特点。例如，生产企业与商业企业不同，生产企业崇尚的是产品最优化的价值观，而商业企业则将服务至上、顾客至上奉为其宗旨。

（六）组织成员素质及构成

不同类型的成员及他们的组合方式都是影响组织文化的因素。成员个人价值观与组织的核心价值观之间关系是否达到相容，组织成员在组织中上下左右之间的关系，组织成员的个人素质等，对组织文化形成作用都比较大。

（七）组织管理的水平

组织管理水平体现在组织的生产经营、社会活动中，对劳动者、劳动对象的组织管理，体现在是否能以最少的劳动力和最低的物耗取得最经济的效益和获得最大的社会效益。当今各行各业都非常重视提高管理和服务水平，各种管理体制正在不断地完善，这些为转变组织文化建设提供了十分有利的条件。

二、组织文化建设

组织文化建设是指组织的领导者和成员一起有意识地培育优良文化、塑造优秀组织精神的过程，也是纠正不良行为、克服不良文化的过程。

（一）组织文化建设的关注点

组织文化建设需要注重解决的是：

1. 注重创新观念的培育

组织文化建设要从增强组织、企业主体的市场核心竞争能力入手，在组织文化中应注重创新观念的培育。只有创新才能取得并维持组织的竞争优势。要以组织文化为增强竞争优势的工具，依靠组织文化进行创新。

2. 注重物质基础的组织文化再塑造

组织文化的建设，应使组织成员有归属感，愿意努力投入工作。为了达到这种目的，必须从奖励制度和团队工作入手，通过企业组织体制改革，把成员与组织的资本、资产紧密联系起来，形成命运共同体。组织文化是一种意识形态的东西，是建立在一定物质基础上的，因而必须用改革的方式和态度加快组织的改革，实现奖励制度的重新建立，在组织中广泛实施按劳分配与按资分红相结合的分配制度，这是塑造组织成员的忠诚和投入感的重要步骤。

3. 注重优秀文化的倡导，杜绝狭隘观念

要注意杜绝组织文化中的狭隘观念。组织文化建设中，应该旗帜鲜明地对封建主义思想的文化观念进行批判，破除封建主义注重等级、阶层的观念。有些组织文化可能已形成激励员工努力工作、提高组织效率的作用，但是，此组织文化可能只有短期增强效率的职能，有些可能是狭隘的，并未实现用组织文化体现组织长期目标的职能。

4. 注重组织文化与制度的一致性

组织制度与组织文化是紧密相连的，要防止组织文化与管理制度、组织制度的碰撞。规章制度可以规范成员的行为，高度的制度化、形式化可以给组织带来稳定性、秩序性和行为的一致性。现代化管理制度本身是一个“空壳”，人与制度的结合才能使其具有现实和实际意义，人在执行制度过程中的价值观、心理因素、态度、行为方式均与组织文化的观念息息相关。没有组织文化的制度是缺乏内涵的，没有组织制度作为载体的组织文化是不符合实际的。

5. 注重组织行为的强化

组织价值观的形成是组织成员个性心理的累积过程，这需要经过较长的时间，需要不断地强化。

6. 注重组织文化建设中的水土不服

现代管理理论大多来自国外，在组织文化建设中，学习和借鉴先进的、优秀的组织文化精神是必要的，但是，组织文化的精髓在于因地制宜，不要轻易地移植，应该去其糟粕，取其精华，为我所用。

（二）组织文化建设的一般步骤

1. 建立领导体制

领导者是组织文化的倡导者、管理者、变革者，组织文化建设的前提是领导者的高度重视。因此，首先要建立组织文化建设领导小组。

2. 建立独立的部门

为长期开展组织文化建设工作，必须设立专门的职能部门，负责组织文化建设工作。

3. 制定计划

为了使组织文化建设工作有序开展，应拟订相应的计划，通过编制预算等工作，使资源投入、进度考核和监督等落到实处。

4. 对组织文化表现调研分析

通过深入的调查，对组织的过去、现在和未来各阶段、各部门以及组织的精神层、物质层、制度层等各层次的文化表现进行深入的研究分析。

5. 目标组织文化的设计

根据组织的现状、特点以及一系列科学标准，在对现有组织文化认识、评价的基础上，由领导者提出在本组织倡导的价值观念和行为规范，进行组织文化的策划，确定适合本组织的目标组织文化。

6. 实施计划

在确立了目标组织文化后，应根据计划将财务、人员配置、考核、待遇、激励和约束机制等建立完善起来，形成一整套的优良组织文化。

思考题

1. 什么是组织文化？组织文化包括哪些内容？
2. 组织文化的结构是怎样的？组织文化结构的内容是哪些？
3. 组织文化具有哪些功能？
4. 影响组织文化形成的因素有哪些？

5. 组织文化建设中要注重解决哪些问题?

案例分析题

案例一　张瑞敏的价值观决定海尔的价值观

海尔的前身是一个亏损147万元的青岛冰箱厂，在总裁张瑞敏的带领下，经过多年的发展，海尔的品牌价值已上升为265亿元人民币，产品从白色家电到黑色家电、从厨房用具到药品，共26大门类、7 000余个品种。现在，海尔还在国际上打开市场，将海尔的品牌带向了世界。

企业家作为企业的灵魂，在企业文化建设中有着不可替代的作用。企业家的价值观决定了一个企业的价值观。一个企业要想发展，企业家正确的价值观、企业家对企业灵魂的引导很重要。海尔总裁张瑞敏就是这样一个企业灵魂的工程师。他以自己的企业文化观念带领海尔走过了一段不平凡的历史，达到了今天的辉煌。

张瑞敏走马上任青岛电冰箱厂厂长后，认为“全面质量管理”才能创名牌。他要将“有缺陷的产品等于废品”的概念输入员工意识当中。当时中国从日本引进了全面质量管理的经验，但并不成功。主要原因是只注重全面质量管理的形式，而质量管理的核心理念并没有深入员工人心。他想让员工明白，如果让带有缺陷的产品出厂，不仅产品没有生命力，企业也会死亡。1985年，一位用户来信反映，近期生产的冰箱有质量问题，张瑞敏发现库存不合格的产品还有76台，就决定将这76台不合格冰箱砸毁。当时一台冰箱售价800余元，而职工每月的工资才40余元，76台冰箱相当于全厂职工3个月的工资，若将有质量问题的冰箱砸了，职工在感情上接受不了，企业也将蒙受损失，但只有这样才能让“全面质量管理”的核心价值观念深入人心。从长远来看，这样才能创出质优的冰箱，企业才能不败。于是在召开的全厂职工现场会上，张瑞敏提起一把大锤，砸下第一锤，然后是总公司的人砸第二锤，最后责任人亲自将冰箱砸碎。张瑞敏这一堪称石破天惊的举动令所有职工目瞪口呆，也使“产品质量是生命”的价值理念深入每一个职工的心中。当时张瑞敏和时任总工程师的杨绵绵承担了责任，扣发了自己当月的工资。此后，海尔人的质量意识大大提高。

从此，在家电行业，张瑞敏以“挥大锤的企业家”著称。冰箱砸出了成功，砸冰箱的两个月后，海尔生产出我国第一台四星级冰箱；3年以后，海尔人捧回了我国冰箱行业的第一块国家质量金牌。1999年9月28日，张瑞敏在财富论坛上说：“这把大锤为海尔今天走向世界立了大功。”张瑞敏准确地预见到，以劣品赚钱，那么想做好企业的理想将变成空中楼阁。张瑞敏无疑是一个引领潮流的人，更是一个优良的引导者。如今，海尔过硬的质量值得每一个消费者信任。

问题：

你认为“企业家的价值观决定了一个企业的价值观”这种说法正确吗？为什么？

案例二　倡导团队合作精神的华为文化

华为是全球通信业具有领导地位的供应商之一，从事通信设备的研发、生产、营销和服务，在电信领域为世界各地的客户提供创新的、客户化的网络设备、服务和解决方案。华为产品和服务在国际市场上覆盖90多个国家和地区，在全球排名前50名的运营商中，已有22家使用华为的产品和服务。

“团结协作、集体奋斗”是华为企业文化之魂。华为公司允许个人主义的存在，但必须融入集体主义之中。华为老总任正非在《致新员工书》中说道：“华为公司是一个以高技术为起点，着眼于大市场、大系统、大结构的高科技企业。以它的历史使命，它需要所有的员工坚持合作，走集体奋斗的道路。华为的企业文化是建立在国家优良传统文化基础上的企业文化，这个企业文化融合全体员工的团结合作，走群体奋斗的道路。有了这个平台，你的聪明才智方能很好地发挥，并有所成就。没有责任心、不善于合作、不能群体奋斗的人，等于丧失在华为进步的机会。那样你就会空耗了宝贵的光阴，还不如试用期中，重新决定你的选择。”

在华为公司，“成功是集体努力的结果，失败是集体的责任”的观念深入人心。在工作和生活中，上下平等。华为的高层领导不设专车，吃饭、看病一样排队，付同样的费用。华为无人享受特权，大家同甘共苦，任何个人利益都必须服从集体利益，将个人努力融入集体奋斗之中。自强不息、荣辱与共，“胜则举杯同庆，败则拼死相救”的团结协作精神，在华为得到了充分的体现。任正非有一个著名的论断：当今世界的科技进步已走过了爱迪生时代，不可能依靠一个人的聪明才智改变整个世界。

华为公司团结合作精神的形成得益于其对集体和谐气氛的打造。在很多公司已经废弃集体宿舍的潮流下，华为却为员工造集体宿舍。在华为深圳基地的“百草园”，可以容纳近10 000人的小区全部住满，在一个相对偏僻的地方，华为打造出一个世外桃源。这不仅解决了住宿问题，而且通过集中的居住强化了员工之间的感情。8小时之外的文化活动，使员工生活丰富多彩，身心得以休息、放松，有利于恢复体力和脑力。同时，在文化活动中有意识地培育员工的参与意识、团结合作精神，加强员工的精神交流，鼓舞员工去创造丰富多彩和积极的人生。

华为团队精神的核心就是互助。华为的考核表中有一个考核要求：和同事的合作。即使遇到“投诉”也是对事不对人，解决问题的方式就是自我反省和与人沟通，通过毫无保留的沟通，员工们的凝聚力不断加强。“狼”也因为发现猎物集体攻击的特性成为崇尚的学习榜样。华为的管理模式是矩阵式管理模式，要求企业内部的各个职能部门相互配合，通过互助网络，任何问题都能作出迅速反应。假如没有团队精神这一模式是难以实现的。华为团结合作的强大文化整合了资源，形成了人与人之间的和谐相处的气氛和制度文化保障的团结合作。

问题：

1. 你认为华为的成功与它的企业文化有关系吗?

2. 企业文化的正功能在华为是如何体现的?

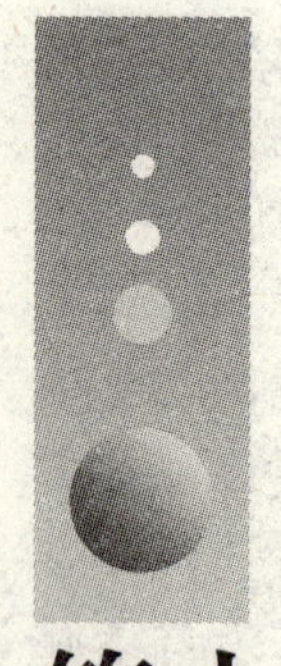

第十章　领　导

第一节　领导概述

一、领导的概念

一般来说，“领导”一词有两个含义：一是名词，是指领导者，即组织中确定和实现组织目标的首领。一个组织的领导者，犹如一个乐队的指挥，能影响每个成员，并把他们的才能充分发挥出来。在他的指挥和引导下，整个乐队才能相互配合，演奏出和谐优美的乐章。二是动词，指的是一项管理工作、管理职能，通过该职能的行使，领导者能促使被领导者努力地实现既定的组织目标。

本书将领导定义为：领导是指在社会共同活动中，具有影响力的个人和集体，对组织内每个成员（个体）和全体成员（群体）的行为进行引导和施加影响的活动过程。它涉及领导活动的前提、主体、结构、手段和目标。领导活动是存在于群体之中的，一个人不能形成领导，群体活动成为领导诞生的前提。领导活动的主体是由领导活动的发动者、组织者与执行者共同组成的，包括两个要素，即领导者与被领导者。领导活动的结构是领导者发动和组织领导活动所依存的体制或规则，任何组织中的领导活动都是在一种制度化的规则中展开的。领导活动的手段是领导者调动和激励下属的方式。领导活动的目标是领导活动的归宿，没有目标的领导活动不仅没有成效，而且会迷失方向。

在谈到领导与管理时，我们常把领导者与管理者混为一谈，其实它们并不完全相同。领导与管理的联系在于领导是管理的基本职能之一，因此，管理的范畴要大于领导。领导和管理都是在组织内部通过影响他人的协调活动，实现组织的目标。领导者和管理者都是组织层级的岗位设置结果。领导与管理的区别主要体现在：管理是对下属的命令行为，领导是对下属的影响力。管理者是负责把事情做正确，领导者是带领大家做正确的事情。领导者必然是管理者，而管理者不一定是领导者。

二、领导的作用

（一）指挥作用

领导者是领导活动的主体，对领导活动的成败起着决定性的作用。在组织的集体活动中，需要头脑清醒、胸怀全局、高瞻远瞩、运筹帷幄的领导者，帮助组织成员认清所处的环境和形势，指明活动的目标和达到目标的途径。领导就是引导者、指挥者、指导者，领导者应该帮助组织成员最大限度地实现组织目标。领导者不是站在群体的后面去推动群体中的人们，而是站在群体的前面，指引组织的发展方向，促使人们前进并鼓舞人们去实现目标。

（二）激励作用

领导的激励作用是指领导者通过科学的方法来激发人的动机、开发人的能力、充分调动人的积极性和创造性，使被领导者焕发出旺盛的工作热情。

领导的任务就是把组织目标和个人目标结合起来，引导组织成员满腔热情、全力以赴地为实现组织目标作出最大贡献。领导者为了使组织内的所有员工最大限度地发挥其才能，实现组织的既定目标，就必须关心、爱护、尊重员工，激发和鼓舞员工的工作斗志和热情，充分发掘员工的潜力，不断地充实和增强人们积极进取、奋发努力的工作动力。

（三）协调作用

领导的协调作用是指领导者为实现领导目标，采取一定的措施和方法，使其所领导的组织同环境、组织内外人员等协同一致，相互配合，高效率地完成工作任务。简单地说，领导协调是实现领导活动中人与人、部门与部门之间协调配合，发挥最佳整体效能的活动。领导活动主要用来解决组织内部的各种矛盾，保证各个方面都朝着既定的目标前进。

（四）沟通作用

领导者是组织的各级首脑和联络者，在信息传递方面发挥着重要作用，是信息的传递者、倾听者、发言人和谈判者，在管理的各个层次中起到上传下达的作用，以保证管理决策和管理活动顺利进行。

三、领导的权力

一个领导者要实现有效的领导，关键在于他的影响力。而影响力，就是一个人在与他人的交往中，影响和改变他人心理和行为的能力。领导者的影响力主要通过权力得以体现。换句话说，权力是领导者对他人施加影响的基础。

所谓权力，是指一个人主动影响他人行为的潜在能力。这里“潜在”的意思就是说，一个人拥有一定的权力，尽管他可能根本就未行使这种权力。例如，一个篮球教练有权开除表现不好的球员，但是球员由于意识到教练拥有这种权力，因而严格要求自己，这样教练实际上就很少真正行使这方面的权力。没有行使权力，并不意味着他不拥有这种权力。

在组织内部，领导者的权力一般可以分为职位权力和非职位权力。

（一）职位权力

职位权力，就是指领导者由于位处组织内某一职位而拥有的权力，包括法定权力、奖赏权力以及强制权力。

1. 职位权力的类型

（1）法定权力，指组织赋予的各领导职位所固有的合法、正式的权力。这种权力通过领导者利用职权向下属人员发布命令、下达指示来直接体现，有时也借助于组织内的政策、程序和规则等而得到间接体现。

（2）奖赏权力，指提供奖金、提薪、升职、理想的工作和其他任何令人愉悦的东西的权力。被领导者由于感觉到领导者有能力使他们的需要得到满足，因而愿意追随和服从他。

（3）强制权力，指给予扣发奖金、降薪、降职、开除等惩罚性措施的权力。这种权力建立在下级的恐惧感上，下级认识到，如果不按照上级的指示办事，就会受到上级的惩罚。与正面强化的奖赏权力相比，强制权力是一种负面强化手段，主要作用是禁止某些行为的发生。

2. 构成职位权力影响力的主要因素

在领导活动中，领导者运用权力的目的是对被领导者施加影响，使其心理和行为发生预期的改变。因此，权力是影响的基础，影响则是权力的核心实施过程。一般来说，构成职位权力影响力的主要因素是：

（1）传统观念因素。传统观念是在人们长期的社会生活和实践中形成的，认为组织中处于较高地位的人就是权威，享有支配他人的当然权力，职位低的人理所当然地服从职位高的人。在企业管理中，借助建立在法定权力基础上的传统观念的影响，可以使员工对企业领导者产生敬畏感，自动听从其指挥命令，从而有助于增强领导者影响力的强度。

（2）职位因素。居于领导地位的人，组织授予他一定的权力，而权力使领导者具有强制下级的力量，凭借权力可以左右被领导者的行为、处境、前途以至命运，使被领导者产生敬畏感。领导者的地位越高，拥有的权力也就越大，因而组织中职位较低的人就对他越敬畏，他的影响力就越强。

（3）资历因素。由领导者的资格和经历对被领导者产生的心理影响叫资历因素。资历因素是指个人历史性的东西。一般人对资历深的领导比较敬重。由此产生的影响力也属强制性的。

（二）非职位权力

非职位权力，是与职位权力相对应的权力，包括专家权力和感召权力。

1. 非职位权力的类型

（1）专家权力，指由个人的特殊技能或某些专业知识而产生的权力。由于领导者具有某些符合本组织需要的专业知识、特殊技能、知识创新能力、管理能力、交际协调能力、组织指挥能力等，因而能赢得同事和下级的尊敬。

（2）感召权力，指与个人的品质、魅力、经历、背景等相关的权力。这些关联因素可以引起拥戴心理，通过模仿方式形成或加大领导者的影响力，激起人们的忠诚和热忱。

2. 构成非职位权力影响力的主要因素

（1）品德因素。领导者必须具备较高的政治思想素质，准确地把握组织发展的方向，确保组织发展的方向与国家和政府指引和鼓励的方向一致。同时，领导者较高的政治思想素质也是对组织进行政治思想教育的基础。

（2）才能因素。领导者必须具有相应的知识文化素养与领导技能素养，这是培养创新能力的基础。而且现代组织正在向知识型组织转换，知识型员工将成为组织的主力员工，这对现代组织的领导者产生了更高的知识要求。

（3）感情因素。感情是联结人和人的稳固的纽带，也是影响他人心理和行为的有效途径。在组织中，当员工感受到领导者的关心、尊重时，就会产生一种亲密感、知己感，因而从感情上自愿接受、支持其领导。

（三）职位权力与非职位权力的区别

1. 两者的来源不同

无论什么人，只要取得了某一领导职位，就可以获得与这个职位相关的权力。而非职位权力是由职位以外的个体内在因素而获得的权力。

2. 两者的作用范围不同

职位权力的影响范围受时间与空间的限制，既受任职时间的限制，也受任职部门或地域的限制。从这个意义上来说，没有一种可以在任何时间与任何空间范围内控制任何人的万能的职位权力。但是非职位权力与此相反，它不受时间与空间的限制，具有超时空、超地域的特点。

3. 两者的作用方式不同

职位权力是以命令、强制、服从为前提，是一种行政指挥，是下级必须顺从的、与此相关的一切工作行为。而非职位权力不同，其影响力是通过领导者的自身素质和自身的品行起作用的，其前提是信任、热爱与自觉接受。

对于领导者来说，职位权力和非职位权力是对立统一的，是相互依存的。只有职位权力而无职位权力，叫做“有权无威”；只有非职位权力，而无职位权力，叫做“有威无权”。职位权力和非职位权力的关系是：如果一个领导者的非职位权力较大，他的职位权力也会增大；反过来，如果领导者职位权力较大，他的非职位权力影响力也会有所提高。两者相互作用、缺一不可，缺少了任何一方，都不能实现有效地用权。

四、领导的原理

（一）指明目标原理

指明目标原理，是指领导工作越是能够使全体人员明确理解组织的目标，则人们为实现组织目标所做的贡献就会越大。

尽管指明目标不是有效的领导工作所能单独完成的，但是这个原理表明，使人们充分理解组织目标和任务，是领导工作的重要组成部分。这一工作越是有效，就越能使组织中的全体人员知道应该怎样完成任务和实现目标。

（二）目标协调原理

目标协调原理，是指个人目标与组织目标能取得协调一致，人们的行为就会趋向于统一，从而为实现组织目标所取得的效率就会越高，效果会越好。

如果个人和组织的目标相辅相成，如果大家都能信心十足地、满腔热情地、团结一致地去工作，就能够最有效地实现这些目标。所以在领导下级时，管理者必须注意利用个人的需要动机去实现集体的目标。

（三）命令一致原理

命令一致原理，是指管理者在实现目标的过程中下达的各种命令越是一致，个人在执行命令中发生矛盾就越小，领导与被领导双方对最终成果的责任感也就越大。

命令一致又称统一指挥，强调的是一个人越是完全地只接受一个上级的领导，在上级之间相互抵触的指示就越少，从而个人对成果的责任感就会越强。

（四）直接管理原理

直接管理原理，是指领导者同下级的直接接触越多，所掌握的各种情况就会越准确，从而领导工作就会更加有效。

尽管一个领导者有可能使用一些客观的方法来评价和纠正下级的活动以保证计划的完成，但这不能代替面对面的接触。通过面对面的接触，主管者往往能够用更好的方法对下级进行指导，同下级交换意见，特别是能够听取下级的建议，以及体会存在的各种问题，从而更有效地采用适宜的工作方法。

（五）沟通原理

沟通原理，是指领导者与下属之间越是有效地、准确地、及时地沟通，整个组织就越会成为一个真正的整体。

管理过程中所产生的大量信息、情报，包括组织外的信息情报，领导者必须自己或组织他人进行分析整理，从而了解组织内外动态和变化。进行沟通，就是为了适应变化和保持组织的稳定，这是领导工作所采用的重要手段。

（六）激励原理

激励原理，是指领导者越是能够了解下属的需求和愿望，并给予满足，他就越是能调动下属的积极性，使之能为实现组织的目标作出更大的贡献。

在进行激励时，如果只笼统地去确定人们的需要，并以此建立对下属的激励方法，这往往是不能奏效的。必须考虑在一定时间、一定条件下的多种因素。不能把激励看做是一种与其他因素不相干的、独立的现象。

第二节 领导理论

一、人性的假设理论

领导是涉及组织中人的问题的职能，领导者为了有效地影响个人或群体达到组织的目标，就必须研究各种领导方式的效果。因此必须了解人，了解人性及人的行为模式，揭示人的活动规律，从而探索相关的管理方式。

(一) 从“经济人”到“复杂人”的假设

随着管理实践的发展，人们对管理中人性的认识也不断深化，先后经历了“工具人”、“经济人”、“社会人”、“自我实现人”、“复杂人”、“理念人”、“主权人”、“知识人”等假设，由于种类繁多，这里主要讨论对管理发展影响较为深远的“经济人”假设、“社会人”假设、“自我实现人”假设以及“复杂人”假设。

人性即是领导者对人工作动机的根本看法，是管理者对人管理的指导思想。

1. “经济人”假设

“经济人”假设，是指认为组织中人的行为主要是追求自身利益，工作动机是为了最大限度满足自己的经济利益。持“经济人”假设的人认为，大多数人天生懒惰，尽量逃避工作；多数人没有雄心大志，不愿负责；多数人工作是为了满足物质需要，只有物质和金钱刺激才能激励他们工作。

最早提出“经济人”假设的，是英国早期的经济学家亚当·斯密。他认为，在自由经济制度中，经济活动的主体是体现人类利己主义本性的个人。每个人都在不懈地追求经济收入，同时不得不考虑别人的利益。在这样的过程中，建立起社会秩序，创造出财富。

科学管理理论之父泰罗把“经济人”假设作为他理论体系的基石，他的一切管理制度，都着眼于如何根据工人的劳动量给予恰当的报酬。企业中成员的积极性问题，都是由于经济上的原因。

对于符合“经济人”假设的员工，我们需要相应地采取重视物质刺激，实行严格监督控制的方式。

2. “社会人”假设

在霍桑试验中，梅奥发现“经济人”假设不能解释组织中员工积极性波动的原因，影响人们工作积极性的原因另有所在，梅奥总结出了“社会人”假设。“社会人”假设认为人有强烈的社会心理需要，集体伙伴的社会力量要比上级主管的控制力量更加重要。如果人们在工作、家庭、企业中与其他人的关系不协调，其工作情绪就会受到影响。职工的“士气”是提高生产率最重要的因素。因此，管理者要调动员工的工作积极性，不仅仅要靠物质利益，更重要的是要考虑工作中员工的社会心理需要的满足程度。管理者要重视人际关系，以培养员工的归属感来鼓励员工参与组织管理。

3.“自我实现人”假设

随着行为科学的盛行和马斯洛需要层次理论的提出，又出现了“自我实现人”假设。“自我实现人”假设认为人特别重视自身社会价值，以自我实现为最高价值。员工重视的是工作的挑战性，只要工作能发挥他的主观能动性，达到他认为的自我价值的实现，就可以了。因此，组织所能做的就是要赋予员工更有意义、更富吸引力的工作，以引起员工的成就感，实现其自我价值。对于这类员工，我们要采取鼓励贡献、员工自我控制的方式，而不需要其他外来的激励。

4.“复杂人”假设

尽管“自我实现人”比“社会人”、“经济人”更切合实际，它们都从某一个角度反映了人的一些本质属性，具有其合理性，但仍不能满意地解释员工积极性源泉问题。一方面员工的价值取向是多种多样的，没有统一的追求；另一方面，同一个人是在不断变化的，今天是“经济人”，明天可能追求良好的人际关系。因此，有学者提出了“复杂人”假设。“复杂人”假设认为人的需要是多种多样的，人的行为会因时、因地、因条件而异。因此，不存在一套适用于任何时代、任何组织和个人的普遍有效的管理方式，只能因地制宜灵活机动地采取合适的激励方法。

（二）X 理论和 Y 理论

在关于人性的研究中，有一个基本的分类，即人的积极性究竟是主动的还是被动的，实际上是对“人究竟有没有积极性”的探讨，这个问题类似于哲学史上关于人性的善恶之争。倾向于性善论者认为，职工有内在的积极性，只要通过适当的激励方式，员工就会自觉地去实现组织目标；倾向于性恶论者认为，员工没有内在积极性，如果没有外在压力，他们是不会为组织作出贡献的。

X 理论和 Y 理论是由美国心理学家、麻省理工学院的教授道格拉斯·麦格雷戈提出的。X 理论，是古典管理理论的人性假说。这种观点认为人的行为在于追求本身的最大利益，工作的动机是为获得劳动报酬。其要点是：

（1）多数人生来懒惰，总想少工作。

（2）多数人没有工作责任心，宁可被别人指挥。

（3）多数人以我为中心，不关心组织目标。

（4）多数人缺乏自制能力。

结论是，多数人不能自我管理，因此需要用强烈的外部刺激、严管重罚来迫使人们工作，完成工作目标。

麦格雷戈提出的 Y 理论认为：

（1）工作和娱乐一样。

（2）人会主动要求责任。

（3）人能够自我控制和自我指导。

（4）个人目标与组织目标没有根本冲突。

基于此，领导者不能局限于发布命令，而要关心满足人的交往、归属需要，重视员工之间的关系，沟通上下级之间的感情，培养和形成员工的归属感和集体感。

显然，以X理论指导和以Y理论指导的管理方式正好是相反的。X理论类似于哲学史上的性恶论，强调“人之初，性本恶，要他干，就得压”。Y理论倾向于性善论，强调“人之初，性本善，引导好，努力干”。现代管理实践越来越倾向于Y理论。从X理论到Y理论的变化，与从“经济人”到“自我实现人”假设的变化趋向是一致的。

二、现代领导理论

（一）领导特质理论

领导特质理论主要是研究领导者个人最有效的品质特征，即与领导过程的有效性相联系的领导者的品质特征和个人特征。

1. 传统领导特质理论

传统领导特质理论认为，领导者的品质应该是生来具有的，如果人生来不具有领导特质，就不可能成为领导者。美国心理学家吉普认为，领导者必须具有7个基本条件：善言、外表英俊潇洒、智力过人、具有自信心、心理健康、有支配他人的倾向、外向而敏感。而美国心理学家斯托格狄尔认为，领导者的先天特征是：有良心、可靠、勇敢、责任感强、有胆略、有判断力、力求革新进步、直率、自律、有理想、有良好的人际关系、风度优雅、胜任愉快、身体强壮、智力过人、有组织能力。

一个成功的领导者必须具有一些有效的品质特征，这是实践证明了的。但是，传统观念立足于特质是天生的，显然是错误的。事实上，有许多优秀的领导者都是通过后天的培养和训练而形成这些品质特征的。

2. 现代领导特质理论

现代领导特质理论认为，领导是一个动态发展过程，领导者的品质是在实践中逐步形成的，可以通过后天教育培养。美国企业界普遍认为，一个优秀的领导者必须具有合作精神、决策才能、组织能力、精于授权、善于应变、勇于负责、敢于求新、敢担风险、尊重他人、品德超人等10种品质。日本企业界认为，有效的领导者必须具备使命感、信赖感、积极性、诚实、合作精神、进取心、忍耐、公平、热情、勇气等10项品德，以及决策力、规划力、判断力、创造力、洞察力、劝说力、理解力、解决力、培养力、调动力等10种能力。

（二）领导行为理论

由于领导特质理论的缺陷，在解释领导行为有效性问题上出现了困难，不仅出现了对领导者特质的内容及相对重要性的认识很不一致，更重要的是忽视了被领导者及其他情境因素对领导效能的影响。于是人们把研究重点转到领导的行为本身，谋求从工作行为的特点来说明领导的有效性，从而产生了领导行为理论，领导行为理论侧重于对领导行为的分析，它关心的两个基本问题是：第一，领导是怎么做的，即领导的行为表现是什么？第二，领导是以什么方式领导一个群体的？

1. 领导作风理论

领导作风也称领导风格，是领导在实施其职权的过程中所表现出来的特点和倾向。据此，将领导风格分为专制式、民主式、放任式三种基本形式以及仁慈专制式和支持式两种变异形式。

（1）专制式领导作风。专制式又称专权式或者独裁式，这种领导者独自负责决策，然后命令下属予以执行，并要求下属不容置疑地遵从命令。专制式领导的主要优点是，决策制定和执行速度快，可以使问题在较短时间内得到解决。主要缺点是，下属依赖性大，领导者负担较重，容易抑制下属的创造性和工作积极性。

（2）民主式领导作风。民主式又称群体参与式，指领导者在采取行动方案或作出决策之前听取下属的意见，或者吸取下属参与决策的制定，在下属没有达成一致的情况下，往往不采取行动。这种领导风格的好处在于集思广益，能制定出质量更好的决策，同时还能使决策得到认可和接受，减少执行阻力。另外，由于让下属充分参与决策，令下属感到得到尊重，能提高他们的工作热情和积极性。主要缺点在于，决策制定过程长，耗用时间多，容易造成领导周旋于各种意见之间，难以下决策。

（3）放任式领导作风。放任式领导作风的领导者很少行使自己的职权，而给予下属充分的自由度，让下属自行处理问题。这类领导者大都处于被动地位，很少或基本上不参加下属的活动。这种风格有助于培养下属的独立性和管理能力，但由于领导者不闻不问，下属各自为政，容易造成意见分歧，决策难以统一。因此，这种领导作风在组织中很少利用，除非下属的管理能力很强，并具有高度的工作热忱。

（4）仁慈专制式领导作风。这种领导作风的领导者虽然在作出决策时可能仔细听取下属的意见，宣布执行命令时允许下属提出疑问并以说服方式使下属接受决策，但在作出最终决策的时刻他们往往表现得非常专断，不顾意见的不统一毅然作出自己的决定。

（5）支持式领导作风。支持式领导作风比较接近民主式领导作风。这种领导者对下属抱有相当大但并不是完全的信任，允许下属作出具体问题的决策，并在某些总体的、主要的决策中进行协商，鼓励下属积极参与决策制定，并且尽最大的可能帮助下属完成任务。这种领导作风对于感受挫折的员工会起到较大的支持和引导作用。

2. 领导四分图模式

按照领导者“关心任务”和“关心人员”的不同组合，可以将领导者分为四种不同的类型组合。“关心任务”就是指把工作重点放在完成组织绩效上，而“关心人员”则是指信任尊重下属，关爱员工，关注员工的发展，通过良好的人际关系推动工作任务的完成。据此，形成了不同的领导方式，如图 10—1 所示。

3. 管理方格理论

管理方格理论认为，领导者主要是通过处理人与工作管理来体现价值。他们从对人的关心和对工作的关心两个方面去研究领导风格，通过 99 方格图加以表述，从而创立管理方格理论，如图 10—2 所示。

低关心任务 高关心人员	高关心任务 高关心人员
低关心任务 低关心人员	高关心任务 低关心人员

图 10—1 领导四分图模式

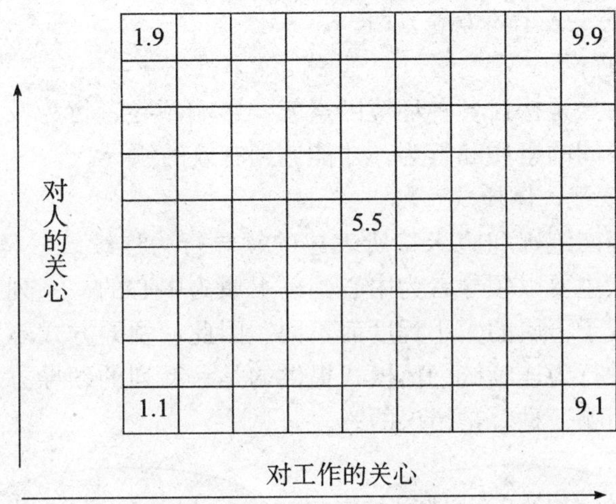

图 10—2 管理方格图

管理方格理论指出，以任务为中心和以人为中心这两个方面并不是相互排斥、非此即彼的，它们可以按不同的程度结合在一起。有五种典型的管理风格：

(1) 放任式管理 (1.1)。领导者对人与工作都不关心，放任自流，既对工作完成不利，又不能处理好与下属的关系，显然这种方法是不可取的。

(2) 任务式管理 (9.1)。领导者只关心工作的完成情况，不关心下属的个人因素，不利于调动下属的工作积极性，进而影响工作效率。

(3) 俱乐部式管理 (1.9)。领导者只关心下属，而不关注工作的完成情况，在营造的和谐环境中，每个人都轻松、友好并且快乐，谁也不关心作出协同努力去实现组织目标。

(4) 团队式管理 (9.9)。领导者既关心工作，又关心下属，领导者通过调动每个人的工作积极性，团结他们自觉、自愿地为实现组织目标而协同努力，在完成任务的同时也实现自身的价值。

(5) 中间道路式管理 (5.5)。领导者对工作和人都是同等程度的关心，他在完成工作任务和维持一定的团队士气中寻求平衡。

管理方格理论在应用时要注意：既要关心人，也要关心工作，忽视任何一方都会影响组织目标的有效实现；要根据不同环境和条件而有所侧重两个“关心”。9.9 是领导者追求的目标，5.5是合格领导者的基本要求，大多数领导都是处于中间状态的各种混合型的领导者。

4. 影响领导风格的因素

（1）领导者的个性特征。主要有价值取向、性格特征、行为习惯、兴趣爱好、对下属的信任程度等。

（2）下属的个性特征。主要包括下属的追随度、知识、经验、技能、责任感、进取精神、与领导的性格相似性等。

（3）组织环境。主要体现在领导权力的稳固程度、规章制度的完善与执行情况、企业文化、工作性质、工作环境等方面。

（三）领导权变理论

领导权变理论主要是探讨各种环境因素怎样影响领导者行为及其有效性，认为在不同的情况下需要不同的素质和行为，才能达到有效的领导。

1. 领导行为连续统一体模式

美国管理学家坦南鲍姆和施米特所表述的领导行为连续统一体模式如图10—3所示。该模式描述了从主要以领导者为中心到以下属为中心的一系列领导方式，这些方式以领导者把权力授予下属的大小程度而不同。因此，领导方式不是在两种领导方式之间进行选择，领导行为连续统一体模式提供的是一系列的领导方式，说不上哪一种方式总是正确的，而哪一种总是错误的。

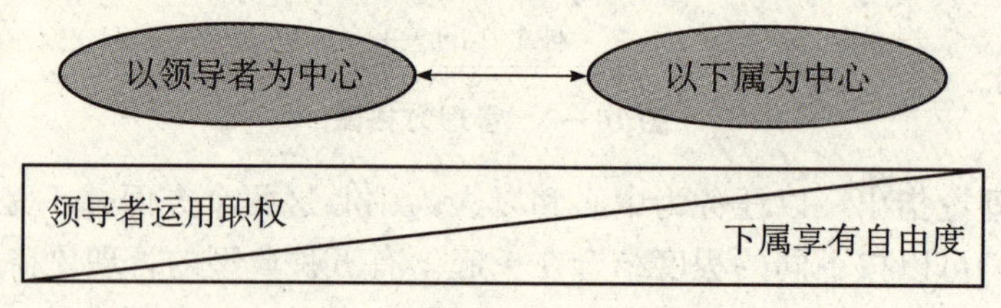

图10—3　领导行为连续统一体模式

2. 菲德勒的权变理论

菲德勒（Fred E. Fiedler）提出的权变理论意味着领导是一种过程，在这个过程中，领导者施加影响的能力取决于群体的工作环境、领导者的风格和个性，以及领导方法对群众的适合程度。菲德勒提出，对一个领导者的工作最有影响的三个因素是职位权力、任务结构和上下级之间的关系。

（1）职位权力。职位权力指的是与领导者职位相关联的正式职权以及领导者从上级和整个组织各方面所取得的支持程度。这一职权是由领导者对下属的实有权力所决定的。当领导者拥有一定的明确的职位权力时，则更容易使下属成员遵从他的指导。

（2）任务结构。任务结构指的是任务明确程度和人们对这些任务的负责程度。当任务明确，个人对任务负责，则领导者对工作质量更易于控制，群体成员也有可能比在任务含混不清的情况下更明确地担负起他们的工作职责。

（3）上下级关系。从领导者的角度看，上下级关系是最重要的因素。因为职位权力与任务结构大多可以置于组织的控制之下，而上下级关系可影响下级对一位领导者的信任和爱戴，从而乐于追随他共同工作。

菲德勒根据这三个影响因素的情况，把领导者所处的环境从最有利到最不利，共分成八种类型，如表 10—1 所示。其中，三个条件齐备的是领导者最有利的环境；三者都缺的是最不利的环境。领导者所采取的领导方式，应该与环境类型相适应，才能获得有效的领导。实践证明，在最不利和最有利的两种情况下，采取“以任务为中心”的指令型领导方式，效果较好；而对处于中间状态的环境，采取“以人为中心”的宽容型领导方式，效果较好。

表 10—1　　菲德勒权变理论模型

状态	最有利————————最不利							
上下级的关系	好				差			
任务结构	明确		不明确		明确		不明确	
职位权力	强	弱	强	弱	强	弱	强	弱

3. 领导生命周期理论

领导生命周期理论同样认为关心人和关心工作决定领导风格，但是，这里又增加了第三个影响因素，即被领导者的成熟程度。据此，将被领导者按成熟程度分为四个阶段，即很成熟、比较成熟、初步成熟和不成熟。面对不同成熟度的被领导者，领导风格要作相应的调整，用最适合的风格去领导下属。

(1) 命令式。这是属于高关心任务与低关心人组合的领导方式，适用于下属无能力也无意愿承担责任的情形。这时，领导者需要为被领导者确定工作任务，并以下任务的方式告诉他们做什么、怎么做、何时何地做。

(2) 说服式。这是属于高关心任务与高关心人组合的领导方式，适用于下属有意愿承担责任但缺乏应有的能力的情形。这时，领导者需要对工作任务作出决策，但在决策下达过程中宜采取说服的方式让被领导者了解所作出的决策，并在决策执行过程中给予下属大力的支持和帮助，使其高度热忱又充满信心地产生预期的行为。

(3) 参与式。这是属于低关心任务与高关心人组合的领导方式，适合于下属有能力但不愿意承担责任的情形。这时，领导者需要让被领导者参与作出决策，领导者从中给予支持和帮助。

(4) 授权式。这是属于低关心任务与低关心人组合的领导方式，适合于下属有能力也有意愿承担责任的情形。这时，领导者既不下达命令，也不给予支持，而是让被领导者自己决定和控制整个工作过程，领导者只起到监督的作用。

领导生命周期理论认为，随着下属从不成熟走向成熟，领导者不仅可以逐渐减少对工作的控制，而且还可以逐渐减少关心行为，领导者能相应地改变自己的领导方式。

第三节　领导者的修养与领导艺术

一、领导者的修养

一个有修养的领导者能极大地改善领导者与被领导者之间的人际关系。因此，领导者的修养显然比单纯的知识更为重要。一般来说，领导的修养有如下内容。

（一）知识是领导者的工作基础

作为领导者，必须懂得可使领导者更有效果的种种因素和随机应变的各种领导方式，要有助于使每个管理者成为更为有效的领导者，而不是机械地去执行一些例行公事。

当然，有关领导的理论和方法很多，不可能让每个管理者都全部精通，但至少要学习与领导有关的基本知识。另外，只学习这些知识是不够的，作为一个领导者还必须具备将这些知识应用于实际的能力。

（二）思想是领导者的最大资本

在知识经济时代的市场竞争中，企业的取胜主要靠领导者的思想。员工的思想、思路不正确只会影响个人至多是部门的发展，而领导者的思想会影响到整个组织的发展。因此，当组织完成由低级到高级、由传统到现代的转变之后，领导者首先应当做的是：以思想制胜，以思想夺取发展空间，求得发展。

（三）热忱是领导者力量的源泉

热忱是一种意识状态，能够鼓舞及激励一个领导者对手中的工作采取行动。不仅如此，热忱还具有感染力，会对自己的下属和其他相关人士产生影响。充分热忱是成功的领导者共有的美德和魅力基因。

（四）魅力是领导者的个性体现

在前面我们谈到，领导的感召权力来源于领导者的个人魅力。显然，领导者的形象不同，他所领导的组织给人留下的形象自然也不同，他对下属的影响作用也不一样。领导者的威望来源于他崇高的理想、高尚的情操、博大的胸怀、坚强的意志和卓越的领导才能，而这些内在素质如果通过某些外在形式反映出来，便成为领导者的特有风度，使之有相对独立的意义。

二、领导者的艺术

现代社会中的组织常常是由一个多种要素组成的比较复杂的社会性组织，它不可能脱离整个社会，这对组织中的领导者的领导方法提出了更高的要求，同时决定了领导者的工作在很大程度上是创造性的。在履行领导职能的过程中，领导科学是与艺术相互结合、彼此交织在一起的。管理者要具备灵活运用各种领导方法和原则的能力与技巧，才能率领和引导人们克服前进道路上的障碍，顺利实现预定的目标。

领导艺术的内容，大体上有三种：一是把其视为履行职能的艺术，主要包括沟通、激励和指导的艺术；二是决策艺术、授权艺术、用人艺术等；三是把它视为提高领导工作有效性的艺术。除上述内容外，还包括正确安排自己的工作和时间，处理好各方面的关系，以及吸引职工参加管理等艺术。这里重点介绍以下几种领导艺术。

（一）授权艺术

在不同的主客观条件下，把不同程度的领导权力下放给下级管理者或其他人员，并对其进行指导与监督；使每项工作都能在最适当的层次得到较好的处置；既利于充分发挥下属的积极性、主动性，又能帮助上级领导人集中精力研究和解决主要问题，维护和加强整个组织的统一指挥。

（二）决策艺术

管理者的决策能力，在非程序化的决策过程中，起着重要的作用。领导者在一定的经验基础上，对未来事件的判断具有远见和洞察力，主要表现在及早察觉组织发展的有利和不利条件，依靠自己的周密考虑和集中群众的意见作出既有事实根据又先于别人想到的不寻常的战略决策，促使组织取得重大的成就与改进。

（三）用人艺术

在充分了解和发挥员工长处的基础上，把工作的需要和个人能力结合起来，使每位员工在各自的岗位上努力工作，积极进取；把发挥每位员工的长处与组织目标很好地结合起来，使员工的长处同集体的长处相得益彰；使每个员工的短处同集体和别人的长处结合起来而不至于有损于组织；在组织中创造一种气氛，使凡能作出显著成绩的人都会受到应有的尊重和提拔；能顺利履行职责、依靠和运用平凡人的聪明才智作出不平凡的业绩，促使组织的目标实现。

（四）指挥和激励艺术

这主要是指在实践中树立和维护必要的权威，使员工自觉地团结在领导者的周围，并接受其指挥；在管理过程中，领导者要善于运用各种通讯手段进行沟通，认真听取下属实践得到的信息，及时对所属人员进行必要的教育或发布必要的指令；指令的内容力求切合实际，详略深浅适度，方法和形式能为有关人员所理解和乐于接受；根据加强思想政治教育和物质利益原则的精神，使组织中的鼓动工作和激励制度、方法等能适应广大职工多种多样的、经常变化的需要，进而起到维护纪律、鼓舞士气、充分挖掘潜力、克服各种困难、提高效益和效果的作用。

（五）集中精力抓主要环节的艺术

在组织各项生产、工作任务中，找出对实现组织目标具有重要作用的某项工作或某个环节；在突出重点的基础上统筹全局，正确决定每个时期、阶段的工作秩序，科学地分配自己的时间和组织资源，并把这种决定坚持贯彻下去。

（六）领导变革的艺术

组织在发展过程中不断革新技术，改进管理，必然引起人们的思想认知和组织行为的变革。要求管理者因势利导，正确处理变革过程中革新与守旧的矛盾，达到既促进变革又稳定局面的目的。

（七）合理安排时间的艺术

在实际工作中，许多领导者经常抱怨自己的时间不够用，甚至有些领导者利用自己 90%的时间来解决公司内部的混乱与矛盾，仅用 10%的时间来思考公司的发展思路和企业的核心竞争力，这显然是不够的。一个卓越的领导者需要科学、合理地安排自己的时间，而时间的管理效率基本能够决定领导者的事业理想能否实现。所以领导者必须在研究本国以及全球发展趋势、调整企业核心竞争力和企业战略、充电学习、了解市场信息、与战略伙伴交流、与客户沟通、与企业的核心团队和人才沟通、传播企业文化、处理内部事务和危机等各个方面进行合理的时间分配，这样才能使企业的各项工作有条不紊地进行，最终实现企业的目标。

思考题

1. 领导与管理有什么区别和联系？
2. 领导的职位权力和非职位权力有哪些内容？它们有什么区别？
3. 领导工作有哪些基本原理？
4. 领导作风有哪些类别？
5. 什么是领导权变理论？

案例分析题

看球赛引起的风波

东风机械厂发生了这样一件事。金工车间是该厂唯一进行倒班的车间。一个星期六晚上，车间主任去查岗。发现二班的年轻人几乎都不在岗位。据了解，他们都去看电视直播的足球比赛去了。车间主任气坏了，在星期一的车间大会上，他一口气点了十几个人的名。没想到他的话音刚落，人群中不约而同地站起几个被点名的青年，他们不服气地异口同声地说：“主任，你调查了没有，我们并没有影响生产任务，而且……”主任没等几个青年把话说完，就严厉地警告说：“我不管你们有什么理由，如果下次再发现谁脱岗去看电视，扣发当月的奖金。”

谁知，就在宣布“禁令”的那个星期的星期六晚上，车间主任去查岗时又发现，二班的 10 名青年中竟有 6 名不在岗。主任气得直跺脚，质问当班的班长是怎么回事，班长无可奈何地从口袋中掏出三张病假条和三张调休条，说：“昨天都好好的，今天一上班都送来了。”说着，班长瞅了瞅在大口吸烟的车间主任，然后朝围上来的工人挤了挤眼儿，凑到主任身边讨了根烟，边吸边劝道：“主任，说真的，其实我也是身在曹营心在汉，那球赛太精彩了，您只要灵活一下，看完了电视大家再补上时间，不是两全其美吗？上个星期的二班，据我了解，他们为了看电视，星期五就把活提前干完了，您也不……”车间主任没等班长把话说完，扔掉还燃着的半截香烟，一声不吭地向车间对面还亮着灯的厂长办公室走去。剩下在场的十几个人，你看看我，我看看你，都在议论着这回该有好戏看了。

问题：

1. 车间主任会采取什么举动？
2. 你认为二班年轻人的做法合理吗？
3. 在一个组织中，如何采取有效措施解决群体需要与组织目标的冲突？
4. 如果你是这位车间主任，应如何处理这件事？

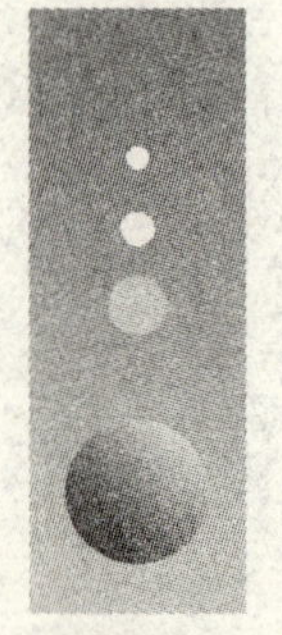

第十一章　激　励

第一节　激励概述

在组织中，员工是否能保持旺盛的士气、高昂的工作积极性，对于企业目标的实现具有至关重要的作用。领导者不仅需要有领导组织的本领，更要能够激发员工的士气和斗志。因此，一个有效的管理者，必须掌握激励理论、技巧，对员工进行激励，才能实现组织的目标。

一、激励的定义

激励是指管理者运用各种管理手段，刺激被管理者的需要，激发其动机，使其朝着所期望的目标前进的心理过程。

一般来说，激励与以下几个内容有关：

（1）激励的目的性。任何激励行为都具有目的性，这个目的可能是一个结果，也可能是一个过程，但必须是一个现实的、明确的目的。所以从这个意义上说，虽然一般来说激励是领导者的工作，但任何希望达到某个目的的人都可以将激励作为手段。

（2）激励通过人们的需要或动机来强化、引导或改变人们的行为。人们的行为来自动机，而动机源于需要，激励活动正是对人的需要或动机施加影响，从而强化、引导或改变人们的行动。因此，从本质上说，人们因激励所产生的行为是主动、自觉的行为，而不是被动的、强迫的行为。

（3）激励是一个持续反复的过程。激励是一个由多种复杂的内在、外在因素交织起来的持续作用和影响的复杂过程，而不是一个互动式的即时过程。

二、激励的要素与过程

（一）激励的要素

激励是“需要—欲望—满足”的连锁过程。

从心理学的角度看，人的行为是由动机所支配的，动机是由需要引起的，行为的方向是寻求目标、满足需要。一般而言，激励具有以下四个基本要素：

（1）需要。需要是激励的起点与基础，人的需要是人们积极性的源泉和实质。

（2）动机。动机是推动人从事某种行为的心理动力。激励的核心要素就是动机。

（3）外部刺激。这是激励的条件，是人们所处的外部环境中诸种影响需要的条件与因素。

（4）行为。在动机和外部刺激的作用下，被管理者采取有利于组织目标实现的行为，这是激励的目的。

（二）激励的过程

一个行为的基本心理过程如图 11—1 所示。

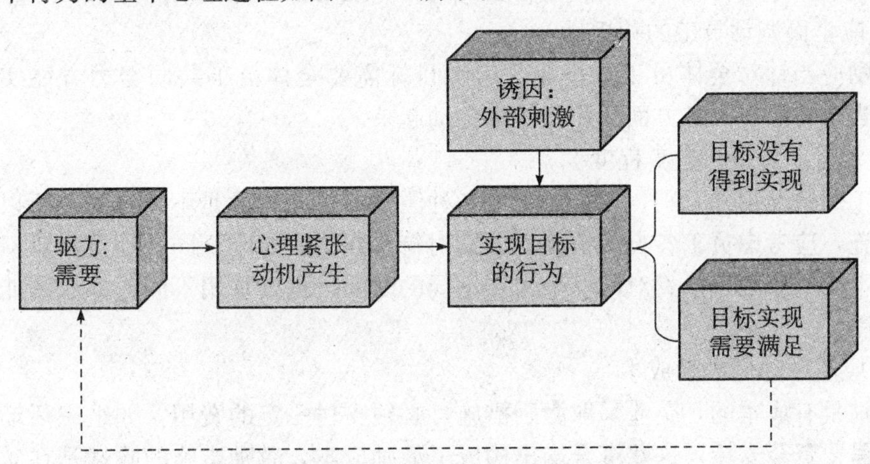

图 11—1 行为的基本心理过程示意图

图 11—1 表明：当人产生需要而未得到满足时，会产生一种紧张不安的心理状态，在遇到能够满足需要的目标时，这种紧张不安的心理就会转化为动机，并在动机的驱使下，向目标前进，目标达到后，需要得到满足，紧张不安的心理状态就会消除。随后，又会产生新的需要，引起新的动机和行为。行为的基本心理过程就是一个激励过程，通过有意识地设置需要，使被激励的人产生动机，进而引发行为，满足需要，实现目标。

需要提出的是，当人在行为后，需要不一定会得到满足，此时就不会产生新的需要，只有在现有需要得到满足后，人们才会去追求新的需要。另外，当员工没有内在需要的时候，领导者需要借助于外部刺激以引起员工的需要，从而调动员工为组织工作的积极性和主动性。

（三）激励的原则

1. 目标结合原则

激励是为了鼓励员工向实现组织目标方向作出努力，是实现组织目标的一种手段。因此，判断激励是否有效，必须分析激励所产生的积极性是否有利于完成组织任务、实现组织目标。激励目标的设定还必须能够满足员工的需要，否则无法提高员工的目标效价，达不到促使员工作出有效行为的目的。因此，只有将组织目标与个人目标结合好，使组织目标包含较多的个人目标，同时个人目标的实现离不开为实现组织目标所做的努力，才会收到满意的效果。

2. 按需激励原则

激励的起点是满足员工的需要，但员工的需要存在着个体差异性和动态性，因人而异，并且只有满足最迫切需要（主导需要）的措施，其效果最好，激励强度也最大。

3. 公平、公正原则

一个人对他所得的报酬是否满意不是只看其绝对值，而是要进行社会比较或历史比较，即相对值。每个人都把个人报酬与贡献的比率同他人的比率做比较，判断自己是否受到了公平的待遇，从而影响自己的情绪，控制自己的工作行为。

4. 应全面调动员工的积极性

激励应当针对全体员工，企业的组织目标需要全体员工共同努力方能实现，因此，应当把各层次、各方面的积极性都调动起来。

5. 要考虑员工的应激程度

员工的情况千差万别，每个员工对各种激励的反应程度是不一样的，所以，采取激励措施，应考虑员工各自的情况，分别对待。在同一时间、同一地点，对不同的人应运用不同的激励手段。对同一个人在不同的时间，也要采用不同的办法才能起到激励的作用。

6. 应注意降低激励成本

激励是有成本的，企业采取激励措施，必须支付一定的费用，如组织活动、发放奖励都需要资金支持，这些资金支出构成了激励成本，激励措施的收益是在激励措施生效后，会给企业带来的好处，这些好处使激励活动产生绩效。

第二节　激励理论

一、需要层次理论

这一理论是由美国著名社会心理学家亚伯拉罕·马斯洛于 1943 年提出来的，因而也称为马斯洛需要层次理论。该理论提出后引起了管理学界的广泛重视，对管理实践产生了重要的影响。

马斯洛认为人的需要可以分为生理、安全、社会交往、尊重以及自我实现五个层次，由低到高呈梯形排列。

(一) 生理需要

生理需要是人类最原始、最基本的需要，表现为衣食住行的需要，如食物、水、住所等。当这些需要得不到满足时，人类将无法生存。在组织中，足够的薪金、舒适的环境、适宜的时间等均属于该层次的需要。

(二) 安全需要

安全需要是保障及维持日常生活稳定性的需要，如生存安全、财产安全、职业安全、生活稳定等，即有保障、受保护及没有焦虑和恐惧。实际中，工作保障、退休保障、福利保障等均属于该层次的需要。

(三) 社会交往需要

人是社会的人，每个人都希望自己有很好的人际交往关系。该层次的需要包括两个方面：一是爱的需要，即伙伴之间、同事之间关系融洽，互敬互爱；二是归属的需要，即每个人都有要求归属于一个集团的感情，希望得到关心和帮助。在组织中，上司的关怀、友善的同事以及构建的联谊小组都可以满足员工的社会交往需要。

(四) 尊重的需要

人们在满足了社会交往需要后，就有自尊和受到别人的尊重的需要。自尊是一种取得成绩以后的自豪；受到别人的尊敬，是指当自己作出贡献时，能得到他人的承认。一个人只有在有地位、有名誉、有声望、有尊严时才能受到别人的尊重。

(五) 自我实现的需要

自我实现的需要是最高层次的需要，每个人都希望自己能实现个人的理想、抱负，能发挥自己的全部能力，以成为自己所期望的人物。可惜的是，在实际生活中，很少有人能达到这个层次。富有挑战性的工作、工作的自主权、决策权等是达到自我实现的需要的前提和保证。

马斯洛认为，生理需要和安全需要属于较低层次的需要，而社会交往的需要、尊重的需要以及自我实现的需要属于较高层次的需要。人们应考虑先满足较低层次的需要，再考虑满足较高层次需要；维持生存所必需的低层次需要应立即和持续予以满足；人们在满足较低层次需要时所采取的活动方式基本相同；人们的低层次需要比高层次需要更易确认、更有限度；各需要层次之间可相互影响；人类基本需要被满足的程度与健康状况成正比。

需要层次理论告诉我们，要正确认识被管理者需要的多层次性，要善于找出受时代、环境及个人条件差异影响的优势需要，有针对性地进行激励。

二、双因素理论

双因素理论又称为“激励—保健理论”(Motivator—Hygiene Theory)，是由美国心理学家弗雷德里克·赫茨伯格于20世纪50年代后期提出的。他认为影响人们工作积极性的因素有两类，一是保健因素。这是属于和工作环境或条件相关的因素。当人们得到这些方面满足时，只是消除了不满，却不会调动人们的工作积极性。比如，工作条件、工资、个人生活、地位、安全、同事关系等基本属于保健因素。二是激励因素。这属于和工作本身相关的因素。当人们得到这些方面的满足时，会对工作产生浓厚的兴趣，产生很大的工作积极性。比如，成就、个人发展、晋升、责任感等基本上属于激励因素。

双因素理论告诉我们，领导者要善于区分管理实践中存在的两类因素，领导者要用各种手段，增加员工对工作的兴趣，使员工满意自己的工作。不同国家、不同地区、不同时期、不同阶层、不同组织，乃至每个人，最敏感的激励因素也是不相同的，应灵活地加以确定。

三、成就需要理论

成就需要理论是由美国管理学家大卫·麦克兰提出来的。他认为人的需要除了生理需要外，还有三种需要：成就需要、归属需要、权力需要。

成就需要是对成就的强烈愿望和对成功及目标实现的执著。高成就需要者与其他人的区别在于他们想把事情做得更好。高成就需要者不喜欢靠运气获得成功，他们喜欢接受困难的任务，能够承担成功或失败的个人责任，而不是将结果归于运气或其他人的行为。更重要的是，他们逃避那些他们认为是非常容易或非常困难的任务。他们想要克服困难，但希望感受到成功或失败是由于他们的行为。这意味着他们喜欢具有中等难度的任务。组织中，管理者一般都有高水平的成就需要。

归属需要是指被人喜欢和接受的愿望。有高归属需要者喜欢合作而不是竞争的环境，希望彼此间顺利沟通和理解。有着强烈归属需要的人是成功的“整合者”，具有过人的人际关系技能，能够与他人建立积极的工作关系。

权力需要是影响和控制他人的愿望。具有高权力需要的人喜欢承担责任，喜欢处于竞争性环境和令人重视的地位。权力需要常常表现为“双刃剑”，当这种需要表现为对他人恶意的控制和利用时，对组织来说是一种不利的“个人化权力”；如果权力需要可以促使组织和社会的建设性改进，那么它就是一种积极的“社会化权力”。

高成就需要同工作的高绩效相联系，高成就需要的人往往把自己工作的业绩摆在第一位，因此，高成就需要的管理者并不一定就是好的管理者。与高成就需要的员工不同，高归属需要感的员工喜欢安定、保险系数高和可预见的工作场所。而高权力需要的人只能通过提升到某种具有高于他人的权力层次才能得到满足。

四、期望理论

美国心理学家维克多·弗鲁姆于 1964 年系统地提出了期望理论。该理论认为，人们对某项工作积极性的高低，取决于他们对这种工作能满足其需要的程度及实现可能性大小的评价。即取决于效价和期望值，用公式表示为：

激励力量=效价×期望值

效价是指目标对于满足个人需要的价值，即目标对于个人的重要程度，这是个体对成果或目标之有用性的主观估计，当个人对成果或目标漠不关心时，效价值为零；当个人宁可不要出现这种结果时，效价值为负值；反之，当个人多少希望达到结果时，效价值就为正值，当个人强烈期待出现预期结果时，效价值就很高。总之，只有在效价值大于零时，个人才会有一定的动力。效价值越高，动力也越大。

期望值是指采取某种行为可能导致的结果合乎某种需要的几率，即采取某种行为对实现目标可能性的大小。期望是一种概率，范围由 0 到 1。与效价概念类似，当期望值等于 1 时，个人认为有完全成功的把握，动力最大。

期望理论告诉我们，领导者一定要给予员工感兴趣、评价高的，即认为效价大的工作；凡是想引起广泛激励作用的工作项目，都应是大多数人经过努力能实现的。

五、公平理论

美国心理学家亚当斯于 1965 年提出了公平理论。公平理论认为，人的工作积极性不仅受其所得的绝对报酬的影响，更重要的是受其相对报酬的影响。这种相对报酬是指个人付出劳动与所得到的报酬的比较值。一般来说，比较方法有两种：一是横向比较，即拿自己在同一时间段所取得的报酬与其他员工相比较，又称为社会比较；另一种是纵向比较，即拿自己现在的报酬与过去的报酬进行比较，又称为历史比较。

（一）横向比较

用公式表示为：

$$OP/IP=OC/IC$$

其中，OP（OC）为自己对个人（他人）所获报酬的感觉；IP（IC）为自己对个人（他人）所做投入的感觉。当 $OP/IP<OC/IC$ 时，员工会感觉到组织对自己不公平，此时可以通过两种方法来实现公平：要求增加收入或减少今后努力程度；要求减少比较对象收入或让其增大努力。当 $OP/IP>OC/IC$ 时，可以要求减少自己报酬或多做工作，但之后会重新评估自己，认为应当这样。

（二）纵向比较

用公式表示为：

$$OP/IP=OH/IH$$

其中，OP（OH）为自己对现在（过去）所获报酬的感觉；IP（IH）为自己对个人现在（过去）投入的感觉。当 $OP/IP<OH/IH$ 时，员工将产生不公平感，工作积极性下降。当 $OP/IP>OH/IH$ 时，人不会产生不公平感，但也不会觉得自己多拿了报酬从而主动多做工作。

公平理论告诉我们，人们不仅关心自己经过努力所获得的报酬的绝对数量，也关心自己的报酬和其他人报酬的关系，因此，领导者必须将相对报酬作为有效激励的方式。另外，公平理论还着眼于分配公平，即个人间可见的报酬的数量和分配的公平。

六、强化理论

美国心理学家斯金纳认为，个体对外部事件或情境所采取的行为或反应，取决于特定行为的结果。当行为的结果对他有利时，这种行为会重复出现。当行为的结果对他不利时，个体可能会改变自己的行为以避免这种结果。强化理论认为，领导者可以通过对工作环境、员工行为结果和系统管理来修正员工的行为，使得其行为符合组织目标。有四种主要的强化方式：

（1）正强化。正强化就是运用有价值的结果从正面鼓励符合组织目标的行为，以使所希望的行为更多地发生。正强化包括表扬、推荐信、加薪等。

（2）负强化。负强化就是员工改变自己的行为以力图避免得到不合意的结果。负强化是事前的规避，它通常表现为组织的规定所形成的约束力，员工为了取消或避免不希望的结果而对自己的行为进行约束。

（3）惩戒。惩戒就是运用消极的结果以使人得到不合意的结果。惩戒包括对员工批评、斥责、处分、降级等。

（4）自然消退。自然消退又称为冷处理，即对于行为不给予强化的结果，行为也会逐渐消退。比如，对出色的员工不给予表扬。

强化理论认为，在塑造组织的过程中，重点应当放在积极的强化，而不是简单的惩罚上。惩戒往往会对员工的心理产生不良的副作用。创造性地运用强化手段对于管理者是十分必要的。

七、归因理论

归因理论是美国心理学家凯利等人提出的。人们的行为获得成功还是遭受失败可以归因于四个要素：努力、能力、任务难度、机遇。这四个因素可以按以下三个方面划分：一是内因或外因。努力和能力属于内因，任务难度和机遇属于外因。二是稳定性。能力和任务难度属于稳定因素，努力和机遇属于不稳定因素。三是可控性。努力是可控因素，能力在一定条件下是不可控因素，但人们可以提高自己的能力，这种意义上的能力又是可控制的；任务难度和机遇是不可控制的。

人们把成功和失败归因于何种因素，对以后的工作态度和积极性有很大影响。例如，把成功归因于内部原因，会使人感到满意和自豪，归因于外部原因，会使人感到幸运和感激等。

归因理论有助于领导者了解下属的归因倾向，以便正确指导和训练正确的归因倾向，调动下属的积极性。

第三节 激励方式

一、物质激励

物质激励是指以物质利益为诱因，通过调节被管理者的物质利益来刺激其物质需要，以激发其动机的方式与手段。主要包括金钱激励和惩罚激励。

（一）金钱激励

在知识经济时代的今天，人们生活水平已经显著提高，金钱与激励之间的关心呈弱化趋势，然而，物质需要始终是人类的第一需要，是人们从事一切社会活动的基本动因。所以，物质激励仍然是激励的主要形式。要使金钱能够成为一种激励因素，管理者应该记住以下几点：第一，对于不同的人，金钱的价值不一。相同的金钱，对不同收入的员工有不同的价值。第二，金钱激励必须公正。一个人对他所得的报酬是否满意不是只看其绝对值，而要进行社会比较或历史比较，通过相对比较，判断自己是否受到了公平对待。第三，金钱激励必须反对平均主义，平均分配等于无激励。第四，物质激励应与相应制度结合起来，才能起到更好的作用。

（二）惩罚激励

激励并不全是鼓励，它包含许多负激励措施，在经济上对员工进行处罚是一种管理上的负激励，属于一种特殊形式的激励。按照激励中的强化理论，激励可采用处罚方式，即利用带有强制性、威胁性的控制技术，如批评、降级、罚款、降薪、淘汰等来创造一种令人不快或带有压力的条件，以否定某些不符合要求的行为。

二、精神激励

物质激励自身也存在一些缺陷。重赏可能会带来副作用，它会使大家彼此封锁信息，影响工作的正常开展。精神激励能在较高层次上调动员工的工作积极性，其激励深度大，维持时间也较长。主要有以下几种类型。

（一）目标激励

目标激励就是确定适当的目标，诱发人的动机和行为，达到调动人的积极性的目的。

当目标明确并具有挑战性时，能更有效地激励个人或团队行动。当员工亲自参加目标确定时，士气会更高，也会产生更大的责任感来完成目标。对员工的行动作出准确的反馈，可以帮助他们调整工作方法，鼓舞他们为实现目标进行坚持不懈的努力。

目标设定需要相当的管理技术。更具体的、有挑战性的、可实现的目标问题总是在某些条件下更有效；在群体之中，当成员之间的相互协作对群体的绩效至关重要时，则个体的绩效目标就可能是无效的。因为追求个体绩效目标可能会降低合作，所以绩效目标要根据群体的需要来设定；管理者不断延伸目标会进一步激发员工产生更大的积极性和更高的绩效。

（二）工作激励

为了更好地发挥员工工作积极性，管理者要善于调整和运用各种工作因素，进行工作设计，并创造良好的工作环境，还可通过员工与岗位的双向选择，使员工对自己的工作有一定的选择权等。通过一系列措施，使工作本身更具意义、更具挑战性，让下属满足于自身的工作，给员工一种自我实现感，以实现最有效的激励。

（三）参与激励

现代管理实践突出了员工参与对员工绩效的激励意义，员工参与计划成为企业的普遍形式。管理者鼓励员工的参与是基于这样的理念：在不同程度上让职工和下属参与组织决策和各级管理工作的研究和讨论，调动职工和下属的积极性和创造性。

（四）荣誉激励

荣誉是众人或组织对个体或群体的崇高评价，荣誉激励是满足人们自尊需要、激发人们奋力进取的重要手段，它可以调动人们的积极性，形成一种内在的精神力量。从人的动机上看，人人都有荣誉感，具有自我肯定、光荣、争取荣誉的需要，因此管理者要设法让员工们感觉到、认识到荣誉感的崇高性。

（五）关心激励

作为管理者，关心和体贴员工是对员工最好的激励方式之一。

1. 关心下属的身体

下属对领导平时的行为是有目共睹的，当下属希望领导给予温暖时，心中自然会对领导更加敬畏。

2. 祝贺下属的生日

领导者应抓住机会，给下属庆祝生日，当然如果买个蛋糕、发点奖金，效果会更好。

3. 关心下属的家庭和生活

作为领导者，应该急下属所急，解决一些实际生活问题，这就是对下属的最大的关怀。当下属们在餐厅里安心地吃饭时，心中肯定感激领导的一番良苦用心。

4. 抓住欢迎和送别的机会

当下属离职时，不能简单地认为是换个人，一定要抓住送别的机会表达自己对员工的关心。对待员工既要有个好的开头，又要有一个好的结束。

（六）赏识激励

1. 及时赞扬下属的成绩

对员工进行赞扬，要将赞扬的事项予以简洁的描述，赞扬的话语要恰如其分，不能太夸张。最为关键的是，赞扬要及时，不要等到年终总结回顾时才来赞扬，最好看见就说。

2. 感谢下属为公司作出的贡献

领导者要有感恩的心，即使员工完成了分内的事情，也要真诚表达自己的谢意。

每个员工都会对真心的感谢作出积极的回应，员工将为向自己表达感激的上司更加努力地工作。

3. 给下属提供更多的机会

领导者要给下属提供新的机会，让他们能以一种更有意义的方式去奉献并学到新的技能，给下属的工作更大的自由度和控制权。这些源于机会的赏识，会使下属更加愿意为你和整个组织的成功而尽心尽力。

4. 尊重员工的意见和想法

员工都希望因为自己是员工，而不仅仅是因为自己所能做的事情而被重视，如果上司在做决策时能够考虑到员工的需求，听取员工的想法和建议，那上司其实就是对员工的价值给予了认可和赏识。

思考题

1. 激励的要素和原则分别包括哪些？
2. 激励的过程如何？
3. 激励理论包括哪些？
4. 激励方式有哪些？

案例分析题

赵副厂长该怎么办？

赵林德是某汽车零件制造厂的副厂长，分管生产。一个月前，他为了搞好生产，掌握第一手资料，就到第一车间甲班去蹲点调查。一个星期后，他发现工人劳动积极性不高，主要原因是奖金太低，所以产量多的工人每天生产二十几只零件，少的生产十几只零件。

赵林德和厂长等负责人商量后，决定搞个定额奖励试点，每天每人以生产20只零件为标准，超过20只零件后，每生产一只零件奖励0.5元。这样，全班23个人都超额完成任务，最少的每天生产29只零件，最多的每天生产42只零件，这样一来，第一车间甲班的工人奖金额大大超过了工资，使其他班、其他车间的工人十分不满。

现在又修改了奖励标准，每天超过30只零件后，每生产一只零件奖励0.5元，这样一来，全班平均生产每天只维持在33只左右，最多的人不超过35只，赵林德观察后发现，工人并没有全力生产，离下班还有一个半小时左右，只要30只任务已完成，他们就开始休息了。他不知道该如何进一步来调动工人的积极性。

问题：

赵林德在激励员工时有哪些不妥之处？该如何改正？

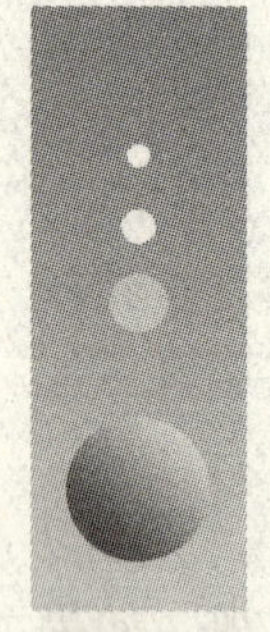

第十二章 控 制

第一节 控制概述

一、控制的含义

所谓控制，是指施控主体对施控对象施加的一种能动影响或作用，以保持或改变对象的某种状态，使其达到施控主体预期目标的活动。简单地说，系统（或系统要素）之间有目的的影响或干扰就是控制。所谓管理控制，是指监视各项活动以保证它们按计划进行，并纠正各种重要偏差的过程。管理者在对已经完成的工作与计划所应达到的标准进行比较之前，并不知道部门的工作是否进行得正常。一个有效的控制系统可以保证各项行动是朝着达到组织目标方向的，控制系统越是完善，管理者实现组织的目标就越容易。

尽管计划可以制定出来，组织结构可以调整得非常有效，员工的积极性也可以调动起来，但是这仍然不能保证所有的行动都按计划执行，不能保证管理者追求的目标一定能达到，由于主、客观等多方面的原因，计划在实施过程中常常会出现偏差，如外部环境的变化、制定计划时对内部条件的估计不足，管理权力的分散和管理人员能力的差异造成的理解偏差，或者由于任务执行者的机会主义行为等，都会引起计划执行时发生偏差。为了保证计划目标的实现，必须实施控制。因此控制的重要性可见一斑。控制的目的是限制偏差的累积和适应环境的变化。控制工作的重要性可从两个方面来解释：

（1）任何组织、任何活动都需要进行控制。控制工作，能够为主管人员提供有用的信息，使之了解计划的执行进度和执行中出现的偏差以及偏差的大小，并据此分析偏差产生的原因。

（2）控制工作的重要性还表现在它管理的四个职能中所处的地位及其相互关系。控制工作通过纠正偏差行为与其他三个职能紧密地结合在一起，使管理过程形成了一个相对封闭的系统。一旦计划付诸实施，控制工作就必须穿插其间进行。它对于衡量计划的执行进度，发现并纠正计划执行中的偏差，都是非常必要的。

组织、领导与控制是保证计划目标的实现所不可缺少的。从某种意义上来说，它们同属于管理的“维持职能，”其任务是保证系统按预定的方向和规则运行。但是，管理是在动态环境中生存的社会经济系统，仅有维持是不够的，还必须不断调整系统活动的内容和目标，以适应环境变化的要求。控制是管理工作最重要的职能之一，它是保证企业计划与实际作业动态相适应的管理职能。

二、控制的种类

控制可以从不同角度进行分类，下面仅对从管理角度进行的分类作一简单说明。

（一）按控制结构分类

按控制结构可将管理控制分为集中控制和分散控制。

（1）集中控制是在系统中只设一个控制机构，上层主管领导授权给下级部门的领导，由下级部门的领导在各自的管辖范围内实施控制。

（2）分散控制也称多级控制，即在系统中设有多层和多个控制机构，上层控制机构对下一级控制机构进行控制，各下级控制机构则对本身系统进行控制。如在实行事业部制的企业中，各事业部对自己的进货、销售价格等均有自主决策的权力，这对总公司来说就是一种分散控制。由于分散控制必然形成权力结构和组织结构上的多层次，所以也是多级控制。

（二）按控制在计划执行过程中的时刻分类

根据控制作用的环节不同，可将控制分为事前控制、事中控制和事后控制。

（1）事前控制。也称预先控制或前馈控制，是一种在工作开始之前就进行的控制。前馈控制旨在获取有关未来的信息，依此进行反复认真的预测，将可能出现的执行结果与计划要求的偏差预先确定出来，或者事先察觉内外环境条件可能发生的变化，以便提前采取适当的处理措施预防问题的发生。事前控制由于未雨绸缪地采取了防患于未然的行动，因而可以克服反馈控制系统的滞后性问题。例如，司机驾车上坡前踩油门加速，学生上课前预习，企业质量管理首先控制原材料质量，要求工作人员“持证上岗”确保能力素质，对设备进行预防维修等，都是事前控制。

事前控制有明显优点：首先，事前控制是针对某项计划行动所依赖的条件进行的控制，不针对具体的人员，不会造成心理冲突，易于被员工接受并付诸实施；其次，事前控制是工作开始之前进行的控制，因而可防患于未然，避免事后控制对于已铸成的差错无能为力的弊端。但是，实施事前控制的前提条件也较多，例如它要求管理者拥有大量准确可靠的信息，对计划行动过程有清楚的了解，懂得计划行动本身的客观规律并要随着行动的开展及时了解新情况、新问题，否则就无法实施前馈控制。由于事前控制所需要的信息常常难以获得，所以在实践中还必须依靠其他两类控制方式。

（2）事中控制。也称现场控制，是一种在工作正在进行的同时进行的控制。现场控制的职能主要有指导和监督两项。指导是管理者针对工作出现的问题，根据自己的经验指导下属改进工作，或与下属共同商讨矫正偏差的措施，以便使工作人员能正确地完成所规定的任务；监督是按照预定的标准检查正在进行的工作，以保证目标的实现。管理者亲临现场观察就是一种最常见的现场控制活动。在现场控制中，组织机构授予主管人员的权力使他们能够使用经济和非经济的手段来影响其下属。控制活动的标准来自计划工作所确定的活动目标和政策、规范和制度。控制工作的重点是正在进行的计划实施过程。控制的有效性取决于主管人员的个人素质、个人作风、指导的表达方式以及下属对这些指导的理解程度。

现场控制具有指导职能，它有助于提高工作人员的工作能力和自我控制能力。但是，现场控制也存在一些弊端：首先，运用这种控制方法容易受到管理者的时间、精力、业务水平的制约。同时，管理者也不可能时时对任何事都进行现场控制，只能偶尔使用或在关键项目上使用。其次，现场控制的应用范围比较窄。对生产工作容易进行现场控制，而对一些问题难以辨别、成果难以衡量的工作，如科研、管理工作等，就很难进行现场控制。最后，现场控制容易在控制者与被控制者之间形成心理上的对立，容易损害被控制者的工作积极性和主动性，从而降低工作效率。

（3）事后控制。也称反馈控制，是一种在工作结束之后进行的控制。反馈控制把注意力主要集中于工作结果上，通过对工作结果进行测量、比较和分析，采取相应的措施，进而矫正今后的行动。反馈控制可用来控制系统的最终成果，例如产量、销售收入、利润等；也可用来控制系统中的中间结果，即局部反馈，例如生产计划、生产过程、工序质量、在制品库存量等。通过各种局部反馈，可以及时发现问题，排除隐患，避免造成严重后果。

事后控制的优点在于总结规律，为进一步改进实施创造条件，实现良性循环，提高效率。但事后控制类似于成语所说的“亡羊补牢”，它的最大弊端是在采取矫正措施之前，偏差就已经产生，往往难以挽回损失。事后控制能为管理者评价计划的制定与执行提供有用的信息，人们可以借助反馈认识组织活动的特点及其规律，为进一步实施事前控制和现场控制创造条件，实现控制工作的良性循环，并在不断的循环过程中提高控制效果和计划质量。

（三）按信息反馈分类

按控制过程中是否存在信息反馈，可将控制分为开环控制和闭环控制。在管理控制中，大量的是闭环控制。如通过用户对商品质量的反映来决定对供货厂商的选择；通过销售月报反映销售收入下降，商店及时采取促销手段以增大销售。这些均属于反馈控制。

在现实的组织管理活动中，常常不是单一地采用一种控制方式，而是多种控制方式同时进行，构成一个复合控制系统。

三、控制的对象

组织活动的成果应成为控制的重点对象。管理者必须分析组织活动想要实现什么样的目标，分析对组织有影响的重点因素。为了确保组织的预期成果，就必须在成果形成之前，对影响成果形成的各种因素进行分析，找出重点因素并把这些因素作为控制的对象。

（一）人员

管理者是通过他人的工作来实现其目标的。为了实现组织的目标，管理者需要而且也必须依靠下属员工。因此，管理者要求员工按照所期望的方式去工作是非常重要的。为了达到这一点，最简明的方法就是直接巡视和评估员工的表现。

在日常工作中，管理者的工作是管理员工的工作并纠正出现的问题。比如，一位车间小组组长发现一位员工操作机器不当时，就应该指明正确的操作方法，并告诉员工在以后的工作中按正确的方式操作。

管理者对员工的工作进行系统化的评估，是一种非常正规的方法。这样每位员工的近期绩效都可以得到鉴定。如果绩效良好，员工应该得到奖励，如增加工资，从而使之工作得更好；如果绩效达不到标准，管理者就应该想办法解决，根据偏差的程度予以不同的处分。

（二）财务活动

每个企业的首要目标是获取一定的利润。在追求这个目标时，管理者借助于费用控制。比如，管理者可以仔细查阅每季度的收支报告，以发现多余的收支。管理者也可以进行几个常用财务指标的计算，以保证有足够的资金支付发生的各种费用，保证债务负担不至于太重，并使所有的资产都得到有效的利用。这就是财务控制如何降低成本并使资源得以充分利用的例子。表12—1 中概括了一些组织中常用的财务比率指标，管理者可以利用这些指标作为内部控制手段，考察组织在利用其资产、负债、库存等方面的效率。

表 12—1　　常用财务比率指标

目的	比率	计算公式	含义
流动性检验	流动比率	流动资产/流动负债	检验组织偿付短期债务的能力
	速动比率	（流动资产－存货）/流动负债	对流动性的一种更精确的检验
财物杠杆检验	资产负债比	全部负债/全部资产	比值越高，组织的杠杆作用越明显
	利息收益倍比	税前利润/全部利息支出	当不能偿付利息支出时，利润下降的程度
运营检验	存货周转率	销售收入/存货	比值越高，存货资产的利用率越高
	总资产周转率	销售收入/总资产	比值越高，组织利用全部资产的效率越高
营利性检验	销售利润率	税后净利润/销售收入	说明各种资产产生的利润
	投资收益率	税后净利润/总资产	度量资产创造利润的效率

资料来源：戴淑芬：《管理学教程》，226 页，北京，北京大学出版社，2000 年。

（三）作业

一个组织的成功，在很大程度上取决于它在生产产品或服务上的效率和效果。作业控制方法是用来评价一个组织转换过程的效率和效果的。

典型的作业控制包括：监督生产活动以保证其按计划进行；评价购买能力，以尽可能低的价格提供所需质量和数量的原材料；监督组织的产品或服务的质量，以保证满足预定的标准；保证所有的设备得到良好的维护。

（四）信息

管理者需要信息来完成他们的工作，不精确、不完整、过多的或延迟的信息将会严重阻碍他们的行动。因此，应该开发出这样一种信息管理系统，能在正确的时间，以正确的数量，为正确的人提供正确的数据。管理信息的方法在最近几年发生了很大的变化。技术进步，特别是网络技术的发展，使管理者通过计算机就可以随时输入他们的要求，随时调出按地区划分的销售结果和所需的各类数据等。过去需要几天才能得到的数据，现在只需要几秒钟。

（五）组织绩效

为了维持或改进一个组织的整体效果，管理者应该关心控制。但是衡量一个组织的效果并没有一个单一的衡量指标。生产率、效率、利润、员工士气、产量、适应性、稳定性，以及员工的旷工率等，都是衡量组织整体绩效的重要指标。

阅读资料

经过长达15年的精心准备，耗资15亿美元的哈勃太空望远镜终于在1990年4月发射升空。但是，美国国家航天局仍然发现望远镜的主镜片存在缺陷。由于直径达94.5英寸的主镜片的中心过于平坦，导致成像模糊，因此，望远镜对遥远的星体无法像预期那样清晰地聚焦，结果造成一半以上的实验和许多观察项目无法进行。

更让人觉得可悲的是，如果当初更细心地控制，这些是完全可以避免的。在镜片生产过程中，进行检验的一种无反射校正装置没设置好。校正装置上的1.3毫米的误差导致镜片研磨、抛光成了误差形状。但是没有人发现这个错误。具有讽刺意味的是，与其他许多美国国家航天局的项目所不同的是，这一次并没有时间上的压力，而是有足够充分的时间来发现望远镜上的错误。实际上，镜片的粗磨在1978年就开始了，直到1981年才抛光完毕，此后，由于“挑战者”号航天飞机的失事，完工后望远镜又在地上待了两年。美国国家航天局中负责哈勃项目的官员，对望远镜制造中的细节根本不关心。事后航天管理局中一个6人组成的调查委员会的负责人说：“至少有三次明显的证据说明问题的存在，但这三次改正的机会都失去了。”

点评：

哈勃望远镜的例子说明了在一个组织机构中如果没有控制将发生什么。一件事情，无论计划做得多么完善，如果没有令人满意的控制系统，在实施过程中仍然会出问题。因此，对于有效管理，必须考虑到设计良好的控制系统所带来的好处。

第二节 控制的过程

巨人集团是个靠高科技迅速崛起的民营企业。1989 年，其创始人史玉柱以4 000元和自己开发的 M-6401 汉卡起家，4 个月后总资产达到 100 万元，3 年时间总资产超亿元，但在 1996 年年底，巨人却陷入严重的财务危机，巨人倒下了。其直接原因就是 70 层巨人大厦的投资失误。1992 年，它以公司资产规模一个亿、流动资金才几百万元的实力，却要建造工程预算十几个亿、需要 6 年完工的巨人大厦，结果几乎导致整个企业的覆没。巨人集团的覆没是一个典型的计划失控案例。

控制过程由 4 个单独而不同的步骤所组成：建立绩效标准；衡量实际绩效；比较标准与实际绩效差异；评估差异结果并采取必要的修正行动。

一、建立绩效标准

绩效标准的依据是衡量成果的特定目标，而这些特定目标是在进行规划功能时所设定的。目标应尽可能地具体并得以证实与衡量，因为模糊的目标只能产生模糊的标准，模糊的目标也无法评估目标实际所完成的程度。例如，“追求最大利润”便是一种模糊的标准，因为“最大”应该如何界定就缺乏明确的说法；而“追求每年 2 亿元的利润”就明确了很多。

控制标准有定性和定量两大类。

定性标准只是用于某些不能用数量来衡量的方面，它们只能用一些定性的描述，有时有一定的弹性。如某个企业的信誉，某人的职业素质、能力等。

定量标准分为五类：（1）实物量的标准，如企业中的产品产量、单位台时定额、单位产品工艺消耗定额等；（2）货币标准，如产品成本、销售收入、利润、应交税金等；（3）质量标准，如产品等级、合格率、次品率等；（4）时间标准，如生产线的节拍、生产周期、交货期、产品的保修期等；（5）综合标准，如劳动生产率、废品率、市场占有率、投资回报率等。

管理控制标准要求简单明了，可以定量，容易测定。例如，中国虽号称有博大精深的饮食文化，是个饮食王国，但洋快餐“麦当劳”、“肯德基”等却大举进攻国内市场，取得节节胜利，同时有许多中式快餐如“荣华鸡”、“红高粱”等却节节败退，甚至全军覆没，为什么？其中的原因有许多，但主要原因就是管理问题，尤其是控制问题。以麦当劳为例，它实行的是特许经营，形成了一整套计划周密、有条不紊的筛选程序来选择特许经营者，而且经营者必须通过“汉堡包大学”的专门培训。一本几百页的操作手册规定了严格的标准，其中包括食物配置、烹饪程序、店堂布置甚至职员着装，这些都有详细标准；食品的制作完全是标准化的，一磅肉的脂肪含量必须少于 19%，小面包的宽度只能是 3.5 英寸，每个汉堡包中的洋葱不能超过 1/4 盎司等；每种食品的制作时间有明确的规定，而且食品出炉后的存放时间也有详细的规定，油炸食品 7 分钟，汉堡包 10 分钟，咖啡 30 分钟，超过规定时间，所有的食品都将扔掉。所有这些标准都要严格执行，并有严密的监督体制，每家分店有审查员，公司有不定期的暗访调查，发现不符合规定的坚决查处。通过这一整套严密的控制体系，消费者能在世界各地坐在相同熟悉洁净的店堂里吃到相同质量、口味的食品，享受到相同周到的服务。而中国的一些企业和它相比，管理是粗线条的，控制是不到位的。

然而，并非所有目标都能通过量化来使之明确，例如，"提升员工对组织的向心力与士气"便很难予以特定化与明确化，此时便需以较接近原先目标的指标来作为衡量的基准。

由于标准的建立与设定来自于目标，很多目标设定的相关概念自然也都适用于控制标准的建立。例如，若能让员工参与标准的设定，则员工对于标准的认同与接受程度便会较高。基本上，管理者在建立绩效标准这一步骤时，主要面临的决策为："绩效标准的明确度与特定化必须达到何种程度?""绩效标准的挑战性必须达到何种程度?"绩效标准的明确度与特定化程度越高，当然越容易评估，但若涉及目标本身的特性与目标设定的成本，其定夺便相对困难。绩效标准设定得太高或太低，都缺乏激励性，因此，如何决定绩效标准对管理者而言是一大挑战。

二、衡量实际绩效

衡量实际绩效，包括衡量的方式和内容。即我们要知道"如何衡量"和"衡量什么"，管理者如何取得实际绩效的信息。取得实际绩效信息的方式，当然会受实际绩效的内容影响，不外乎是直接观察、统计资料、口头汇报、书面汇报及电子回馈等 5 种信息来源。管理者可以单一或同时运用这 5 种方式。

直接观察是管理者亲临现场得来的第一手信息，如调查访问、现场观察等。例如，现在发达国家的一些成功企业提倡"转悠管理"，就是要求管理人员走出办公室，到现场去巡视，亲自了解实际情况，在现场发现问题、解决问题。

直接观察真实、快捷，每个管理者能从自己喜好的角度去观察，但所得的信息需要去伪存真、分析判断，也存在个人偏好的影响及观察时间不同所得出的结论不同等问题。

口头汇报分正式汇报和非正式汇报，正式汇报往往在某些公众场合上，如会议等；非正式汇报往往是一对一的情况通报和信息沟通式的汇报，如电话交谈、个别交谈等。口头汇报方便、快捷，还可以通过语气、用词和身体动作来表达某些信息，但不易保存，容易误传。

书面汇报往往在计划结束后或告一个段落后形成，如工作总结、会计报表、有关统计报表等，它比较全面和准确，易于保存，但在时间上显得有些滞后了。

随着计算机使用的普及，信息还可以通过计算机获得，从中可得到相关数据和统计报表，它丰富全面、易于查询、便于分析、及时快捷，但其效率取决于信息系统的完善程度和数据分析功能，因为产生过多的无序的数据反而会让人无所适从。

三、比较标准绩效与实际绩效的差异

管理者通过比较的程序，来决定标准绩效和实际绩效之间的差距。由于要求标准绩效和实际绩效完全相符是不切实际的，因此管理者必须容忍一定范围的变动区间，而比较的步骤则包含决定标准绩效和实际绩效之间可接受的变动范围。决定标准绩效与实际绩效的变动区间是非常重要的，因为过度狭窄的区间会使指标过度敏感，过分宽广的区间则失掉控制的意义。利用变动区间时，管理者只对脱离此容忍范围的差距才加以注意，而这正是“例外管理”的含义。

四、评估差异结果并采取必要的修正行动

控制程序的第四项也是最后的步骤，则是采取修正行动。管理者面对差异必须先判定偏差的来源，再根据偏差的原因采取修正行动。一般造成偏差的原因有三大类：计划操作原因、计划不合理原因以及外部环境发生较大变化原因。

（一）计划操作原因

当偏差是由于计划执行者自身原因造成时，如工作不认真、缺乏责任心，或能力不够，不能胜任工作等，这时可采取以下措施：重申规章制度，明确责任，明确激励措施，按规定处罚有关人员；或调整工作人员，加强员工培训，改组领导班子等。

（二）计划不合理原因

有时制定计划时不切实际，好高骛远，盲目乐观，把目标定得过高，根本达不到，如制定过高的利润目标、市场占有率目标，这时应根据具体情况，及时调整目标，使之在合理的水平上；也有在制定目标时，过于保守，低估自己的实力，把目标定得太低，不能起激励作用，这时也应进行调整。当然，应注意不能凭一时冲动，随意更改计划，否则，计划将失去存在的意义，也就谈不上有效控制了。

（三）外部环境发生重大变化的原因

外部环境有时会发生重大变化产生偏差，例如：国家政策法规发生变化，国际政治风云突变，像美国的“9·11”恐怖事件；某个大客户或大供应商突然破产；自然界发生不可抗拒的灾害，像2004年发生的印度洋海啸等。由于这些因素往往是不可控的，因此只能在仔细分析的基础上采取一些补救措施，以尽量消除不良影响，然后改变策略，避开锋芒，或变换目标，另辟蹊径。

评估差异结果后，如果没有偏差，或偏差在允许范围内，则不需要采取什么行动；但如果有偏差，并且超出范围，则要采取必要的修正行动。修正行动可分为治标和治本两种。这时，管理者要决定是仅仅现场改正就行了，还是分析产生偏差的原因，彻底纠正，也就是说，是治标还是治本。例如：1998年夏天中国长江流域和松花江流域发生严重洪涝灾害，许多大堤发生险情，这时只能采取应急措施，哪里有险

情，就补救哪里，有时甚至需要拆东墙补西墙，以确保控制险情，这是治标；但在冬季，人们都对大堤进行了彻底修整，有的提高防洪标准，有的重新修建，以做好日后防汛的准备，这就是治本，有效率的管理者会针对造成偏差的真正原因，采取彻底的治本的行动。

第三节　控制方法

控制方法是一个涵盖范围很大的概念，可以说组织管理的绝大多数方法都属于控制方法。例如，劳动人事管理中的制定劳动定额、考核劳动绩效，商品经营中确定“经济采购批量”、盈亏平衡分析以及经营单位组合矩阵（BCG）、管理信息系统（MIS）等都是一些具体的控制方法。本章主要介绍三种比较有代表性的控制方式，这些控制方法有的是以某种经营要素为控制对象的，有的则是以经营要素整体为控制对象的。

一、预算控制

预算是对一定时期内资金来源和资金使用的计划，是用货币量来表示的数字化的计划。

（一）预算的作用

预算是广泛运用的传统财务控制方法。在任何组织中，资金都是举足轻重的因素之一，组织中的所有活动几乎都要与资金发生联系。预算内的各项活动都会得到相应的资金保证，而预算外的各项活动就难以获得必要的资金来源。因此，预算作为一种重要的杠杆，调节和控制着组织各项活动的轻重缓急和规模大小。另外，由于预算是以货币量来表示的，从而为各项工作的完成提供了一个清晰的标准，并有利于对管理者和各部门的工作进行客观评价。

（二）预算的种类

综合考察不同特点的组织，可归纳出六种预算形式。

（1）收支预算。这是指组织在预算期内以货币单位表示的收入计划和经营费用支出的计划。收入来源一般包括商品销售收入、资产出售等，费用支出有原材料费、管理费等。

（2）实物量预算，许多预算用实物单位表示比用货币单位表示更好。如大多数公司要预算其产品的产量，企业有关部门要预算它们在最终产品的零部件中所占的份额，劳动力的预算中要用人/时或人/日等，都是采用实物量单位比较方便。

（3）投资预算。投资预算包括投资于厂房、机器、设备等有关设施以增加固定资产的各项支出。由于其数额较大，回收时间长，因此需要慎重考虑，单独列出。这项预算应和组织的长远规划一并考虑。

(4) 现金预算。现金是指现实的、可随时使用的资金。有些资金，或处于实物形态，或只是挂在账上，虽然都属于组织的资产，但很难自由使用。而现金则可作为“一般等价物”，给管理人员交换所需物资或投入其他用途带来方便。现金的预算，就是要估算计划期可能提供的现金和所需要的现金，以便求得平衡。

(5) 负债预算。负债经营是组织保持财务收支平衡的重要措施，包括向银行贷款、社会集资、发行股票。负债预算要考虑一定时期的资产、债务和资本账户的状况，需要多少资金，需要借多少，是否能还，何时能还等。防止“资不抵债”是负债预算的重要任务。

(6) 预算汇总。由各种预算汇合起来的总预算，其主要内容已由资产负债预算作了表达，因此往往可以用资产负债预算来代替总预算。总预算中包括了资产负债预算中所说明的财产、债务和其他资产，还应说明总预算收入、拨款和支出，并要包含对可能出现的情况分析和预算编制的其他说明。

(三) 预算的程序

预算程序一般应包括以下六个步骤：

(1) 组织下属各职能部门制定本部门的预算方案，呈交给归口负责人审批。

(2) 各归口负责人对所属部门的预算草案进行综合平衡，并制定本系统的总预算草案。

(3) 各系统将其预算草案呈交预算委员会（一般由高层领导和有关专家组成)。

(4) 预算委员会审查各系统预算草案，并进行综合平衡。

(5) 预算委员会与最高决策人磋商，拟定出整个组织的预算方案。

(6) 预算委员会将整个组织的预算方案提交总经理或董事会审批。审批后再逐级返回下去。下属各部门得到的是经过平衡的有所变动的最终部门预算。

(四) 预算的编制方式

制定预算，从具体操作上看，有三种基本方式。

(1) 可选预算。即为可能出现的各种不测事件编制可供选择的预算。一个公司常常分别按上、中、下三种不同的经营水平编制预算，并把这三种预算都批准为整个公司和各个部门未来半年或一年的预算。然后，在规定的时候告诉各有关主管人员在他们的计划和控制工作中要使用哪一个预算。可选预算会加强预算方案的合理性。

(2) 补充预算，也称“每月补充预算”。首先，提出半年或年度预算，以表明企业的计划纲要和明确部门的目标。然后，在预测企业该月产量的基础上来编制补充预算。如果说短期计划在一定程度上证明是正确的话，那么月度补充预算就使每个主管人员有权在基础预算的基础上安排产量进度和所要使用的资金。

(3) 零基预算。与传统的增量或减量预算法不同，零基预算的基本原理是：对任何一个项目费用的开支，都不是从原有的基数出发，即根本不考虑各项基期的费用开支情况，而是一切都以零为基础，从零开始考虑项目费用的必要性及其预算的规模。这种预算不受某种既定框框的束缚，能促使各级管理人员精打细算，量力而行，合理使用资金。但是，由于零基预算是以零为起点来观察分析一切生产经营活动费用情况的，因而其工作量比较大。

二、全面质量管理

全面质量管理，是指依靠全体员工综合运用现代管理思想、管理方法、管理技术对组织全体人员、组织活动的全过程及影响组织活动的全部因素实行标准化、目标化和规范化封闭式的管理。

（一）全面质量管理的内容

对于一个组织而言，全面质量管理的内容主要包括以下三个方面。

1. 实行全员管理

所谓全员管理，就是组织内部所有部门、所有人员，人人做好本职工作，个个关心工作质量，全体人员都参加质量管理活动，从而形成一个质量管理的有机整体。由于分工的不同，一般一个组织内部所有部门及其人员大致可划分为三个层次：领导决策层、组织协调层（又可叫做管理执行层）和贯彻落实层（基层）。实行全员管理，也就是包括上述三个层次的所有人员都要加入到质量管理中来。

2. 实行全过程管理

"全过程"管理，就是对工作的整个过程、所有环节自始至终的管理。以商业零售企业为例，则应包括售前服务、售中服务（即销售服务）和售后服务三个环节。商业服务质量问题常常表现为售中阶段，而决定售中服务质量的关键往往是在售前就存在的。为了搞好售中的服务工作，必须在售前做好准备，给售中服务打好基础。而对售中服务工作的不足，也需要通过售后服务给予完善和补充。因此，商业零售企业要保证服务质量，不仅要做好服务中的质量管理，还要做好售前的准备过程和售后的延续过程的质量管理，也就是对商品流转所形成的全过程各个环节加以管理，形成一个综合性的质量管理体系。

3. 实行全因素的管理

质量管理的好坏，受很多复杂因素的影响与制约。所谓"全因素"管理，就是在全面分析影响质量的各种因素的基础上，找出主要因素，采取有效措施加以严格控制和管理，努力控制质量事故的发生，使优质长期坚持下去。如当前影响商业企业服务质量的因素主要有以下几种：（1）经营思想；（2）人员素质；（3）商品经营；（4）组织机构；（5）分配制度；（6）基础设施；（7）劳动条件；（8）生活福利；（9）社会影响和人际关系等。

（二）全面质量管理的工作方法

全面质量管理的最基本的工作方法就是 PDCA 循环管理法。我们做任何事情都有这样一条规律，即先有个设想，根据设想来安排计划，然后按照计划去执行，在执行过程中进行检查和调整，完成计划后再做一番总结和处理。美国管理学家戴明把这种工作法的规律总结为 PDCA 循环法，也称"戴明环"。具体而言，PDCA 循环管理法包括：（1）计划阶段（Plan）；（2）执行阶段（Do）；（3）检查阶段（Check）；（4）处理阶段（Action）。

三、价值工程

1947年，美国通用电气公司的设计师麦尔斯（L. D. Miles）从研究材料的代用问题开始，总结出了一套保证在同样功能的前提下降低成本的科学分析方法，后被称为“价值工程”。

（一）价值分析中的价值、功能和成本

1. 价值

价值分析中的“价值”的概念具有特定的含义，它不同于政治经济学中有关价值的概念。这里的“价值”是作为一种“尺度”提出来的，可以概括为“评价事物（产品或作业）有益程度的尺度”。价值高说明有益程度高、效益大、好处多。价值低说明有益程度低、效益小、好处少。价值分析中用“价值”评价事物的有益程度是以事物的效用与取得这种效用所投入资源的比值来进行的，即：

价值＝效用/投入资源

2. 功能

功能是指系统（产品或作业）所具有的特定用途和使用价值。价值分析认为：人们购买产品是为了获得它的“功能”，而不是要买到某种产品本身，比如买电视机是为了获得它的“收看电视节目”的功能，而不是买它的具体线路和电子元器件。因此，不同产品只要有人们需要的同一功能，则它们之间是完全可以相互代替的。

3. 成本

价值分析中的成本是指系统的寿命周期成本。产品的寿命周期成本是在其寿命周期内发生的全部费用，它包括制造费用（如研制、设计、制造、销售等费用）和使用费用（如保养、维修、能耗、备件等费用）。产品寿命周期成本与产品功能有内在联系，一般在技术经济条件不变的情况下，制造费用随功能的提高而增长，而使用费用则随功能的提高而下降。

（二）价值分析的基本原理

价值分析是以最低的生命周期成本可靠地实现必要的功能、着重于产品或作业功能分析的有组织的活动。

价值分析中价值、功能、成本之间的关系可以用以下表达式来表示：

价值（V）＝功能（F）/成本（C）

上式说明，价值与功能成正比，与成本成反比。功能越高，成本越低，则价值越大；反之，则价值就小。用户在购买商品时，都希望价廉物美，在挑选的时候，质量相同则比较价格的高低，价格相同则比较质量的优劣。总之，只有价值高的产品，才会受到用户的欢迎。因此，企业要想提高产品的“价值”，提高产品的竞争能力，不外有以下几种途径：

（1）功能不变，成本降低（$V\uparrow=F\rightarrow/C\downarrow$）。

(2) 成本不变，功能提高（V↑=F↑/C→）。

(3) 功能提高，成本降低（V↑=F↑/C↓）。

(4) 成本略有提高，功能有更大提高（V↑=F↑↑/C↑）。

(5) 功能略有下降，成本大幅度下降（V↑=F↓/C↓↓）。

总之，价值分析并不单纯追求降低成本，也不片面追求提高功能，而是要求提高功能和成本之间的比值，辩证处理好二者的关系。

思考题

1. 控制的概念是什么？
2. 什么是全面质量管理？
3. 一般的控制过程有哪几个步骤？
4. 控制有哪些方式、方法？

案例分析题

客户服务质量控制

美国某信用卡公司的卡片分部认识到高质量客户服务是多么重要。客户服务不仅影响公司信誉，也和公司利润息息相关。比如，一张信用卡每早到客户手中一天，公司可获得33美分的额外销售收入，这样一年下来，公司将有140万美元的净利润。及时地将新办理的和更换的信用卡送到客户手中是客户服务质量的一个重要方面，但这远远不够。

决定对客户服务质量进行控制来反映其重要性的想法，最初是由卡片分部的一个地区副总裁凯西·帕克提出来的。她说："一段时间以来，我们对传统的评价客户服务的方法不太满意。向管理部门提交的报告有偏差，因为它们很少包括有问题但没有抱怨的客户，或那些只是勉强满意公司服务的客户。"她相信，真正衡量客户服务的标准必须基于和反映持卡人的见解。这就意味着要对公司控制程序进行彻底检查。第一项工作就是确定用户对公司的期望。对信件的分析指出了客户服务的三个重要特点：及时性、准确性和反应灵敏性。持卡者希望准时收到账单、快速处理地址变动、采取行动解决抱怨。

了解了客户期望，公司质量保证人员开始建立控制客户服务质量的标准。所建立的180多个标准反映了诸如申请处理、信用卡发行、账单查询反应及账户服务费代理等服务项目的可接受的服务质量。这些标准都基于用户所期望的及时性、准确性和反应的灵敏性上，同时也考虑了其他一些因素。

除了客户见解，服务质量标准还反映了公司竞争性、能力和一些经济因素。比如：一些标准因竞争引入，一些标准受组织现行处理能力影响，另一些标准反映了经济上的能力。考虑了每一个因素后，适当的标准就成型了，所以开始实施控制服务质量的计划。计划实施效果很好，比如处理信用卡申请的时间由35天降到15天，更换信用卡从15天降到2天，回答用户查询时间从16天降到10天。这些改进给公司带来的潜在利润更是巨大的。例如，办理新卡和更换旧卡的时间缩短会给公司带来1 750万美元的额外收入。另外，如果用户能及时收到信用卡，他们就不会使用竞争者的卡片了。

该质量控制计划潜在的收入和利润对公司还有其他的益处，该计划使整个公司都注重客户期望。各部门都以自己的客户服务记录为骄傲。而且每个雇员都对改进客户作出了贡献，使员工士气大增。每个雇员在为客户服务时都认为自己是公司的一部分，是公司的代表。

信用卡部客户服务质量控制计划的成功，使公司其他部门纷纷效仿。无疑，它对该公司的贡献将是非常巨大的。

问题：

1. 该公司控制客户服务质量的计划是前馈控制、反馈控制还是现场控制？

2. 找出该公司对计划进行有效控制的三个因素。

3. 为什么该公司将标准设立在经济可行的水平上，而不是最高可能的水平上？

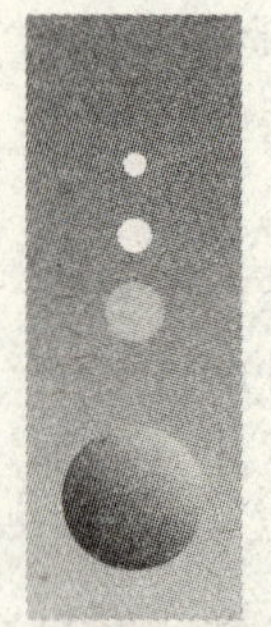

第十三章　创　新

组织、领导与控制是保证计划目标的实现所不可缺少的。从某种意义上来说，它们同属于管理的“维持职能”，其任务是保证系统按预定的方向和规则运行。但是，管理是在动态环境中生存的社会经济系统，仅有维持是不够的，还必须不断调整系统活动的内容和目标，以适应环境变化的要求，这就是经常被人们忽视的管理的“创新职能”。

本章旨在分析创新与维持的关系，它们对系统生存和发展的作用，创新的类别、内容、原则与支柱、方法和策略以及过程，以揭示创新的规律，指导创新职能的履行。

第一节　创新概述

一、作为管理基本职能的创新

“创新”并不是陌生的词汇，它经常出现在各类管理学著作、教材之中。人们通常将它与设备的更新、产品的开发或工艺的改进联系在一起。无疑，这些技术方面的革新是创新的重要内容，但不是全部内容。创新首先是一种思想及在这种思想指导下的实践，是一种原则以及在这种原则指导下的具体活动，是管理的一种基本职能。创新工作作为管理的职能表现在它本身就是管理工作的一个环节；它对于任何组织来说都是一种重要的活动；创新工作也和其他管理职能一样，有其内在逻辑性。建构在其逻辑性基础上的工作原则，可以使得创新活动有计划、有步骤地进行。

（一）创新工作是管理过程的重要一环

从逻辑顺序上来考察，在特定时期内对某一社会经济系统（组织）的管理工作主要包括下述内容：（1）确立系统的目标，即人们从事某项活动希望达到的状况和水平；（2）制定并选择可实现目标的行动方案；（3）分解目标活动，据此设计系统所需要的职务、岗位，并加以组合，规定它们之间的相互关系，形成一定的系统结构；（4）根据各岗位的工作要求，招聘和调配工作人员；（5）发布工作指令，组织供应各环节活动所需的物质和信息条件，使系统运行起来；（6）在系统运转过程中，协调各部分的关系，使他们的工作相互衔接、平衡地进行；（7）检查和控制各部门的工作，纠正实际工作中的失误和偏差，使之符合预定的要求；（8）注视内外条件的变化，寻找并利用变革的机会，计划并组织实施系统的创新和发展。

上述管理工作可以概述为：设计系统的目标、结构和运行规划，启动并监视系统的运行，使之按预定的规则操作；分析系统运行中的变化，进行局部或全局的调整，使系统与内外环境保持动态的一致。显然，管理过程是由两个部分构成：维持与创新。任何组织系统的任何管理工作无不包含在“维持”或“创新”中，维持和创新是管理的本质内容。

（二）创新工作是重要的管理活动

组织作为一个有机体也和所有的生物有机体一样，都是处于不断进化和演变过程之中的，任何组织管理只有维持工作显然是不够的，它无法实现组织的可持续发展。管理的创新职能就是要突出“物竞天择，适者生存”的基本规律对于组织的作用。

创新对于组织来说是至关重要的，这首先是因为创新是组织发展的基础，是组织获取经济增长的源泉。在过去的一个世纪中，人类的经济获得了迅猛的增长，20 世纪大部分组织的增长率超过了第一次工业革命时期。这种发展和增长的根源就是约瑟夫·熊彼特所说的“创新”。创新是经济发展的核心，创新使得物质的增长更加便利。

其次，创新是组织谋取竞争优势的利器。当今社会，各类组织的迅速发展，使得组织间的相互竞争成为普遍现象，特别是全球化的深入，工商业的竞争更加激烈。要想在竞争中取得有利地位，就必须将创新放在突出的地位。竞争的压力要求企业家们不得不改进已有的制度、采用新的技术、推出新的产品、增加新的服务。有数据表明，在创造性思维和组织效益之间具有直接的正相关性。

最后，创新是组织摆脱发展危机的途径。发展危机是指组织明显难以维持现状，如果不进行改革，组织就难以为继的状况。发展危机对于组织来说是周期性的，组织每一步的发展都有其工作重心的转变和新的发展障碍。在创业期间管理目标更主要是对需求的快速、准确反应，资金的充裕和安全问题；进入学步期和青春期，组织管理的目标更多在于利润的增加和销售量与市场份额的扩大；组织成熟期后管理目标转向维持已有市场地位。相应地，在各阶段组织会出现领导危机、自主性危机、控制危机和硬化危机。组织只有不断创新才能渡过各种难关，持续健康地发展。

（三）创新工作具有逻辑的结构

人们对于管理的创新职能存在一些误解，例如有些人会将创新看成是偶然性的活动，是非正常的千奇百怪的事情，创新源于个别敢吃螃蟹的人等。事实上，就个体的某次创新活动而言，它可能出自于勇于探索的成员，创新的成果也会超出常人的想象，会具有偶然性因素的作用。但是，组织的创新工作并不等于个别的创新活动，而是大量的创新活动表现出的共性的逻辑与原则。作为管理职能的创新工作就是在这种原则指导下的创新活动。

实践和理论研究都表明组织的创新工作经历了内外因素分析、创新计划和决策、组织和实施创新活动等几个环节。内外因素分析就是要分析公司所面对的内外环境因素、分析组织的创新需求、明确组织可创新的问题、认清创新活动的利弊得失。创新的计划和决策的任务是确定公司新的愿景和战略，制定创新的计划，如创新的内容、创新的深度和力度、创新的切入点、创新的时间进度和预期达到的目标；创新的组织和实施阶段包括了组建创新团队，培训创新的骨干，进行组织重构和重新分配资源，进行创新进程的控制和评估创新的成果，并将获得的成果加以推广和应用。于是，组织进入了新的管理阶段，其目标是保持和巩固创新的结果，使得创新活动带动组织绩效的全面提升。创新工作就是在此逻辑下持续进行，永无止境。

二、创新管理与维持管理的关系

作为管理的基本内容，维持与创新对系统的存在都是非常重要的。

维持是保证系统活动顺利进行的基本手段，也是组织中最常见的工作。根据物理学的熵增原理，原来基于合理分工、职责明确而严密衔接起来的有序的系统结构，会随着系统在运转过程中各部分之间的摩擦而逐渐地从有序走向无序，最终导致有序平衡结构的解体。管理的维持职能便是要严格地按预定的规划来监视和修正系统的运行，尽力避免各子系统之间的摩擦，或减少因摩擦而产生的结构内耗，以保持系统的有序性。没有维持，社会经济系统的目标就难以实现，计划就无法落实，各成员的工作就有可能偏离计划的要求，系统的各个要素就有可能相互脱离，各自为政，各行其是，从而整个系统就会呈现出一种混乱的状况。所以，维持对于系统生命的延续是至关重要的。

但是，仅有维持是不够的。任何社会系统都是一个由众多要素构成的，与外部不断发生物质、信息、能量交换的动态、开放的非平衡系统。而系统的外部环境是在不断发生变化的，这些变化必然会对系统的活动内容、活动形式和活动要素产生不同程度的影响；同时，系统内部的各种要素也是在不断发生变化的。系统内部某个或某些要素在特定时期的变化必然要求或引起系统内其他要素的连锁反应，从而对系统原有的目标、活动要素间的相互关系等产生一定的影响。系统若不及时根据内外变化的要求，适时进行局部或全局的调整，则可能被变化的环境所淘汰，或为改变了的内部要素所不容。这种为适应系统内外变化而进行的局部和全局的调整，便是管理的创新职能。

任何社会经济系统，不论是谁创建了它，不论创建的目的是什么，一旦它开始存在，它首先必须追求的目标均是维持其存在、延续其寿命、实现其发展。但是，不论系统的主观愿望如何，系统的寿命总是有一定期限的。系统自诞生被社会承认开始到消亡被社会淘汰结束的时期称为系统的寿命周期。一般社会经济系统在寿命周期中要经历孕育、成长、成熟、蜕变以及消亡五个阶段。

从某种意义上来说，系统的社会存在是以社会的接受为前提的，而社会之所以允许某个系统存在，又是因为该系统提供了社会需要的某种贡献；系统要向社会提供这种贡献，则必须首先以一定的方式从社会中取得某些资源并加以组合。系统向社会的索取（投入资源）越是小于它向社会提供的贡献（有效产出），系统能够向社会提供的贡献与社会需要的贡献越是吻合，则系统的生命力就越是旺盛，其寿命周期则越可能延长。孕育、初生期的系统，限于自身的能力和对社会的了解，提供社会所需要的贡献的能力总是有限的；随着系统的成长和成熟，它与社会的互相认识不断加深，所能提供的贡献与社会需要的贡献便倾向和谐；而一旦系统不能跟上社会的变化，其产品或服务不再被社会需要，或内部的资源转换功能退化，系统向社会的索取超过对社会的贡献，则系统会逐步地被社会所抛弃，趋向消亡。

根据上面的分析，可以看出，系统的生命力取决于社会对系统贡献的需要程度和系统本身的贡献能力；而系统的贡献能力又取决于系统从社会中获取资源的能力、利用资源的能力以及对社会需要的认识能力。要提高系统的生命力，扩展系统的生命周期，就必须使系统提高内部的这些能力，并通过系统本身的工作，增强社会对系统贡献的需要程度。由于社会的需要是在不断变化的，社会向系统供应的资源在数量和种类上也在不断改变，系统如果不能适应这些变化，以新的方式提供新的贡献，则可能难以被社会允许继续存在。系统不断改变或调整取得和组合资源的方式、方向和结果，向社会提供新的贡献，这正是创新的主要内涵和作用。

综上所述，作为管理的两个基本职能，维持与创新对系统的生存发展都是非常重要的，它们是相互联系、不可或缺的。创新是维持基础上的发展，而维持则是创新的逻辑延续；维持是为了实现创新的成果，而创新则是为更高层次的维持提供依托和框架。任何管理工作，都应围绕着系统运转的维持和创新而展开。只有创新没有维持，系统会呈现时刻变化的无序混乱状态；而只有维持没有创新，系统则缺乏活力，犹如一潭死水，适应不了任何外界变化，最终会被环境淘汰。卓越的管理是实现维持与创新最优组合的管理。

(1) 创新管理与维持管理在逻辑上表现为相互连接、互为延续的链条。组织的管理总是从创新到维持、再到创新和再到维持的循环反复的过程。美国管理学者戴维·K·赫斯特运用案例研究的方法揭示了组织管理的维持和创新生态循环过程，这种过程如同森林的产生、成长、毁灭和再生的循环过程。与此类似，阿伯纳西和厄特拜克在产品生命周期理论的基础上进一步描述了创新类型的分布。在产品的幼年期，组织中需要重大的产品创新；进入产品成长期，重大的工艺创新占据主导地位；而在成熟期主要是维持活动；在衰退期组织又呼唤着重大的产品创新。

(2) 有效的管理是实现维持与创新最优组合的管理。维持与创新在逻辑上的相互连接、互为延续的关系并不意味着两者在空间和时间的分离。事实上，组织管理活动是维持和创新的相互融合。有效的管理就是要根据组织的结构维度和关联维度来确定维持和创新的组合。过度维持会导致组织的僵化和保守，抑制人的能力的发展，也会忽视市场的竞争和技术的变化，导致组织反应能力的下降，使得组织失去发展的机会；过度的维持往往只是注重短期利益，忽视组织的长期的发展战略。另一方面，过度的创新和对创新的采纳会消耗大量的物力、财力资源，并不能从创新收益中得到补偿；过度创新会导致对于组织规章制度权威性减弱、结构体系的紊乱、专业化程度的削弱；严重的、过度的创新还会导致组织凝聚力的下降，乃至组织的瓦解。

（3）维持管理与创新管理在目标和方向的不同也就表现为在基本职能上的差异。就管理使命方面来说，创新管理是力图突破现状，率领所领导的企业抛弃一切不适宜的传统的做法；而维持管理则致力于维持秩序和守业。在计划上，创新是以确定组织未来的经营方向为目标，包括远景目标和实现远景目标的战略。而维持管理一般是编制短期、周密的计划方案和预算。在组织上，创新组织联合所有相关者，形成企业内外相互密切配合的关系网络。而维持管理一般是设计体现合理的工作分工和协作、汇报关系的结构体系，并配备合适的人员执行结构设计所规定的角色任务。在领导上，创新管理通过与所有能提供合作和帮助的人们进行大量的沟通交流，并提供有力的激励和鼓舞，率领大众朝着某个共同方向前进；而维持管理借助于指挥、命令，通过上级对下级的指导、监督，使各层次、各部门的人员能按部就班地开展工作。在控制上，创新管理表现为尽量减少计划执行中的偏差，确保主要绩效指标的实现。而维持管理应因环境变化的需要而适时、适度地调整计划目标。总体上来说，维持管理与创新管理在风格上表现出较大的差异性。在组织中，一个管理者往往难以承担起两方面的角色任务。例如，像艾柯卡那样优秀的创新管理者，却无法完成维持管理的任务。

三、创新的类别与特征

系统内部的创新可以从不同的角度去考察。

从创新的规模以及创新对系统的影响程度来考察，可将其分为局部创新和整体创新。局部创新是指在系统性质和目标不变的前提下，系统活动的某些内容、某些要素的性质或其相互组合的方式，以及系统的社会贡献的形式或方式等发生变动；整体创新则往往改变系统的目标和使命，涉及系统的目标和运行方式，影响系统对社会贡献的性质。

从创新与环境的关系来分析，可将其分为消极防御型创新与积极攻击型创新。防御型创新是指由于外部环境的变化对系统的存在和运行造成了某种程度的威胁，为了避免威胁或由此造成的系统损失扩大，系统在内部展开的局部或全局性调整；攻击型创新是在观察外部世界运动的过程中，敏锐地预测到未来环境可能提供的某种有利机会，从而主动地调整系统的战略和技术，积极地开发和利用这种机会，谋求系统的发展。

从创新发生的时期来看，可将其分为系统初建期的创新和运行中的创新。系统的组建本身就是社会的一项创新活动。系统的创建者在一张白纸上绘制系统的目标、结构、运行规划等蓝图，这本身就要求有创新的思想和意识，创造一个全然不同于现有社会（经济组织）的新系统，寻找最满意的方案，取得最优秀的要素，并以最合理方式组合，使系统进行活动。但是“创业难，守业更难”，在动荡的环境中“守业”，必然要求积极地以攻为守，要求不断地创新。创新活动更大量地存在于系统组建完毕开始运转以后。系统的管理者要不断地在系统运行的过程中寻找、发现和利用新的创业机会，更新系统的活动内容，调整系统的结构，扩展系统的规模。

从创新的组织程度上看，可分为自发创新与有组织的创新。任何社会经济组织都是在一定环境中运转的开放系统，环境的任何变化都会对系统的存在和存在方式产生一定影响，系统内部与外部直接联系的各子系统接收到环境变化的信号以后，必然会在其工作内容、工作方式、工作目标等方面进行积极或消极的调整，以应付变化或适应变化的要求。同时，社会经济组织内部的各个组成部分是相互联系、相互依存的。系统的相关性决定了与外部有联系的子系统根据环境变化的要求自发地作了调整后，必然会对那些与外部没有直接联系的子系统产生影响，从而要求它们也作相应调整。系统内部各部分的自发调整可能产生两种结果：一种是各子系统的调整均是正确的，从整体上说是相互协调的，从而给系统带来的总效应是积极的，可使系统各部分的关系实现更高层次的平衡——除非极其偶然，这种情况一般不会出现；另一种情况是，各子系统的调整有的是正确的，而另一些则是错误的——这是通常可能出现的情况，因此，从整体上来说，调整后各部分的关系不一定协调，给组织带来的总效应既可能为正，也可能为负（这取决于调整正确与失误的比例），也就是说，系统各部分自发创新的结果是不确定的。

与自发创新相对应的是有组织的创新。有组织的创新包含两层意思：（1）系统的管理人员根据创新的客观要求和创新活动本身的客观规律，制度化地检查外部环境状况和内部工作，寻求和利用创新机会，计划和组织创新活动。（2）同时，系统的管理人员要积极地引导和利用各要素的自发创新，使之相互协调并与系统有计划的创新活动相配合，使整个系统内的创新活动有计划、有组织地展开。只有有组织的创新，才能给系统带来预期的、积极的、比较确定的结果。

鉴于创新的重要性和自发创新结果的不确定性，有效的管理要求有组织地进行创新。为此，必须研究创新的规律，分析创新的内容，揭示创新过程的影响因素。

当然，有组织的创新也有可能失败，因为创新本身意味着打破旧的秩序，打破原来的平衡，因此具有一定的风险，更何况组织所处的社会环境是一个错综复杂的系统，这个系统的任何一次突发性的变化都有可能打破组织内部创新的程序。但是，有计划、有目的、有组织地创新，取得成功的机会无疑要远远大于自发创新。

第二节 创新的基本内容

创新的内容非常广泛，它涉及管理工作的各个方面。概括地讲，主要有观念创新、目标创新、环境创新、技术创新、组织创新和制度创新等几项基本内容。

一、观念创新

人们的行为总是要受到一定思想观念的支配，思想解放是社会变革的前提，观念创新是一切创新的先导。所以，创新最基本的内容就是观念创新。

（一）观念创新的概念

所谓观念创新就是创造和运用体现现代进步的新思想、新方法处理现实问题的过程。思路决定出路，没有创新的思维就没有创新的方法，没有创新的方法就不可能解决新问题。如果不首先解决思想问题，就不可能最终解决实际问题。无论是组织改革，还是组织发展，首先，受到冲击的就是组织成员的思想观念。不首先打破传统思维模式的束缚，就难以产生新颖而有意义的行动。观念落后，抱残守缺，组织的一切创新也就无从谈起。但是，观念创新并非是一件容易的事情，因为相对于传统的思想观念和社会生产，观念的创新是一个否定自我、超越自我的过程；是一个改变现有利益格局、重新构建新的利益关系的过程；是一个不断学习、积累和提高的过程；是一个从现有信息和条件出发，对于未来不确定的事件作出重大决策的过程。因此，观念创新必须具有足够的勇气和无畏的精神。一般说来，观念创新是从领悟与众不同的个性特征开始的。

观念创新既是管理创新的重要内容，同时也是推动管理创新最直接的动力。在管理的过程中，我们常常能见到这样的情况，一些资金充裕的大公司，由于忽视了市场和科技的发展趋势，缺乏创新观念，不能正确地调整资源配置而跟不上时代的发展。IBM公司对于20世纪70年代末期兴起的个人电脑无论从技术还是资金上都有充分的开发能力，但它却沉迷于大型计算机的开发与生产，没能及时地进行观念创新，调整资源配置，结果在个人电脑市场上却落后于许多小公司。摩托罗拉公司对于开发数字移动通信设备，无论在技术还是资金方面都有雄厚的实力，但它却迷恋于模拟技术和已有的市场，结果在技术上一度落后于一些欧洲公司。日本索尼公司由于把大量的资金用于购买美国的电视公司和房地产，造成技术创新后继乏力。1995年索尼公司被迫承认：20世纪90年代以来，索尼已经拿不出什么创新产品，在数字技术方面也已落后于竞争对手，再这样发展下去，索尼将面临创造力枯竭的危险。由此我们可以看出，是观念和意愿在调动着组织的资本运营，观念创新虽然是无形的，但它却是组织的重要资源，是管理创新的重要组成部分与推动力。

（二）观念创新的特点

观念创新是管理创新的重要内容，它具有管理创新的一般特点，但它又具有其他管理创新所不具有的特点。概括地讲，主要有以下几方面。

1. 观念创新要首先战胜自己

人最大的对手就是自己。对于一个组织来说，情况也是一样。组织的管理思想是组织管理者思想的体现，组织能否抛弃落后的思想而重新建立一种符合时代发展的新思想，关键取决于组织管理者思想更新的程度。这是一个非常痛苦的过程，需要组织管理人员对自己现有的思想进行修正并接纳各种新的思想。这等于给组织管理人员进行一次“洗脑”手术，也等于是给组织进行一次“洗脑”手术。手术的过程是痛苦的，需要管理人员和组织全体员工积极配合。如果组织管理人员不能有效地战胜自己，不断地吐故纳新，更新自己的思想，那么，观念创新就只是空谈。

2. 观念创新必须打破已有的利益格局

观念创新就是不满足于现状，就是要改变过去已经习惯了的工作方式和生活方式，就是要改变现有的利益格局，这必然会对某些人的利益造成损失，或与某些人的利益发生冲突，其阻力和困难可想而知。但是，没有这种旧的平衡的打破，就永远不会建立更高层次的新的平衡。

3. 观念创新的基础在于学习

观念创新和其他所有创新一样是一个过程。在这个过程中，学习是基础。这里所说的学习既包括对前人、别人的思想和经验的学习，也包括创新主体本身在实践中的思考和学习。但是，我们必须注意，学习只是基础，不是创新的本质，更重要的是通过学习产生超前的观念并实现已有观念的突破。

4. 观念创新面临着巨大的风险

任何创新工作都将面临巨大的风险，观念创新也不例外。观念创新所面临的风险主要有两个方面：一方面，观念创新是摒弃原有社会条件下的思想，而创造一种前所未有的新的观念，这种新的观念可能不被组织甚至社会所接受，可能遭受组织甚至社会各方面的排斥和打击，有时候甚至需要付出很大的代价。另一方面，当创新者首次提出一种创新观念时，只是对改变现状、走向未来的一种假说，往往没有什么证据能够证明其观念的正确性与合理性，这种观念是否符合社会发展的需要具有很大的不确定性。

总之，观念创新并不仅仅局限于观念本身，观念创新的指向实际上是现有的利益格局，意味着自己“否定”自己的过去，意味着自己超越自己，加之创新本身具有极大的风险性，更增加了观念创新的难度。这时，创新者不但需要挑战他人的勇气，而且需要挑战自我的勇气，更需要充分的学习和掌握信息，需要不确定型决策者的勇气和超人的胆识，甚至需要“冒天下之大不韪”的气魄。

二、目标创新

企业是在一定的经济环境中从事经营活动的，特定的环境要求企业按照特定的方式提供特定的产品。一旦环境发生变化，就要求企业的生产方向、经营目标以及企业在生产过程中与其他社会经济组织的关系进行相应的调整。以前，我国的社会主义工业企业，在高度集权的经济体制背景下，必须严格按照国家的计划要求来组织内部的活动。经济体制改革以来，企业同国家和市场的关系发生了变化，企业必须通过其自身的活动来谋求生存和发展。因此，在新的经济背景中，企业的目标必须调整为：“通过满足顾客需要来获取利润”。至于企业在各个时期的具体的经营目标，则更需要适时地根据市场环境和消费需求的特点及变化趋势加以整合，每一次调整都是一种创新。

三、环境创新

组织与人一样都生存在特定的环境之中，环境的好坏对人有着重要的影响，同样，环境的好坏对一个组织的生存与发展也有着重要的影响。离开了环境，组织也就不存在了，更谈不上什么管理了。由于环境对组织、对管理都如此重要，因此，在管理的过程中必须对组织所处的环境有一个清醒的认识，因为管理的成效在很大程度上取决于管理行为符合环境需要的程度，一切脱离环境的管理行为，最终都会造成组织的损失。

所谓环境创新就是有效利用组织的资源，突破局部环境的束缚，造就一个有利于组织生存与发展的环境状态的过程。管理必须有效地适应环境的变化，但适应环境变化绝不是管理的全部，管理同时还是一种改造环境的创造性活动。就改造组织的外部环境来说，管理人员的改造能力虽是很有限的，但绝不是一筹莫展的。管理人员完全可以利用自己的聪明才智，利用组织有限的力量，通过创造市场、战略重组等手段，突破局部环境的束缚，为组织的生存与发展创造一个良好的局部环境。对组织的内部环境来说，管理人员是可以控制和改造的，而且是管理人员发挥自己领导才能的舞台。作为现代管理人员必须树立起环境创新的思想意识，主动积极地投身到环境的变化之中。

一般说来，环境创新首先是从完善内部条件入手（也就是内部环境创新）。没有良好的内部管理，没有奋发向上的精神文化，没有先进的生产技术和雄厚的技术开发能力等作为基础，环境创新就只是一句空话。其次，环境创新必须有效地利用外部环境变化所提供的机会。对于组织来说，创新环境的能力是很有限的，只有把组织有限的能量与环境变化所提供的机会有机地结合起来，才可能很好地突破局部环境状态，为自己营造一个良好的发展空间。

四、技术创新

技术创新是一项高风险、高回报的科研生产经营活动，是组织实现可持续发展的基础，是一个国家实现经济持续增长的重要来源。没有技术创新，组织生产的产品或提供的服务就难以适应社会需求的变化；而不能适应社会需求变化的组织，最终将被社会所淘汰。对于一个国家来说，没有技术创新，国民经济的增长就缺乏必要的保证和支持，难以实现经济增长方式的有效转变，难以提高国家在国际市场上的竞争能力。在高新技术激烈竞争的今天，技术创新就显得尤为重要。

（一）技术创新的概念

关于技术创新的概念，目前理论界还没有一个完全统一的认识，概括地说有狭义和广义两种不同的解释。狭义的技术创新是指新产品和新工艺设想的提出和开发，而广义的技术创新则是指一个创新的过程。它是从新产品或新工艺设想的提出，经过研究与开发，到实现产业化、商业化生产，而且在市场上获得成功的全过程，是技术与市场的有机结合。我们这里所提到的技术创新，主要是指广义的技术创新。

（二）技术创新的特点

技术创新不同于组织日常性的生产经营活动，与其他形式的管理创新相比较，也具有一些不同的特点。一般说来，技术创新有以下几个方面的特点。

1. 信息化的特点

技术创新的信息化特点，主要是指技术创新对信息和信息技术的依赖程度。信息是一种能交换、能创造价值或能满足人们某种需要的知识。在工业生产时代，经济组织一般是以物质生产为主，而 21 世纪的经济则是把物质生产和知识生产结合起来，并充分利用知识和信息资源，大幅度提高产品的技术含量和附加值。技术创新是一种人们认识世界和改造世界的活动，而这个活动过程必须不断地从外界获得信息，并对信息进行交换、传递、储存、处理、比较、分析、判断和提取。技术创新活动是否能够成功，在很大程度上取决于信息的获取与利用。

2. 多学科性的特点

纵观历史上几次重大的技术变革，都是由比较单一的技术发展起来的，其中跨学科的技术突破则很少见。比如 18 世纪的几次重大技术突破，纺织机的出现，继而蒸汽机和电力的发明等，这些技术创新虽然带动了其他科学技术的发展，但它们都是以单学科独立的技术形式出现的。而目前的技术创新却不是这样的，是多学科的综合，是以群体形式出现的。比如现代机械产品的开发创新，已经不再是单纯的机械技术的创新了，而是机、电、光、声、磁等多种学科理论和技术的综合与开发应用。所以，技术创新有多种科学技术融合的特点。这种多学科技术的融合、渗透、互补和合作，赋予了技术创新无穷无尽的生命力。

3. 很大的风险性特点

技术创新的风险性特点，是指技术创新具有许多不确定性和高投入性。这是因为技术创新具有许多试验性问题，其中每一个环节都包含了很大的不确定因素，如技术上的不确定性（即技术上的不成熟），新技术的不断涌现和快速变化，市场的激烈竞争，以及预测不准确和技术引进的冲击，等等。此外，在创新过程中，资金不能及时到位可能导致创新失败；由于缺乏管理经验，管理不善可能造成技术创新失败；外部环境变化，如社会、政治、法律、国家政策等条件的变化，也可能给技术创新活动带来风险。据国外调查资料反映，新产品开发的成功率一般都不太高，即使在美国这样的技术经济强国，也只有 30%左右。由此可见，技术创新成功率低下是其风险的主要因素。此外，与其他管理创新相比较，技术创新的投资较大，虽然技术创新一旦获得成功，将会对组织的发展产生极大的促进，但是，如果技术创新失败，给组织带来的冲击也是巨大的。

4. 高收益性特点

高风险与高收益总是联系在一起的。据有关资料显示，技术创新有 20%左右的成功率就可以收回技术创新的全部投入并取得相应的利润。也正是因为技术创新的这一特点，世界上许多国家相继建立了风险投资银行和风险投资公司，向技术创新提供风险性贷款或融资，促进技术创新。现在许多企业也正是以技术创新的高收益为目标进行技术创新，以求得自身的发展。

5. 显著的创造性特点

应该说创造性是所有管理创新都具有的特点，正是基于这一特点，熊彼特将创新活动形容为“创造性的破坏”。但技术创新的创造性特点更为突出，对社会发展的推动作用更为直接，这是技术创新的基本特征。技术创新是组织的一种创造性行为，是组织创新精神的实践，它要求创新主体——组织，具有强烈的创新意识，具有一定的创造性决策能力和勇于承担风险的胆识，具有创造性的组织才能。另外，从技术创新的成果而言，无论创新的程度如何，所有的技术创新都具有一定程度的独创性，或是创造出全新的功能，或是对原有功能、价值的增加或革新。

6. 继承性的特点

从技术创新的发展来看，任何技术创新活动都是建立在以前技术创新成果的基础之上，并攀登前进的。技术创新的这种继承性创造了一代又一代不断完善的新产品，如计算机的诞生和发展就是一个明显的例子。自 20 世纪 40 年代后期第一代电子管计算机诞生，到第二代晶体管计算机、第三代小规模集成电路计算机和第四代大规模集成电路计算机的相继问世，都继承了前一代的技术原理；而计算机的性能、结构、速度和规模等都一代胜过一代。因此，新一代技术创新要善于继承前人的技术成果，并在新的起点上有所发明和创造。

五、组织创新

组织与任何生命体一样，都有自己的生命周期，存在着初生、成长、成熟和衰亡的过程。为了延长组织的生命周期，增强组织的生命活力，就需要不断地进行组织创新。当前我们所处的时代是一个变革的时代，组织面临着更加复杂多变的环境：一方面是现有的组织理论和组织形式面临着巨大的冲击，另一方面是新的管理思想和新的组织形式不断涌现，客观上都要求组织迅速作出反应。因此，组织创新无论是在理论界，还是在实业界，都日益受到重视。

（一）组织创新的概念

关于组织创新的概念，目前理论界存在许多不同的看法。有的学者认为，组织创新是指影响创新性技术成果运行的社会组织方式、技术组合形态和制度支持体系的创新。它不是泛指一切有关组织的变革，而是专指能使技术创新得到追加利益的组织变革。还有学者认为，组织创新是指在现行的生产体系中引入新的组织形式，形成新的组织。我们认为，组织创新是指组织根据内外环境的变化，调整内部的若干状态，以维持组织本身的生存与发展的过程。这种调整可以分为两种类型：一是组织的增量式创新，即不是改变原有组织结构的性质，而是对组织的机构、手段或程序等的调整，如控制制度的精细化，组织机构的精简，人事上的变更或组织一项交易程序的调整等。二是组织的彻底性创新，即组织结构的根本性变化。如组织机构的基本形态的发展，部门机构职责和权限的发展，组织机构中信息网络重构以及组织机构中人际关系的重新安排等。

（二）组织创新的特点

组织创新无论是在创新的内容、过程上，还是在创新的结构上，都表现出一些重要的特点，这些特点集中体现在四个方面：

（1）组织创新的产权难以以专利的方式来进行保护。

（2）要评估组织创新的经济地位及其重要性很困难。

（3）组织创新活动对组织的战略和经济技术实力的依赖很大。

（4）组织创新是组织内部结构的不断优化，或是各种社会组织之间的横向结合，表现为组织功能的不断完善。

六、制度创新

对于经济增长起着决定性作用的因素是制度性因素，而非技术性因素。一个社会如果未能实现经济持续增长，那是因为社会没有为经济创新活动提供激励。也就是说，没有从制度方面去保证创新活动的行为主体得到最低限度的报酬或好处。有效率的、有组织的生产，需要在制度上作出安排，确定产权能对人的经济活动造成一种激励效应。制度创新为技术创新的持续涌现和经济持续增长提供了体制保障。

（一）制度创新的概念

制度是指一个有机组织为了实现组织的既定目标和实现内部资源与外部环境的协调，在财产关系、组织结构、运行机制和管理规范等方面的一系列制度安排。它主要包括产权制度、经营制度（经营机制）和管理制度三个层次、不同方面的内容。产权制度是决定组织其他制度的根本性制度，它规定着组织所有者对组织的权利、利益和责任。经营制度（经营机制）是有关经营权的归属及行使权利的条件、范围、限制等方面的原则规定，它构成公司的“法人治理结构”，包括目标机制、激励机制和约束机制等。管理制度是行使经营权，组织日常经营活动的各项具体规则的总称，其中，分配制度是其重要的内容之一。

所谓制度创新就是改变原有的组织制度，塑造适应社会生产力发展的市场经济体制和现代化大生产要求的新的微观基础，建立起“产权清晰、权责明确、政企分开、管理科学”的现代组织制度的过程，如产权制度创新、系统化管理制度创新、管理制度的制定方式创新，以及管理制度效用评价体系创新等。

（二）制度创新的作用

制度创新是组织发展的基础，是组织整体创新的前提和条件，同时也是实现一个组织不断创新的保障。没有一个创新的组织制度，组织的其他创新活动就不可能有效和持久。制度创新的作用突出表现在以下几个方面。

1. 适时的制度创新能够使组织站在发展的前沿

组织的外部环境总是处在不断发展变化之中，随着世界经济一体化、国际化、区域化和网络化格局的形成和加深，组织比任何时候都更开放，组织只有和外界保持良好的关系，才能经久不衰，站在发展的前沿。相反，如果组织的体制僵化，创新不足，便会给组织带来毁灭性的打击。

2. 制度创新是搞好组织各项管理工作的基础

从广义的角度上讲，组织的制度就是管理的制度化。管理本身就是强制性与艺术性的统一。为了使组织的各项管理工作（如人事管理、生产管理、营销管理以及管理创新工作等）符合组织内外环境变化的需要，并取得良好的管理成效，就必须首先从体制上、制度上为其开路。没有适时的制度创新，就没有充满活力的组织。

3. 制度创新能够为创新过程中的合作提供基础

随着人类创新活动的不断拓展，随着社会化、专业化程度的不断提高，创新活动已经从个人行为转变为集团行为，这就使得不同创新者之间的合作变得越来越重要。但是，不同创新者之间的合作是以“共识”的形成为基础的。这里所说的“共识”，就是人们在社会分工与协作过程中，经过多次较量而达成的一系列契约的总和。它通过明确人们在什么条件下能做什么、能得到什么、不能做什么，以及违约将要付出的代价等问题，为合作提供了一个基本框架。因此，没有制度的创新，不同创新者之间的这种“共识”就难以形成，创新合作也就不可能。

4. 制度创新将为组织的其他创新活动提供激励机制

任何一种制度的基本任务都是对个人的行为形成一个激励集，通过这些激励，每个人都将受到鼓励而去从事那些对他们有利的经济活动。创新是具有很大风险的活动，如果没有相应的制度激励，创新的动力必将大打折扣。在激烈的市场竞争中，谁胜谁负的关键取决于创新，创新已经成为组织生存与发展之本。因此，任何组织都必须不断地进行制度创新，不断地形成新的激励机制，最大限度地刺激组织其他创新活动的开展。

第三节　创新的原则与支柱

为了使创新工作能够顺利进行，提高创新工作的效率，那么创新主体在创新过程中必须遵循一定的原则。

一、创新的原则

创新的原则是指产生管理创新的行为准则。由于它是产生创新的行为准则，而创新、创意是创新的出发点，因此我们又可以把创新的原则看做是管理创新的基准和出发点。

（一）第一原则：反向思维

所谓反向思维是指与一般人、一般企业思考问题的方向不同。人家不想或没有想的，认为是正常的事情，你却加以思考，从中发现问题，这就是一种反向思维；人家对某一问题通常是这样考虑的，然而你却从其他角度去考虑，这又是一种反向思维。通过这样一些反向思维，通常可以得到许多创新的灵感。

汤姆·彼得斯认为："今天成功的企业领导人将是那些头脑最灵活的人。接受新见解、习惯性地向旧见解提出挑战，与反论（反向思维见解）共处的能力，将是这些领导者的首要品质。"他进一步认为，已有的许多正反相同的状况，正是反向思维发挥创新作用的条件。以下是一系列反向思维的观点。

（1）稳定性较低的环境，通常的想法是使企业目标变得更有弹性或灵活性。然而，如果从另一个角度来看，企业目标似乎应该更稳定些，以稳定对不稳定未必不是一个好的创新。

（2）竞争要求更多的合作。更多的竞争者和竞争者的更多产品要求企业具有更大的灵活性、反应能力和更高的产品质量等，但这反过来会加强企业的一些伙伴关系：公司与其供应商之间的关系；公司和其他能够带来市场区域内（特别是海外）所需关键新技术的公司之间的关系；旨在对要害部门即一线加速采取行动的各职能部门的执行者之间的关系；公司与经销商之间的关系。想要取胜就必须学会与所有这些伙伴合作。

（3）更高的生产力来自更多的人，这一观点与通常企业尽量少雇用人的想法相反。

（4）对企业已成功的产品，一般认为应当抓住不放，反向思维则认为应该减少对它的依附性，一旦有替代产品出现，随时把它放弃。

（5）既要非一体化，又要重新一体化。目前纵向一体化正迅速减少，分包一切项目已成为常规。但更紧密的联系在信息时代又变得尤其重要，因此也许应创设新的一体化方式。

（6）大批量低成本的生产方式是目前通用的方式，那么是否可以有"小批量低成本"的生产方式呢？

（7）市场上商品相似时，降价竞争是一个通常的做法，但却可通过创造少量附加价值的行为来抬价竞争。

（8）质量赢来低成本。质量与成本通常是同步的，但设计、制造方面的创新却能带来高质量与低成本共存。

（9）失败乃成功之母，是否可以通过加速失败率来加速成功率呢？

（10）认为分权难以控制，这一看法是建立在过去的组织机构之上的，或许可以建立既有分权又能有更严格控制的组织机构。

我们还可以列举现代企业管理方面更多的反向思维点。然而，也许应该让企业家们自己去发现，自己发现的创新意向才是创新成功的真正起点。

（二）第二原则：交叉综合

交叉综合原则是指创新活动的展开或创新意向的获得可以通过各种学科知识的交叉综合得到。目前，科学发展的趋势是综合和边缘交叉，许多科学家都把目光放在这两个方面，以求创新。管理作为一门科学，它的创新发展过程也呈现出这一态势。

心理学在企业管理人际关系方面的引入，带来了行为科学、管理心理学、组织行为学等理论和方法的诞生，这就是著名的行为科学革命。

现代数学、运筹学、统计分析等不断发展与成熟，并在第二次世界大战后引入管理学，在企业中获得应用，结果产生了许多现代管理方法和技术。

人文科学中社会学、伦理学、文化学等的最新研究成果被结合到企业管理之中，带来了经营理论、企业文化等一系列综合管理模式的变革。最成功的应该是日本企业的管理创新，其杰出代表是丰田、松下等公司。

（三）第三原则：加一加二

管理创新的加一加二原则，是指在自己现有的特色管理或在别人先进的管理思想、方式、方法上进行顺应式或逆向式有新意的进一步提高。在这个定义中，现有的特色管理是指自己独有但尚未系统化或完全成型的管理；所谓顺应式是指顺延别人的发展趋势，而逆向式则是指在别人的基础上逆其发展趋势而行。加一加二就是对上述含义进行大胆探索得出新的管理思路、方式、方法，简单地说就是在现有基础理论上进行有创意的提高。从企业管理诸多领域的创新来看，应用该原则而获得创新成果的企业很多。

例如，在商业企业中，传统的售货方式是售货员站柜台，向顾客介绍商品进行销售，这是一种店堂员的管理方式，但后来发现，顾客们在此方式下购买商品会受到售货员态度的影响而减少购买量，且不方便顾客仔细观看和挑选，于是在站柜台的基础上进一步（即加一），创造了当今流行的自选商场。自选商场更进一步，推出了“无店铺销售”的售货方式，这又是一种售货方式的创新。

在当今市场竞争非常激烈的条件下，产品或劳务的推销成为一个重点。为了争取顾客，企业最早想到的方式便是降价。然而，别的企业则在此基础上加一，即在价格便宜的同时实行产品售后“三包”，这显然是营销手段的一种创新。当大家都这么做时，聪明的企业家又在此上面加一，如推出还本销售，即顾客买了该产品后，过若干年可凭发票到厂家领回原来的购货款。这又是一种创新，对顾客来说极有吸引力，也给企业带来了很大的收益。

日本的企业管理水平原来是落后的，为此 20 世纪 50 年代日本派了大量的人员去美国学习企业管理，邀请许多美国管理专家到日本讲学。然而，日本人善于加一加二，即把美国企业管理的科学性方面统统予以保留，然后加上一，即日本传统文化与国民精神，结果创造出全新的管理流派，即日本模式，最终使美国人意识到现在应当是向日本学习管理的时刻了。实际上，我们如果对日本所取得的经济与管理方面的成绩加以考察的话，立刻会发现日本很能加一加二，但却不善于全新创造。

加一加二创新原则由于是在原有的基础上展开，故只需对原有的基础问题加以分析研究，把握深层原因，同时注意自己的特点和长处，进行深层思考，就可以发掘出许多新的创意，进行管理创新。

二、创新的支柱

创新的原则要靠创新支柱去掌握、去运用、去遵循。创新的支柱可以理解为创新的全体——创新的主体应是人，即创新者、管理者及其下属员工。

创新是社会发展的动力，是知识经济的本质，是人的本能，是企业家的工具，是管理者所能利用的一种特殊资源。关键在于发现它、培养它、利用它、重视它。但创新智慧的外化——创新成果的展现还需要一定的气候环境。

因此，要努力创造一个适宜于创新者大展宏图的、更为宽松的内外环境，有如下几个方面。

（一）明智地允许有献身精神的创新者去干他们认为可行的事情

之所以有些创新者不得已离开原来的企业而另谋高就或另起炉灶，一个重要的原因，就是这些企业对待创新也像对待其他工作一样，并采取家长式的分配方式硬性地规定创新任务。而这种模式完全不适合企业家型的创新人才。从根本上说，这种模式没有考虑到创新在大多数情况下的不可预测性。这即是说，创新的出现几乎永远不会像原来所计划的那样，因为没有人能预先准确无误地计划一个全新的事情。恰恰相反，创新的早期，大都包括一个因灵感或直觉因素而引起的向梦想探索的阶段，然后经过反复的试探，才能获得成功。

多数的创新者都是些“追求梦想的人”，或换言之是“骑在丰富想象力上获得冒险成功的人”。因此，他们大都蔑视直接的命令，而酷爱指定自己去做自己的幻想的实现者，然后才去征得公司领导同意，并取得实现其创新设想的必要手段。即使未获批准，他们也每每固执地从规定的工作中挤出时间去“偷偷摸摸”地干。于是便有人总结说，自选任务和有作为的不服从，乃是企业中创新的精髓。正是这种自我动机激发出的强烈的创新欲望，会使创新者产生百折不挠的毅力与忘我的献身精神，这是创新得以成功的重要力量，也使强制规定创新任务很难见效。

有鉴于此，一些企业不仅摒弃了在创新事宜上传统的行动模式，而且允许并支持创新者自己确定创新项目。即使高级主管想进行某项创新，为避免直接命令之嫌，也并不匆忙地指定承担者，而是将其想法透露给潜在的创新者，以求有志于此者自动地来承诺。惠普公司更别出心裁地设立了“违抗奖章”，以鼓励那些其设想虽未被批准却孜孜不懈地努力，并获得创新的成功者。此外，他们还进而允许创新者自己选择合作者，并让其自始至终地完成整个创新过程，而绝不轻易地中途易人。

（二）放松控制

那些在创新上屡屡成功的公司，大都授权其雇员利用公司的资源去进行无法预计或事先证明其正确的工作。

放松控制的最基本形式是，允许创新者使用部分工作时间去探索新的设想，尽管事先也许并不知道其结果如何。如果没有这种可以自由支配的时间，那么新设想便始终只能是一种想法，不付诸行动的想法是要死亡的。而内企业家型的创新者在本质上是面向行动的，他们都具有把新设想变成行动的欲望和要求。这样，他们就只得用隐蔽的方式"私下经营"，甚至萌动到支持其创新的企业中去的念头。因此，包括 IBM 公司、3M 公司和杜邦公司在内的许多公司，都允许创新者利用工作时间的 5%～15%来探索和开发他们感兴趣的设想，而无须征得公司的批准。

放松控制的再一种形式，就是在预算内提供给他们一笔可自由支配的资金用于新设想的探索。大致做法有：在每次预算中，增加非计划内的可自由支配资金的比例，指定其中一部分用于创新探索。自由支配的权力下达到具体的人。设置多种计划外资金，可以让创新者支用。譬如美国奥尔—艾达公司每两年提名 5 人，每人每年给 5 万美元预算，供其作创新探索使用。得克萨斯仪器公司更设有"野兔资金"、"设想补助金"等不同名目的多种资金，以满足计划外创新项目的不时之需。

再一种形式就是尽量避免多层审批。层层审批这种官僚体制不仅会拖延时日，因而延误创新的成功，严重者还会让竞争者抢先，而且层层传递中，有关设想的信息往往会大量损失，以致最后的决策者无从作出正确的决断，因此而扼杀创新的事也并非不可能。因此，许多公司便充分放权，凡与该项创新有关的事宜，创新者完全有权相机决定处理。

（三）容许冒险、犯错误和失败

任何一项创新，开始时绝难保证会一帆风顺而无任何风险，更不要说肯定能百分之百的成功。在某种程度上完全可以说，不冒险就不可能创新。奢望创新不犯任何错误，毫无风险，无异于扼杀创新，它只能迫使人们墨守成规，因循守旧。

因此，许多公司都鼓励创新者大胆探索，无须顾虑错误和失败。奥尔—艾达公司研究和发展部的经理拉尔夫·格洛弗就说过，随着公司的成长，人们有了这样一种看法——如果失败了就会受到批评。有了资助计划后，我们对他们说，不必害怕失败，可以从失败中学到东西。3M 公司的董事长卢·莱尔在一次讲演中也讲道："我们在公司创建时就犯过错误。我们现在继续承认错误，认为这是经营事业中的正常现象。我们的高级管理同事们，每个人都支持过几个前进中的失败者。"大多数风险资本家甚至更情愿投资给那些进行过尝试并失败过的创新者，而不愿投资给没有风险经验的人。

（四）改善对创新者的奖励制度

如何理解内企业家的创新欲望，是决定如何对其创新成功予以奖励的出发点，也是能否留住他们的一个重要问题。

一般认为，内企业家的创新欲望是由对金钱的贪婪和指挥他人的权力的渴望所驱使。出于这样的看法，在他们创新之始便由于误解和偏见而缺乏理解和支持，创新成功后的奖励也只是晋级加薪而已。

实际上，对大多数内企业家来说，对金钱的追求很少是主要动力，他们固然对钱很关心，也很想得到钱，但这并不是他们的主要爱好。驱使他们进行创新努力的，主要是个人对成就的深刻要求。早在20世纪60年代哈佛大学的社会关系主任、心理学教授戴维·麦克莱兰经过大量调查后就发现："那些对成就不大感兴趣的人，才需要用钱来刺激他们努力工作。而对那些有较高成就欲望的人，只要有获得成功的机会，他们就会努力工作。他对金钱报酬也感兴趣，但这只是他们工作成果的反馈。"

同样，他们也不是些只知沿着公司的传统阶梯向上爬的人。麦克莱兰还发现，创新者并不关心办公室是否在角落里，是否有很多人来向他报告工作。他们并不满足于在等级体制中的提升。他们是为获得成就的欲望所驱使，希望留下他们完成了前人从未做过的事业的记录。

所以，创新者的主要动机是对成就的追求以及创新成功后获得的心理上的满足。他们需要的主要是理解、尊重、支持、各种可利用的资源及可以放开手脚施展抱负的自由和权利。

基于这样的认识，企业一方面尽量使给予创新者的报酬和提升与他们的风险和贡献相一致，因为这种一致不仅是公平的，而且对实现创新也是十分必要的。另一方面采取一些更积极的办法，对传统的奖励制度加以改进，以期促进企业的创新并留住创新者。

第四节　创新的方法与策略

国外有一门"创造学"，产生于20世纪中叶，它作为一个科学体系尚不够成熟，但已初步形成一门独立的学科。该学科对人在创造性活动中的心理过程特征及心理障碍进行研究，并在此基础上提出了一些创新技术和方法。

一、创新的方法

创新方法是指人们在创新过程所具体采用的方法，它包括创新思维方法和创新技法两方面。

（一）创新思维方法

大脑是人类进行创新的最重要的器官，是创新的物质基础和生理基础，由大脑产生的活动是人创新才能的源泉。在实际的创新活动中，人们运用的创新技巧和方法虽然很多，但其基本原理不外乎逻辑思维、形象思维和灵感思维。

1. 逻辑思维

它撇开事物的具体形象而抽取其本质，从而具有抽象性的特征。这是一种运用概念、判断和推理来反映现实的思想过程。如甲＞乙，乙＞丙，则有甲＞丙。这种"甲＞丙"的结论就是运用概念进行逻辑推理得来的判断，并不涉及具体事物的形象，不管甲、乙、丙是动物还是房屋。这种判断是由甲—乙—丙的顺序，由一个点到另一个点进行的。逻辑思维是一种求同性思维，不论是由个别到一般的归纳法，还是由一般到个别的演绎法，其目的都是求同。如人们看到天上飞的天鹅都是白的，于是得出了“天鹅是白的”这个结论，但后来人们在澳洲发现了黑天鹅。由此可见，“从个别到一般”推理的弱点在于，如果大前提错了，后面的推断必然跟着错。所以，在运用逻辑推断时要注意大前提的正确性。

2. 形象思维

这是一种借助于具体形象来展开思维的过程，带有明显的直觉性。形象思维属于感性认识活动，它的特点是大脑完整地感知现实。日常的形象思维被动复现外界事物的感性形象，而创新性思维则是把外界事物的感性形象重新组织安排加工创造出新的形象。如德国化学家凯库勒在研究有机化合物苯分子的结构时，百思不得其解。一天，他坐在火炉旁边沉思，恍然入梦，见很多蛇在眼前晃动，每条蛇咬住前面一条蛇的尾巴，组成了一个环。这些蛇组成的六角形的“环”使他得到了启发：苯分子的结构可能是由6个碳原子各带1个氢原子组成的六角环形结构。凯库勒止是通过对蛇的形象思维发现了苯环结构，这个设想使有机化学彻底革新。

形象思维按其内容可分为直觉判断、直觉想象和直觉启发三类。

(1) 直觉判断。即人们通常所说的思维洞察力，也就是通过主体耦合接通、激活在学习和实践中积累起来并储存在大脑中的知识单元——相似块，对客观事物迅速判断，直接理解或综合判断。例如，甲是如此，乙跟甲相似，所以乙也可能如此。直觉理解或综合判断，中间没有经过严密的逻辑推理程序。

(2) 直觉想象。与直觉判断相比，它不仅依靠人的还能意识得到的“相似块”，更有潜意识的参与，即已经忘记下沉到意识深处的知识，通过对潜意识的重新组合，作出新的判断或理解。对于这种判断或理解，当事人往往也说不出其中的原因或道理。

(3) 直觉启发。直觉启发是指通过“原型”，运用联想或类比，给互不相关的事物架起“创新”的桥梁，从而产生新的判断和新的意识。如我国古代发明家鲁班从手指被茅草的小齿划破得到启发，于是发明了锯子。这里茅草上的小齿就是直觉启发的“原型”。

3. 灵感思维

灵感思维是一种突发式的特殊思维形式，它常出现在创新的高潮时期，是人脑的高层活动。1981年，获得诺贝尔医学奖的斯佩里的研究成果认为，显意识功能主要在左脑，潜意识功能主要在右脑，左右脑相互交替作用，从而产生灵感。但灵感具有突发性和瞬时性，来得快，去得也快，必须及时捕捉。尽管如此，灵感并不是不可捉摸的东西，它的诞生和降临也是有条件的。

(1) 要有执著的追求目标。

(2) 要有知识和经验的积累。

(3) 要进行长期艰苦的思维劳动。

(4) 常需要通过信息或事物的启发。

(5) 有潜意识的参与。

总之，创新思维大体上可以分为上述三种类型。但创新思维的形成要满足以下三个条件：

第一，建立创新思维必须使认识形成概念。人们要在原有事物的基础上有所创新，必须摆脱原有事物在具体形象、方法等方面的对思维的束缚。所以人们必须透过事物的表象抓住其本质。而概念是在人们大量观察同一类现象时形成的。普遍性的概念，能概括所有同一类事物，从各种形态的个性中提示出该事物的共性。因此，使之形成概念是创新思维形成的先决条件。

第二，创新必须借助于正确的判断。判断是人们的一种思维形式。正确的判断能反映事物的内在联系及其规律性，它可以使人对未来作出正确的预言。

第三，建立创新思维必须有正确的推理，因为正确的判断来自于正确的推理。人类的推理不外乎三种方式，即演绎法、归纳法和类比法。演绎法是从一般到个别的方法；归纳法是从个别到一般的方法；类比法是从一方面的相似推广到其他方面也相似的方法。使用演绎法要注意大前提的满足，使用归纳法要考虑特殊性的存在，而使用类比法则要注意可比性。

（二）创新技法

创新技法是人们在创新过程中所具体采用的方法，常用的主要有以下几种。

1. 列举创新法

列举创新法是创意生成的各种方法中较为直接的方法。按其列举对象的不同可分为特性列举法、缺点列举法、希望点列举法和列举配对法。

（1）特性列举法。该法是通过对研究对象进行分析，逐一列出其特性，并以此为起点探讨对研究对象进行改进的方法。在使用该法进行创新时，所列举的特性应当具体、明确，以便于有针对性地予以改进。

（2）缺点列举法。该法是通过对研究对象进行分析，逐一列出其缺点，然后针对这些缺点寻求改进方案。

（3）希望点列举法。该法是通过研究研究对象的需要或他们的希望（要求），通过列举服务对象的希望点，来寻求满足他们的需要或希望的方法，从而实现创新。

（4）列举配对法。该法是通过对研究对象进行分析，把其中不同的组成部分任意组合以寻求创新。比如，在家具的生产中，列举出所有家具：床、桌子、沙发、衣柜、茶几等。由于现代社会居民住房条件紧张，因而需要占地（空间）小的家具，人们可以试图把这些家具组合起来，设法发明新家具，如把床和沙发组合起来等。

2. 联想创新法

联想创新法是依靠创新者从一事物想到另一事物的心理现象来产生创意，从而进行发明或革新的一种方法。按照联想对象及其在时间、空间、逻辑上所受到的限制的不同，联想创新法可分为以下几种：

（1）非结构化自由联想。非结构化自由联想是在人们的思维活动过程中对思考的时间、空间、逻辑方向等主要方面不加任何限制的联想方法。这种方法在解决某些疑难问题时很有效，往往能产生新颖独特的解决办法，但不适合解决那些时间紧迫的问题。

（2）相似联想。相似联想是根据事物之间在原理、结构、功能、形状等方面的相似性进行想象，期望从现有的事物中寻找发明创造的灵感的方法。比如，古人看到鱼在水里用鳍划水就能自由自在地游动，联想到自己如果在水里用手和脚划水不就可以游了吗？于是，人们学会了游泳。并且人们模仿各种动物游水的动作和姿势，发明了各式各样的泳姿，如蛙泳等。

（3）对比联想。对比联想是指创新者根据现有事物在不同方面具有的特征，反其道而行之，向与之相反的方向进行联想，以此来改善原有的事物，或发明创造出新的东西。

3. 类比创新法

类比创新法的共同特点是，由于两个或两类事物在某一或某些方面具有相同或相似的特点，因而期望通过类比把某类事物的特点复现在另一类事物上以实现创新。类比创新法包含了多种具体的创新方法，现介绍几种常用的方法：

（1）变陌生为熟悉阶段。本阶段是综摄法（Synectics）的准备阶段。在这一阶段中，创新者把所面临的问题分解成为几个较小的问题，并熟悉它们的每个细节，深入了解问题的实质，找出对本次创新至关重要的小问题。在认识事物的过程中，创新者要把不熟悉的事物同自己已经熟悉的事物进行比较，找出其异同点，并通过对异同点的把握重点认识事物独特的特点，再把它们结合成关于事物的综合形象。在这一阶段，问题的分解非常重要，要把问题分解到能够同已熟悉的事物相比较为止。在这一阶段中，创新者在对事物有了全面把握的基础上，通过各类类比手法的综合运用，暂时离开原来的问题，放大创新对象的不同点，从陌生的角度对问题进行探讨，在得到启发后再回到原来的问题上去，通过强行关系法把类比得到的结果应用于原问题的解决过程。

（2）因果类比法。因果类比法是根据已经掌握的事物的因果关系与正在接受研究改进事物的因果关系之间的相同或类似之处，去寻求创新思路的一种类比方法。例如，一名日本人根据发泡剂能使合成树脂布满无数小孔，泡沫塑料从而具有良好的隔热和隔音性能，尝试在水泥中加入发泡剂，结果制成了具有隔热和隔音性能的气泡混凝土。

（3）相似类比法。相似类比法是根据类比对象之间在一些属性上的相似性，推出它们在其他属性或综合属性上应该相似。相似类比法对于改进产品的综合或具体的个别性能提供了参考。比如，为了减少摩擦，人们一直在不断地改进轴承，但正常思路无非是改变滚珠形状、轴承结构和加入润滑剂等，效果一直不理想。后来人们想到高压空气可以使气垫船漂浮，相同极性的磁性材料会相互排斥并保持一定的距离。于是把这些设想移入轴承中，发明了不用滚珠和润滑剂，只向轴套中吹入高压空气，使转轴呈悬浮状的空气轴承，或用磁性材料制成的磁性轴承。

（4）模拟类比法。模拟类比法即模拟法，这是指对某一对象进行实验研究时，对实验模型进行改进，最后再把结果推广到现实的产品或经营决策中去的一种类比法。

模拟法借助于现代计算机技术应用范围大大扩大，甚至在许多重要决策过程中需要进行全过程模拟。模拟类比法可以使问题在没有出现之前就发现并消灭它们。

(5) 仿生法。仿生法要模仿的对象是生物界中神奇的生物，创新者试图使人造产品具有自然界生物的独特功能。仿生法可以从原理、结构、形状等多个方面对有关生物进行模仿。比如，人们模仿青蛙的眼睛创制电子蛙眼等。

(6) 剩余类比法。剩余类比法是指把两个类比对象在各个方面的属性进行对比研究，如果发现它们在某些属性上具有相同的特点，那么可以推定它们剩余的那些属性也可能是相同或类似的，从而可以根据一事物推定另一事物的属性。

二、创新策略

(一) 首创型创新策略

首创型创新，是创新度最高的一种创新活动。其基本特征在于首创性。例如，率先推出全新的产品，率先开辟新的市场销售渠道，率先采用新的广告媒介，率先改变销售价格，如此等等，所有这些行为都是首创型创新。

首创型创新具有十分重要的意义，因为没有创新，就不会有改创或仿创。每一项重大的首创型创新，都会先后在不同地区里引起一系列相应的改造型和仿创型创新活动，从而具有广泛而深远的创新效应。对于企业来说，进行首创型创新，可以开辟新的市场领域，提高企业的市场竞争力，获得高额利润。对于处于市场领先地位的企业来说，要想保持自己的领先地位，也必须不断地进行首创型创新。

一般来说，首创型创新活动风险大，成本高，相应的利润也较高。由于市场需求的复杂性和市场环境的多变性，以及生产、技术、市场等方面的不确定性，使首创型创新活动具有较大的不确定性和风险性。另外，要开辟一个全新的市场，企业必须先进行大量的市场开发投资，包括市场调查、产品开发、设备更新、组织变动、人员培训、广告宣传等市场开发费用。当然，如果首创型创新获得成功，企业便会因此而获得巨大的市场利益。如果失败，企业就会蒙受一定的经济损失。

首创型创新活动是一种高成本、高风险、高报酬的创新活动。因此，在采用首创策略时，创新者应根据实际情况，充分考虑各种创新条件的影响，选择适当的创新时机和方式，及时进行创新。

(二) 改创型创新策略

改创型创新策略的目标是对已有的首创进行改造和再创造，在现有首创的基础上，充分利用自己的实力和创新条件，对他人首创进行再创新，从而提高首创的市场适应性，推动新市场的不断发展。这是一种具有中等创新度的创新活动，是介于首创战略和仿创战略之间的一种中间性创新策略。

改创性是改创型创新战略的基本特征，改创者不必率先进行创新，而只需对首创者所创造的进行改良和变造，因此改造者所承担的创新成本和风险比较小，而所获创新收益却不一定比首创者少。当然，改造也是一种创造，也具有一定的风险。

首创是重要的，改造也是重要的。如果没有首创，便没有其市场发展前景，例如，飞机、汽车、计算机等首创产品，但如果没有后来的不断改进和再创新，也就不会有今天这样的市场大发展。

（三）仿创型创新策略

仿创型创新是创新度最低的一种创新活动，其基本特征在于模仿性。模仿者既不必率先创造全新的新市场，甚至也不必对首创进行改造。仿创者既可以模仿首创者又可以模仿改造者，其创新之处表现为自己原有市场的变化和发展。一些缺乏首创能力和改创能力的中小型企业，往往采用模仿策略，进行仿创型创新。

一般来说，仿创者所承担的市场风险和市场开发成本都比较小。虽然仿创者不能取得市场领先地位，却可以通过某些独占的市场发展条件来获取较大的收益和竞争优势。例如，仿创者可采取率先紧跟首创者的策略，从而取得市场上的价格竞争优势。

仿创有利于推动创新的扩散，因而也具有十分重要的意义。任何一个首创者或改创者企业，无论它拥有多大实力，也无法在一个比较短的时期内占领所有的市场。因此，一旦首创或改创获得成功，一大批仿创者出现就成为必然。

总之，在制定创新策略时，不同的企业应该选择一个适当的创新度，进行适度创新。所谓适度创新，就是既要适应市场需求的发展情况，又要适应本企业的创新条件。只有这样，创新者才能充分利用和发挥本企业的创新优势，尽量少或避免创新的风险，提高创新的效果，促进企业的发展。

第五节　创新的过程

创造性活动是人类智能活动的最高体现。世界上一切创新成果都是人类创造性思维和劳动的结果。创新思维是一个极为复杂的多因素交互作用的过程。日本创新学家高浩认为：“创造性思维的过程是一种身心的综合性劳动，因而单是掌握方法是不能解决问题的，这里既要具备发现问题的自觉性，又不能缺少信息的积累，而更重要的则是身心健康且斗志旺盛。”由此可见，要更好地开发、促进创新思维，更好地从事创新工作，不仅要掌握创新的方法，还应该了解创新工作的过程。

就一般而言，创新工作大体上可分为以下六个步骤。

一、准备阶段

创新不是纯粹的偶然的“突发奇想”，在偶然的背后有必然的因素在起作用。也就是说，创新需要具备一定的前提条件。

（一）要有广博的知识和经验的积累

知识和经验的积累是人们进行创新的基本条件。不管你要从事哪种创造与革新，你首先要具备有关对象的知识与经验。创新不是无中生有的，而是在已有知识与经验基础上的升华。一个对发明对象一无所知的人，发明不可能“从天而降”。这就是说，一个人的发明创造不可能超出他的知识范畴，因为一个人的知识范畴是他思维不可逾越的障碍。著名发明家爱迪生曾说：“天才＝1%的灵感＋99%的汗水。”这“99%的汗水”就是知识和经验的积累。并且，这种知识和经验的积累要形成合理的结构：既要有扎实的专业知识，又要有较广博的相关知识。因为创新从某种意义上来说是对知识、信息的重组，而仅在本专业知识领域重组是不够的，还要到相关领域甚至完全不同的领域中去重组，才能获得创新的需要的灵感。比如，我国著名科学家李四光就是把地质学和物理学中的力学结合在一起，才开创了一个新的研究领域——地质力学。

（二）要有主客观压力

客观压力即社会需要，客观压力越紧迫，就越能迫使人们去想办法满足它，就越容易产生创新的思维火花和创新行动。

主观压力实质上就是创新者发自内心的强烈创新愿望和动机。人的行为是受自己的愿望和动机驱使的。如果没有创新的主动性、积极性和自觉性就不会有创造性。对创新来说，始终需要的是“身心健康”和“斗志旺盛”。只有身心健康并且斗志旺盛的人，才能在创新过程中不畏艰险，知难而进，不屈不挠地去争取最后的成功。

（三）要有强烈的好奇心

真正的好奇心经常会带来一些意想不到的创新。当你已经在某一领域研究甚深，强烈的好奇心会驱使你去思考一些在别人看来司空见惯的现象和现有理论无法解释的现象。如果能顺着这些现实深入地探究其背后的原因，往往会有令人惊奇的新发现。比如，苹果成熟了掉到地上，一般人看来是再平常不过的事，但苹果掉到牛顿的头上，却引起了具有强烈好奇心的牛顿的思考：苹果为什么掉到地上而不飞到天上去？通过对这件事的深入研究，牛顿发现了重力，后来又发现了万有引力规律。于是，物理学领域一项重大的创新出现了。总之，好奇心是指引人们探究未知领域的重要力量，强烈好奇心是创新必不可少的。

（四）要有敢于推陈出新的心理勇气

创新者在世界上应该认识到，一切事物都是不断向前发展的，人类对世界的认识是在不断否定中深化和提高的，不敢否定“旧的”，“新的”就不可能出现，即“不破不立”，因此，在事实的基础上要敢于质疑旧有的“金科玉律”，要敢于突破甚至否定那些被一般人视作神圣不可侵犯的所谓“理论”、“原则”。要知道“真理永远只是相对的”，在创新者眼里没有不可突破的禁区。如果爱因斯坦不敢触动牛顿的质量守恒定律，就不可能有后来的质能关系方程。总之，敢于推陈出新的心理勇气是创新者必须具备的心理条件。否则，创新的幼芽必将被教条主义所扼杀。

二、寻找机会

创新是对原有秩序的破坏。原有秩序之所以要打破，是因为其内部存在着或出现了某种不协调的现象。这些不协调为系统的发展提供了有利的机会或造成了某种不利的威胁。创新活动正是从发现和利用旧秩序内部的这些不协调现象开始的。不协调为创新提供了契机。

旧秩序中的不协调既可存在于系统的内部，也可产生于对系统有影响的外部。就系统的外部来说，有可能成为创新契机的变化主要有：(1) 技术的变化，从而可能影响企业资源的获取、生产设备和产品的技术水平；(2) 人口的变化，从而可能影响劳动市场的供给和产品销售市场的需求；(3) 宏观经济环境的变化，迅速增长的经济背景可能给企业带来不断扩大的市场，而整个国民经济的萧条则可能降低企业产品需求者的购买能力；(4) 文化与价值观念的转变，从而可能改变消费者的消费偏好或劳动者对工作及其报酬的态度。

就系统内部来说，引发创新的不协调现象主要有：(1) 生产经营中的瓶颈，可能影响了劳动生产率的提高或劳动积极性的发挥，因而始终困扰着企业的管理人员。这种卡壳环节，既可能是某种材料的质地不够理想，且始终找不到替代品，也可能是某种工艺加工方法的不完善，或是某种分配政策的不合理。(2) 企业意外的成功和失败，如派生产品的利润贡献出人意料地超过了企业的主营产品；老产品经过精心整顿改进后，结构更加合理，性能更加完善，质量更加优异，但并未得到预期数量的订单……这些出乎企业意料的成功和失败，往往可以把企业从原先的思维模式中驱赶出来，从而可以成为企业创新的一个重要源泉。

企业的创新，往往是从密切地注视、系统地分析社会经济组织在运行过程中出现的不协调现象开始的。

三、提出构想

敏锐地观察到了不协调现象的产生以后，还要透过现象究其原因，并据此分析和预测不协调的未来变化趋势，估计它们可能给组织带来的积极或消极后果，并在此基础上，努力利用机会将威胁转换成为机会，采用头脑风暴法、德尔菲法、畅谈会等方法提出多种解决问题、消除不协调、使系统在更高层次上实现平衡的创新构想。

四、迅速行动

创新成功的秘密主要在于迅速行动。提出的构想可能还不完善，甚至可能很不完善，但这种并非十全十美的构想必须立即付诸行动才有意义。“没有行动的思想会自生自灭”，这句话对于创新思想的实践尤为重要，一味追求完美，以减少受讥讽、被攻击的机会，就可能坐失良机，把创新的机会白白地送给自己的竞争对手。T·彼得斯和 W·奥斯汀在《志在成功》一书中介绍了这样一个例子：20 世纪 70 年代，施乐公司为了把产品搞得十全十美，在罗彻斯特建造了一座全由工商管理硕士（MBA）占有的 29 层高楼。这些 MBA 们在大楼里对第一件可能开发的产品设计了拥有数百个变量的模型，编写了一份又一份的市场调查报告……然而，当这些人将产品研制工作搞得越来越复杂时，竞争者已把施乐公司的市场抢走了50%以上。创新的构想只有在不断地尝试中才能逐渐完善，企业只有迅速地行动才能有效地利用“不协调”提供的机会。

五、坚持不懈

构想经过尝试才能成熟，而尝试是有风险的，是不可能“一打就中”的，是可能失败的。创新的过程是不断尝试、不断失败、不断提高的过程。因此，创新者在开始行动以后，为取得最终的成功，必须坚定不移地继续下去，决不能半途而废，否则便会前功尽弃。要在创新中坚持下去，创新者必须有足够的自信心，有较强的忍耐力，能正确对待尝试过程中出现的失败，既为减少失误或消除失误后的影响采取必要的预防或纠正措施，又不把一次“战役”（尝试）的失利看成整个“战争”的失败，要知道创新的成功只能在屡屡失败后才姗姗来迟。伟大的发明家爱迪生曾经说过：“我的成功乃是从一路失败中取得的。”这句话对创新者应该有所启示。创新的成功在很大程度上要归因于“最后五分钟”的坚持。

六、形成模式

模式也称范式、范型，是在某种环境下组织发展过程中形成的从工作程序到行为方式、管理方式、思维习惯和价值观念都成为某种内在一致的特定类型的状态。特定的模式要经过一定的时间的积累才可能形成，它是组织内部各方面经过反复探索、学习、调整和适应才形成的。对某种特定环境而言，组织的模式化是管理水平提高、效率提高、资源浪费和内耗减少的结果，模式的形成意味着相对于某种环境条件而言，组织对它的适应达到了较高的层次。就创新而言，经过在实践中的不断完善，组织将形成一整套适应新环境的新观念、新方法、新体制。创新往往最初是从组织的某个局部开始的，所以组织还需要把它由点到面地推广开来，以使组织能够最大限度地适应新环境。

思考题

1. 简述创新职能的内涵。
2. 创新管理与维持管理的关系是什么？
3. 简述观念创新的内涵及特点。
4. 创新的原则有哪些？
5. 创新策略有哪些？它们之间有什么关系？
6. 就一般而言，创新工作大体上可分为哪几个步骤？

案例分析题

把无聊换成钱——江南春创造楼宇电视新广告媒体

如果有一笔包含两种赚钱方式的业务——一个市场，一年需要近六万块的液晶显示屏，用来安装在商务楼宇、大型超市等场所滚动播放广告，其中制造、销售液晶屏的利润率不足10%，且以惊人的速度逐年下降；而数字化户外广告媒体正以不低于20%的利润率逐年递增——你会选择哪一个？答案似乎显而易见，然而难点不在选择，而在创意，并且成为将它付诸实践的传媒商人。

江南春——分众传媒总裁，就是这样的商人。多年来他十分关注液晶屏的价格趋势，对于那些下降最多的主流屏进行批量采购，以实现自己听起来并不复杂的商业模式。仅用了两年，分众就从月广告营业额100多万元突破至4 000万元。不知液晶电视的制造商对此有何感想？

2002年，在传统广告业呆了近8年的江南春，开始对这个行业进行一次深入细致的思考。他当时领导的永怡传播成为七家知名的互联网客户的广告代理公司，营业额突破亿元，利润却没有同步提升，这个市场一不缺高级管理人才，二不缺有经验的销售人才，但市场的发展趋势却是背道而驰的。这说明，教科书上推崇的成功模式已经都想完了。一次，江南春在乘坐电梯时，在人们“坐电梯时间过长，若有电视打发时间就好了”的议论中，想到了有学者提到的“无聊经济”的概念，很快发现了践行“无聊经济”的经营模式：在城市各个大写字楼建立LCD—TV平台，卖广告段位给广告主播放。

江南春喜欢看电影《英雄》，分众注册创立之时，正值《英雄》热映。中文科班出身的他与其说喜爱《英雄》的情节，不如说喜爱《英雄》的叙事结构，一种他一直推崇的博尔赫斯型叙事结构：当你对故事中的种种暗示和提示作出常规判断的时候，情节却发生大逆转。或许是出于早期对博尔赫斯作品中这种思维方式的渗透，江南春的分众传媒从形式到内容都是基于逆向多维化思考产生的，他不再关注行销的手段和发掘客户来提升传统业务，而重新回归人性本身来研究广告效率逐渐降低的问题。

江南春花了很多时间思考这个问题，最终他将自己要做的事定义为帮助别人打发无聊的产业。这个令他满意的答案得益于他以文学形式研究非产业观，以人学研究为本的思想，是反经验模式的结果。这也是江南春理解的大多数创新商业模式的成功通则。

2002年6月到12月，江南春说服了40家写字楼；2003年1月，300台液晶显示屏装进了上海50幢写字楼的电梯旁。2003年5月，江南春正式注册成立分众传媒（中国）控股有限公司。此后两年时间，分众传媒把中国商业楼宇联播网从上海扩展至全国40多座城市，日覆盖数千万中国中高收入人群，使广告以最经济的成本最有效地传播给了经过细分后的目标受众。同时，分众传媒也赢得了众多国际知名投资机构的青睐。SoftBank软银、高盛、3i集团、Capital等基金先后投资数千万美元给公司。2005年7月13日，分众传媒登陆纳斯达克。一夜之间，分众传媒CEO江南春身价暴涨至2.7亿美元，远超数字英雄张朝阳。

问题：

江南春是如何理解、实践创业商业模式的？

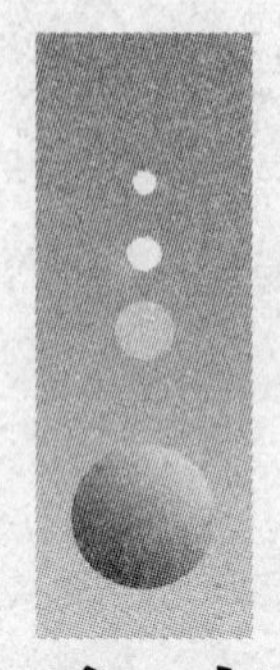

参考文献

1. 周三多．管理学（第二版）．北京：高等教育出版社，2005

2. 刘兆信，魏树麾．现代企业管理．北京：北京交通大学出版社，2007

3. 周三多，陈传明，鲁明泓．管理学——原理与方法（第四版）．上海：复旦大学出版社，2003

4. 吕殿平，李晓静，余元冠．现代企业管理学．北京：中国社会科学出版社，2005

5. 哈罗德·孔茨，海因茨·韦克里．管理学．北京：经济科学出版社，1999

6. 亨利·法约尔．工业管理与一般管理．北京：中国社会科学出版社，1999

7. 杨文士，张雁．管理学原理．北京：中国人民大学出版社，1994

8. 谭力文．战略管理．武汉：武汉大学出版社，2006

9. 斯蒂芬·P·罗宾斯．管理学（第七版）．北京：中国人民大学出版社，2005

10. Stephen P． Robbins Mary Coulter. Management（English Edition）（第八版）．北京：清华大学出版社，2005

11. 曾仕强．中国式管理．北京：中国社会科学出版社，2005

12. 哈罗德·孔茨．管理学——全球化视角．北京：经济科学出版社，2000

13. 唐晓华，王伟光．现代国际化经营．北京：经济管理出版社，2006

14. 郭铁民．中国企业跨国经营．北京：中国发展出版社 ，2002

15. 张彦宁，蒋黔贵．现代企业管理——最新理论和案例精选．北京：企业管理出版社，2008

16. 王方华，吕巍．企业战略管理．上海：复旦大学出版社，1997

17. 石伟．组织文化．北京：中国人民大学出版社，2006

图书在版编目（CIP）数据

管理学基础/徐洪灿主编．—北京：中国人民大学出版社，2011.9
中等职业教育通用基础教材系列
ISBN 978-7-300-14336-1

Ⅰ.①管… Ⅱ.①徐… Ⅲ.①管理学-中等专业学校-教材
Ⅳ.①C93

中国版本图书馆 CIP 数据核字（2011）第 182392 号

中等职业教育通用基础教材系列
管理学基础
主 编 徐洪灿

出版发行 中国人民大学出版社
社 址 北京中关村大街 31 号 邮政编码 100080
电 话 010－62511242（总编室） 010－62511398（质管部）
010－82501766（邮购部） 010－62514148（门市部）
010－62515195（发行公司） 010－62515275（盗版举报）
网 址 http://www.crup.com.cn
http://www.ttrnet.com(人大教研网)
经 销 新华书店
印 刷 北京七色印务有限公司
规 格 185 mm×260 mm 16 开本 版 次 2011 年 9 月第 1 版
印 张 12.5 印 次 2017 年 9 月第10次印刷
字 数 261 000 定 价 20.00 元

教师信息反馈表

为了更好地为您服务，提高教学质量，中国人民大学出版社愿意为您提供全面的教学支持，期望与您建立更广泛的合作关系。请您填好下表后以电子邮件或信件的形式反馈给我们。

您使用过或正在使用的我社教材名称		版次	
您希望获得哪些相关教学资料			
您对本书的建议（可附页）			
您的姓名			
您所在的学校、院系			
您所讲授课程的名称			
学生人数			
您的联系地址			
邮政编码		联系电话	
电子邮件（必填）			
您是否为人大社教研网会员	□ 是　会员卡号：＿＿＿＿＿＿ □ 不是，现在申请		
您在相关专业是否有主编或参编教材意向	□ 是　□ 否 □ 不一定		
您所希望参编或主编的教材的基本情况（包括内容、框架结构、特色等，可附页）			

我们的联系方式：北京市海淀区中关村大街 31 号
中国人民大学出版社教育分社
邮政编码：100872
电话：010-62515912
网址：http：//www. crup. com. cn/jiaoyu/
E-mail：jyfs _ 2007@126. com